The Second Mountain

The Quest for a Moral Life

第二座山

为生命
找到意义

David Brooks
[美] 戴维·布鲁克斯 著
刘军 译

中信出版集团 | 北京

图书在版编目（CIP）数据

第二座山 /（美）戴维 · 布鲁克斯著；刘军译 . --
北京：中信出版社，2020.11（2026. 1 重印）
书名原文：The Second Mountain：The Quest for a
Moral Life
ISBN 978-7-5217-1766-2

Ⅰ . ①第… Ⅱ . ①戴… ②刘… Ⅲ . ①社会心理学
Ⅳ . ① C912.6-0

中国版本图书馆 CIP 数据核字（2020）第 063509 号

第二座山

著　　者：[美] 戴维 · 布鲁克斯
译　　者：刘　军
出版发行：中信出版集团股份有限公司
（北京市朝阳区东三环北路27号嘉铭中心　邮编　100020）
承 印 者：三河市中晟雅豪印务有限公司

开　　本：787mm × 1092mm　1/16　　印　　张：24.75　　字　　数：283 千字
版　　次：2020 年 11 月第 1 版　　印　　次：2026 年 1 月第 8 次印刷
京权图字：01–2020–3658
书　　号：ISBN 978–7–5217–1766–2
定　　价：88.00 元

致安妮：

她给我带来了无限的欢乐

目　录

四大承诺

引　言

每隔一段时间，我就会遇到一个洋溢着喜悦的人。这些人的内心似乎闪耀着光芒。他们善良、安静，喜欢小乐趣，心存大幸福。这些人并不完美，也会因承受巨大的压力而感到疲惫。他们也会误判，但他们为他人而活，而不仅仅为自己而活。他们对家庭、事业、社区或信仰做出了坚定的承诺。他们知道自己为什么来到这个世界，并从他们的使命中获得深深的满足感。这些人的生活并不轻松。他们承担了别人的负担，但他们坚定决心，坦然以待。他们有兴趣与你结交，并以你的善行为乐，让你感到被珍视、被理解。

当你遇到这类人时，你会意识到快乐不仅仅是一种内在感觉，它也可以是一种外在表现。在赢得一些胜利后，我们都会获得暂时的兴奋。然后，还会获得另一种持续的快乐，它会让人不再沉迷于自我，抛开束缚，变得鲜活起来。

我经常发现，他们的生活中存在着我认为的“双峰模式”。走出校园，他们开始了各自的职业生涯或组建了家庭，并确定了他们认为自己应该攀登的那座山：我要成为一名警察、一名医生、一名企业家等。在第一座山上，我们都必须履行一定的人生使命：建立身份，离开父母，培养自己，完善自己，努力在世界上留下印记。攀登第一座山的人们，花了很多时间思考声誉管理。他们总是在打分：我怎样才能达到标准？我的排名是第几位？正如心理学家詹姆斯·霍利斯所言，“在这一阶段，我们倾向于这样的观点：世界说我是什么，我就是什么”。

第一座山上的目标，是我们的文化所认可的目标——取得成功，获得重视，进入合适的社交圈，体验个人幸福。漂亮的房子、温馨的家庭、愉快的假期、美味的食物、知心的朋友等，都是平常之物。

然后，问题来了。

有些人登上了第一座山的顶峰，尝到了成功的滋味，发现这并不令人满意。“就只是这些吗？”他们满腹狐疑。他们觉得，前方还有漫漫长路要走。

有些人，则因为某些失败而从山上摔了下来。他们的事业、家庭，或者声誉发生了变化。突然之间，生活看起来并不像是在成功之山上稳步攀登；生活有着不同的、令人失望的形态。

对另一些人来说，一些意想不到的事情让他们猝不及防，比如孩子的夭折、对癌症的恐慌。这些改变生活的悲剧，都在他们的计划之外。不管出于什么原因，这些人都已经不在“山上”了。他们跌入迷茫或痛苦的深渊。这些事情可能发生在任何年龄，从 8 岁到 85 岁，或者更老。从第一座山上跌落下来这件事，总是不期而至。

这些痛苦的事情以某种方式暴露了我们的内心，并提醒我们：我们并非我们想象的那个自我。山谷里的人都被震醒了。现实提醒他们，他们不仅仅是他们所展示的自我。他们忽略了隐秘的地方，那里有着最深的伤口和最强烈的渴望。

面临这种苦难，有些人萎靡不振。他们似乎变得更加害怕，产生了更多怨恨。内心深处的恐惧令他们退缩。他们的生活变得越来越卑微和孤独。或许我们都认识这样的永远怨天尤人的老人。他们没有得到应有的尊重，他们的生活就是没完没了地发脾气，抱怨很久以前受过的委屈。

但对于其他人来说，山谷恰恰是造就他们的场所。痛苦的时期让日常生活中肤浅的一面得以体现，因此，他们看到了更深层次的自我，并意识到，在内心深处，透过所有的脆弱，流淌出来的是一种爱的本能，是一种超越自我和关心他人的渴望。当遇到这种渴望时，他们就准备成为一个更好的人了。他们用全新的眼光看待熟悉的事物。他们终于能够“爱邻居如同爱自己”。这不是一句口号，而是一种现实状态。他们现在的生活，是由他们对最不幸时刻的反应来定义的。

那些因苦难而变得更强大的人，还要继续面临两场小型斗争。首先，他们要与自我理想抗争。当登上第一座山时，他们的自我对所追求的目标有了一些新的愿景——一些关于出类拔萃、快乐和成功的愿景。在山谷里时，他们对自我理想失去了兴趣。当然，之后他们仍然会察觉自己偶尔会屈服于自我的私欲。但是，总的来说，他们意识到他们的欲望永远不会满足他们在自己身上发现的深层区域，正如卢云神父所说：“他们比他们的自我理想要好得多。”

其次，他们要与主流文化抗争。他们一生都在学习经济学课程，或者生活在教导人类追求私利——金钱、权力、名望——的文化之中。但是，突然之间，他们对别人要求他们追求的东西不感兴趣了。他们想得到真正值得追求的东西。他们提升了自己的欲望。这个世界告诉他们要做一个好的消费者，但他们想投身于道德事业。这个世界告诉他们要独立自主，但他们想要相互依赖并沉浸在温暖的关系网中。这个世界告诉他们要获得个人自由，但他们想要亲密、责任和承诺。这个世界希望他们攀登阶梯，追求成功，但他们想为别人而活。书架上的杂志希望他们发问："我应该做些什么才能让自己快乐呢？"但他们已经看见了比个人幸福更大的福祉。

那些因苦难而变得更强大的人，拥有足够的勇气放弃部分旧有的自我。跌落山谷后，他们的动机改变了。他们已经从以自我为中心，转变为以他人为中心。

至此，人们才意识到：哦，第一座山并非我所愿。山外还有另一座更大的山，那才是我的追求。第二座山并不与第一座山相对。攀登第二座山，也并不意味着排斥第一座山。可以说，攀登第二座山是攀登第一座山之后的旅程。它是人生中更慷慨、更令人满意的阶段。

当这种情况发生时，一些人会从根本上改变他们的生活。他们有些人放弃了法律工作，搬到了西藏；有些人辞去了顾问工作，成为市中心学校的老师。还有些人仍留在自己的基础领域，但他们的时间安排已然不同。我有一个朋友，她在加利福尼亚州的中央山谷地区拥有一家成功的企业。尽管她有自己的生意，但她的大部分时间都花在为她的员工建设幼儿园和健康中心等事情上。她，已站在她的第二座山上了。

还有一些人，工作不变，婚姻不变，但内心已经改变。他们不再只关注自我；他们关注行动和召唤。如果他们是校长，他们的快乐就是看到老师们闪耀着光芒。如果他们是公司高管，那么他们不再把自己视为管理者，而是员工的导师；他们致力于帮助他人，使他人变得更好。他们希望所在的组织是鲜活的，是一个能让人们追寻目标的地方，而不是冷漠之地——人们来此只是为了领取一份工资。

心理学家巴里·施瓦茨和政治学家肯尼思·夏普在他们合著的《遗失的智慧》一书中讲述了一个关于医院保洁员卢克的故事。在卢克工作的医院里，有一个因斗殴而昏迷不醒的年轻病人。在过去半年里，他的父亲每天都坐在他身边，默默守护。一天，卢克照常去打扫年轻人的病房。年轻人的父亲出去抽烟了。那天晚些时候，卢克在走廊里碰到了这位父亲。他怒斥卢克没有打扫他儿子的房间。

来自第一座山的反应是认为你的工作就是打扫房间。“我确实打扫了您儿子的房间，”你可能会厉声回答，“只是恰巧当时您出去抽烟了。”来自第二座山的反应则是明白你的工作是为病人和他们的家人提供服务。这是满足他们在危机时刻的需求。这种反应认为，这些人需要慰藉。那就把房间再打扫一遍吧。

卢克就是这么做的。他后来告诉一位采访者：“我再次清理了房间，这样他就可以看到我在打扫房间……我能理解他是怎么回事儿。他儿子躺在那里差不多有 6 个月了，他有点儿沮丧了。我又清理了一遍。但我没有生他的气，我想我能理解他。”

我们也可以亚伯拉罕·林肯为例。年轻时，林肯对名望和权力有着强烈的渴望，他甚至会被自己这种强烈的渴望吓到。但是，维护联邦的完整是如此伟大的使命，以至关于自身的考虑已不再重要。他抛弃功名利禄，踏上了攀登他的第二座山的征程。

1861 年 11 月的一天，他去拜访乔治·麦克莱伦将军，并希望亲自向他施压，要求他更积极地与南方邦联作战。林肯到达时，麦克莱伦不在家。林肯告诉管家，他本人与时任国务卿威廉·西华德和助手约翰·海伊会在客厅等候。一小时后，麦克莱伦回到家，路过总统等人等候的客厅。林肯总统又等了 30 分钟。管家来回话，说麦克莱伦已经决定休息，改天再去拜访林肯总统。显然，麦克莱伦在和林肯玩权力游戏。

海伊被激怒了。是谁这么大胆，竟敢不尊重美国总统？然而，林肯却泰然处之。“此时此刻，”他告诉西华德和海伊，“我们最好不要计较礼仪和个人尊严。”这与他的私事无关，他的自尊心并没有受到伤害。倘若能找到一位能为联邦而战的将军，他愿意一直等候。此时，林肯已经揭示了自己的内心：联邦事业才是他生活的重心。他的终极诉求在于外在，而不是自我。

这是判断你处在第一座山还是第二座山的关键方法。你的终极诉求何在？是外在之物，还是自身名利？

如果说第一座山是关于构建自我和定义自我的，那么第二座山则是关于摆脱自我和舍弃自我的。如果说第一座山是关于获取的，那么第二座山是关于奉献的。如果说第一座山是精英式的——独自攀登，那么第二座山则是平等主义的——置身于有需要的人之间，并与他们携手同行。

攀登第二座山的方式，不同于攀登第一座山的方式。征服第一座山后，辨认第二座山的峰顶，然后朝它前进。你已被你的第二座山征服了。你屈服于某些召唤，你竭尽所能，回应召唤，解决面临的问题。在第一座山上，你往往雄心勃勃，高瞻远瞩，鹤立鸡群。到第二座山上时，你已倾向于互助、亲密和无私。

我可以分辨处于第一座山和第二座山之上的人。第一座山上的人通常是开朗、有趣的，并对这个世界保持兴趣。他们通常有令人印象深刻的职位，可以带你去各种各样令人惊叹的豪华餐厅。第二座山上的人并不反感世俗之乐，他们喜欢一杯上好的葡萄酒，或美丽的海滩。最糟糕的事，莫过于与世无争，无欲无求。但他们在追求道德快乐的过程中已经超越了这些快乐，他们的生活已向某种终极之善靠拢。如果不得不做出选择，那么他们会选择快乐。

他们的生活常常令人精疲力竭，因为他们把自身奉献给了人们，他们的日常充斥着他人的要求和诉求。但他们正过着更宏大的生活，激活了内心深处的渴望，并承担了更广泛的责任。他们已经决定，正如C.S. 刘易斯所说，“邻居荣耀的责任、负担，或者说重担，应该每天都置于我身。面对只有谦卑者才扛得起的重担，骄傲者会被压垮”。

我也逐渐了解了第一座山和第二座山上的各种组织。你曾在某家公司工作或曾在某所学校上学，这并不会给你留下什么特别的印象。你拿到想要的东西，然后就离开了。第二座山的组织则触及人们的内心，并留下永久的印记。你会铭记于心，你曾遇到海军陆战队队员，你曾遇到莫尔豪斯学院[1]的毕业生，你曾遇到茱莉亚学院[2]的钢琴演奏家，你曾遇到美国宇航局的科学家。这些机构有着共同的目标、共同的仪式、共同的起源故事。这些机构都培养深厚的人际关系，都需要全心全意的承诺。它们不仅教育人，还培育人。

---

1 莫尔豪斯学院：美国著名私立文理学院，位于亚特兰大，传统上招收黑人学生。——译者注

2 茱莉亚学院：世界上顶尖的专业音乐院校之一，位于纽约。——译者注

写作计划

本书的第一个目的是展示个人是如何从第一座山转到第二座山的，并详尽、细致地逐步展示更深刻、更快乐的生活。每个人都告诉你，你应该超越自我，并致力于更伟大的事业，但没有人告诉你该怎么做到这一点。

第二个目的是展示社会是如何从第一座山转到第二座山的。归根结底，这是一本关于复兴的书，讲述分裂之物和疏远之事如何重新整合。我们的社会正遭受着一场关联危机、一场团结危机。我们生活在一种极端个人主义的文化中。自我与社会、个人与群体之间总是存在着紧张的关系。在过去的 60 年里，我们过于偏向自我。唯一的出路是重新寻求平衡，建立一种文化，并引导人们走向关联、社区和承诺——这些都是我们最深切的渴望，但已被我们用极端个人主义的生活方式破坏殆尽。

在本书的前半部分，我将详细地讲述两座山上的生活如何发生变化。我会引领大家攀登第一座山，下坡后进入山谷，然后登上第二座山。请不要从字面上理解这个比喻。当然，生活中没有放之四海而皆准的固定程式。例如，我妻子似乎已率先登上了第二座山。与我们大多数人不同，她成长于一个强调道德承诺而不强调个人成功的环境中。我以两座山为比喻，以叙事为形式，力图呈现人们赖以生存的两种不同的道德精神——为自己而活和为他人而活。我想展示的是，在我们的文化中屡见不鲜的第一种模式为何不能令人满意。我将描述人们在通往更充实的生活道路上的一些经历，并分享他们发现的重要事实。我们中的大多数人在生活中变得更好，随着时间的推移变得更有深度和智慧，本书试图解释这一切是如何发生的。

在本书的后半部分，我将描述人们是如何以第二座山的心态生活的。第一座山上人们的生活是流动的、轻松的。第二座山上人们的生活则是固定的、执着的。第二座山上的人生，是坚定不移的人生。当描述第二座山上的人的生活时，我真正想描述的是这些人如何对他人做出最大的承诺，以及他们如何以热情、全面的方式实现这些承诺。这些人毫无保留，全力以赴，矢志不渝。第二座山上的人，已经对以下四件事中的一件或全部做出了坚定的承诺：

- 职业
- 配偶和家庭
- 哲学或信仰
- 社区

承诺，就是对某事许下诺言而不图回报。承诺，就是爱上某件事物，然后不顾风雨，不知疲倦。在本书的后半部分，我将尝试描述人们如何做出承诺：人们如何被某种职业召唤，然后孜孜不倦地行动；人们如何决意嫁娶，并在婚姻中相依相伴，互相扶持；人们如何提出自己的人生观，如何体验信仰带来的乐趣；人们如何被服务于社区的愿望吸引；以及人们如何与他人合作，推动社区乃至社会的繁荣。生活的实现，取决于我们如何选择和兑现那些可能相互冲突的承诺。

我将在后文描述一些生活层次非常高的人。说实话，你我无法像他们那样自我牺牲。我们无法达到这种层次，因为我们是芸芸众生，仍然会以自我为中心，尽管我们不愿意承认。但是，这不意味着设立高标准不重要。从他人的例子中得到鼓舞，铭记充满坚定承诺的生活同样是可能的，这一点仍然非常重要。如果我们无法实现，那是因为我们自身的局限性，而不是因为我们没有理想和情怀。

我之所学

第一座山与第二座山的区别，可能听起来有点儿像我在上一本书《品格之路》中所写的“简历美德”与“悼词美德”的区别。现在，我应当承认，撰写本书的部分原因正是弥补那本书的不足。我在《品格之路》中描述的人物，有很多值得我们学习的地方。但是，每本书都是在个人旅途中的特定时间和特定地点撰写的。写完那本书之后的 5 年，也是我一生中最动荡的 5 年。那些年，有痛苦，有快乐。这是关于生活艺术和人生陷阱的高级教育，也令我在理解人生的道路上走得更远。

当我写《品格之路》时，我还囿于个人主义的桎梏。我曾经认为，如果我们亲力亲为，掌舵前行，生活就会变得美好。我当时仍然相信，性格主要是由自己塑造的。发现自己的重大过错，然后全力以赴，查漏补缺，把自己变得更强大。

如今，我不再相信性格的形成主要是个人的任务，或者是在个体的基础之上形成的。我不再相信诚实、勇气、正直、毅力等品格的培养就像去健身房锻炼身体一样。我现在认为，良好的品格只是优秀自我的附加物。你爱你所爱；你投身于社区或事业，向他人许诺，浇灌茂密的爱心丛林，乐于助人且乐此不疲，人人为我，我为人人。品格值得拥有，在通往品格的道路上，有很多东西值得学习。但还有一样更好的东西值得拥有，那就是道德上的快乐。当你更接近博爱时，宁静就会到来。

此外，我不再相信我们社会的文化和道德模式是良好的。在这种文化与道德之中，我们需要做的就是自我奋斗。在过去几年里，由于个人经历以及国家和全球遭遇的事件，我变得激进了。

我现在认为，我们当前文化中猖獗的个人主义堪称灾难。强调个人的自我成功、自我完善、个人自由、自我实现，就是一场灾难。我现在认为，过上美好的生活需要更大的转变。光靠巩固自己的弱点是不够的。整个文化范式，必须从极端个人主义的思维模式，转变为第二座山的关联思维模式。

为什么撰写这本书?

撰写本书的部分原因，是我想提醒自己思考想要过什么样的生活。作为作家，我们公开创作，即便是在假装叙述他人之事的幌子之下，也是如此。换句话说，我们试图传授我们真正需要学习的东西。我的第一座山，是一座非常幸运的山。在职业上取得的成就，远远超出了我的预期。但那次攀登把我变成了某种人：冷漠、顽固、不善交际，至少在涉及我的私生活时是这样的。我回避了关系带来的责任。我的前妻和我达成协议，即我们不在公开场合谈论我们的婚姻和离婚。但当我回首来时的路时，我发现，生活中的错误、失败和罪孽，往往是疏忽所致，我并未在亲友面前展示真正的自我。这往往是退缩带来的罪过：逃避、疯狂地工作、避免冲突、缺乏同理心，以及没有公开表达自己的想法。例如，我有两个老朋友，他们住在离我 250 英里[1] 远的地方。他们对我的友谊需要极大的忍耐和宽恕，因为当他们需要我的帮助或正好有空来访的时候，我总是太忙、太乱，离他们太遥远。我怀着感激和羞愧看待这种亲密的友谊，但这种模式并没有呈现在我所热爱的事情上，且屡次重复。因为，我优先考虑时间而不是人，优先考虑效率而不是关系。

罪的代价就是罪。我的错误累积起来，在 2013 年将我彻底淹没。那一年，我摔到了生活的山谷。曾经定义我生活的现实消失了。我们长达 27 年的婚姻结束了。在这次失败的承诺之后，我搬进了一套公寓。孩子们正在步入成年期，他们要么已经离家去上大学，要么正在准备上大学。一起出去吃饭的时候，我仍然可以看到他们，但我怀念在自家走廊或厨房里那 15 秒的短暂相遇。我的成年生活是在保守主义运动中度过的，但我的保守主义已不再盛行。所以，我发现自己在智力上和政治上仍是独立的。我的大部分社交生活都是在保守主义的圈子里度过的，但这些联系已渐渐消失。我意识到我有很多不持久的友谊。很少有人信任我，因为我没有给人正能量的感觉。我太忙了，疲于奔命。

我身似浮萍，孤单寂寞，垂头丧气，眼神涣散。我记得，我是在一种类似于宿醉的状态下度过那段时间的。我的情绪都是表面上的，我的音乐播放列表中是西尼德·奥康纳[2] 和雪地巡游者[3] 的令人心碎的爱尔兰歌曲。我不必向我的朋友们诉苦。如果我停下来回忆他们，就会很尴尬。我尽量不去想他们。我是独立的，我想知道我的余生是什么样的。52 岁

1　1 英里 ≈1.609 3 千米。——编者注
2　西尼德·奥康纳：爱尔兰另类摇滚歌手，2017 年改名为玛格达·戴维特。——译者注
3　雪地巡游者：苏格兰另类摇滚乐队。——译者注

的我，面对的是 22 岁的人提出的问题。

在对婚姻的承诺失败后，我在接下来的 5 年里一直在阅读和思考关于如何兑现承诺，如何在受挫后为人生赋予新的意义。本书就是这项研究的成果。撰写本书，是我对生活的反思，也是我持续努力的一部分。写作是通向更好的生活的道路。卡夫卡写道："书，一定是我们劈开心中冰冻的海洋的利斧。"它理应唤醒我们，振聋发聩。对我来说，撰写本书已经达到了这一目的。

我希望，我这本书也是为你而写。谈到作家的工作时，我喜欢引用 D.T. 奈尔斯的一句话：我们就像乞丐一样，试图告诉其他乞丐我们在哪里找到了面包。你只需读上几页，就会意识到我在书中引用了很多比我更富有智慧的人的话语。我说的是"很多"人。对此，我无须隐瞒。在撰写本书的过程中，我多次想到，也许我并不是一个真正的作家。我是一名教师或中间人。我学习别人的知识和课程，然后把它传承下去。

最后，我把本书写成对当前这个历史性时刻的回应。60 年来，对自我的崇拜一直是我们文化的中心要务——塑造自我、投资自我、表达自我。资本主义、精英政治和现代社会科学，已经将自私正常化；让人们觉得人类唯一真实的动机就是自私自利——对金钱、地位和权力的渴望。他们悄无声息地传播着这样的信息：给予、关怀和爱，只是社会蛋糕之上的锦上添花。

当整个社会就是以自我为中心建立起来的时候，其成员就会变得彼此分离和疏远。这正是发生在我们身上的事情。我们都在下面的山谷中。我们在政治中看到的腐烂，基于我们的道德和文化基础——我们相互联系的方式，我们各自独立的方式，以及已经泛滥成灾的个人主义价值观的腐烂。事实证明，仅有第一座山的文化是不够的。

我们这个社会，似乎已经结成抗拒体验真正的“快乐”的联盟。我们的意识即个人理性过于强调关于个体的部分，但很少强调连接心与灵魂的部分。在需要感情的时候，我们过于理性；在需要道义的时候，我们过于功利；在需要关注公众的时候，我们过于关注个人。

所以，我们每个人乃至整个社会，都应该寻找属于自己的第二座山。这并不意味着我们要抗拒在第一座山上获得的一切——体面的工作、漂亮的房子，以及舒适的生活。毕竟，终其一生，我们都应过好每一天。但我们确实需要扭转我们的文化，扭转当下的价值观和处世哲学，并重新商议整个社会权力的重建。这关乎思维模式的转换，关乎以承诺为一切的中心。

好消息是，若我们赋予社区滴水之恩，社区会以涌泉相报。如果要问我在过去的 5 年里学到了什么，那就是这个世界已变得更加邪魅，更加陌生，更加魔幻，更加复杂。这已远远超出了我们在第一座山上的视野。

大多数人的追求都太低了，且削足适履。我们把时间花在了追求那些微不足道的赞许和职业成就上。但是，有一种真正快乐的生活方式，远比我们当下的生活方式要好；两者之间的差别，可谓天壤之别。我们如今的生活方式，就如同我们所有人都争先恐后地靠近日光灯，而如果换一种方式生活，那么我们每个人都可以沐浴在真正的阳光下。

当我遇到活在深刻承诺之中的那些人时，我被这样一个事实击中：快乐是真实存在的！

真正的快乐

在我开始描述通往第二座山的历程之前，我想暂停一下我刚刚关于“快乐是真实存在的”的讨论。我们的公开谈话对美好生活的定义是模糊的。我们经常说，美好的生活就是幸福的生活，我们生活在追求幸福的道路上。

在各种形式的幸福中，我们感觉良好、兴高采烈、笑逐颜开。但是“幸福”这个词可以有很多不同的意思。因此，区分快乐和幸福是很重要的。

这两者之间有什么差别呢？幸福包括自我的胜利、自我的拓展。当我们朝着我们的目标前进时，当事情按照我们的方式进行时，幸福就会到来。你会得到很大的提升：你大学毕业了、你的球队赢得了超级碗[1]、你吃了一顿美餐。幸福往往与一些成功、一些新的能力或一些高度的感官享受有关。

快乐往往涉及对自我的某种超越。它发生在你和其他人或实体之间的皮肤屏障消失，你感觉与它们融合在一起的时候。当母亲和婴儿满怀挚爱地凝视对方的眼睛时，当徒步旅行者被树林里的美丽湮没，感到自身与大自然融为一体时，当一群朋友齐声吼叫、疯狂跳舞时，快乐就出现了。快乐往往是忘我的。幸福是我们登上第一座山的目标。快乐是生活在第二座山上的副产品。

我们可以创造幸福，但我们被快乐俘虏。我们为幸福而高兴，但我们因快乐而发生改变。当我们体验快乐时，我们常常感觉到我们发现了

---

1 超级碗：职业橄榄球大联盟的年度冠军赛。——编者注

更深刻、更真实的现实层面。自恋者可能幸福，但自恋者永远不会快乐，因为屈服于自我正是自恋者无能为力的事情。一个自恋者甚至无法想象快乐。这是被困在第一座山上的人的问题之一：他们甚至看不到第二座山上有什么。

我的核心观点是，幸福是好的，但快乐更好。正如第二座山是第一座山之后更充实、更丰富的人生阶段一样，快乐是幸福之外的更充实、更丰富的状态。此外，虽然幸福往往是变化无常和转瞬即逝的，但快乐可以是根本性的和持久的。你的生活越有责任感，你的稳定状态、你自带的心境和闪耀他人的心情就会越快乐。你会成为一个充满快乐的人。所以，在本书中畅游，就像在生活中一样，快乐就是我们的北极星，我们的导航点。如果驶向欢乐，我们就会到达正确的终点。

快乐的层次

几年前，我就开始收集快乐。或者，更准确地说，我开始收集关于快乐的记录。我收集了人们对生活似乎达到顶峰时的感觉的描述，那些时刻就是生活最充实、最有意义和最完整的时刻。

当我现在看着我的收藏品时，我意识到了不同层次的快乐。首先是身体上的快乐。有时候你正在做一些体力活动，通常要与别人保持一个节奏。此时，你可能会体验到集体生产的美妙。在《安娜·卡列尼娜》中，莱温和农场里的工人一起去割草。起初，莱温用镰刀的方式很笨拙，但后来他学会了这个动作，能干净利落地割下几排草。“莱温割草的时间越长，他就越经常地感到忘我。在这些忘我的时刻，挥动镰刀的已不再是他的手臂，而是镰刀本身。镰刀促使他的整个身体运动，使他充满了活力和自觉性。这就像变魔术一样，一个人可以不假思索地把工作做得恰到好处，干净利落。这就是最幸福的时刻。”

当你和你的团队或单位一起体验集体生产时，生产是尤为美妙的。我以前的老师、历史学教授威廉·麦克尼尔在 1941 年应征入伍后就曾经历过这种情形。在新兵训练营里，他被教导要和部队里的其他人一起行军。行军时，他便开始体验到一种特别的感觉：“语言不足以描述拉练中长时间一致运动所激起的情感。我记得，那是一种无处不在的幸福感；更具体地说，是一种独特的个人扩张感；是一种膨胀的感觉，因参与集体仪式而变得更强大。”

第二层次的快乐是集体的热情洋溢、欢歌热舞。在几乎每一种文化中，追溯其历史，我们都会发现，在欢乐的时刻，人们都会用富有节奏的舞蹈来庆祝。我是在参加了我的一位朋友——一位东正教犹太人的婚礼后的第二天早上写下这段文字的。婚礼仪式结束后，随着音乐声的响起，男人们围着新郎跳舞。我们紧紧地挤在一起，围着他转，他处于旋涡的中心，狂野地跳跃着。每隔几分钟，他就会打电话给不同的人——他的祖父、朋友，甚至我，让对方赶紧来这个白热化的中心和他一起挥动手臂，放声大笑。

作家扎迪·史密斯曾描述过 1999 年伦敦一家夜总会的情形。彼时，她正在四处游荡，寻找她的朋友，顺便寻找她的手提包。此时，突然响起了探索部落[1]演唱的一首歌曲。接下来，她写道：

---

1 探索部落：一支说唱乐队。——译者注

一个长着大眼睛的瘦弱男子，从身体的海洋中伸出手来，抓住了我的手。他一遍又一遍地问我同样的问题：“你感觉到快乐了吗？”我当时很快乐。我那可笑的高跟鞋，差点要了我的命。我担心我可能会死掉，但同时又感到欣喜若狂。探索部落的《我能踢它吗？》（*Can I Kick It?*）碰巧在这个时刻演奏完毕，现在正在切换成《少年心气》（*Smells Like Teen Spirit*）。我抓住那人的手，欣喜若狂，不停地跳啊跳。我们都欣喜若狂。

在这种快乐中，就像在所有的快乐中一样，自我意识的桎梏消失了，人们与周围的人融为一体。这种快乐都是鲜活的，人们被此刻虏获，活力四射。

第三层次的快乐，就是我们通常所说的情感快乐。这是你看到的突如其来的爱。例如，当一位母亲第一次看到她的婴儿时，脸上洋溢着爱意。多萝西·戴伊敏锐地捕捉到了这一点：“就算我撰写了最伟大的著作，谱写了最伟大的交响乐，画出了最美丽的画作，雕刻了最精致的人像，也远不如把我的孩子放在我的怀里时我所能感受到的造物主的崇高……自从我的孩子出生后，我所接受或容纳的如此浩瀚的爱和喜悦的洪流，是无人能及的。随之而来的，是崇拜和膜拜。”

这种愉悦是亲密而有力的。我经常提起 10 多年前的一个夏日的傍晚，我下班回家，当我把车开到屋边的车道上时，我发现我的三个孩子——当时分别是 12 岁、9 岁和 4 岁——正在后院玩一个塑料球。他们把球踢向空中，然后在草地上争先恐后地追逐。他们咯咯地笑着，滚成一堆，玩得非常开心。我坐在车里，透过挡风玻璃凝视这幅家庭幸福的图画。夏日的阳光透过树叶照进来，让我家的草坪看起来堪称完美。我经历的是一种流动的喜悦和满怀的感恩之情，它们似乎让时间停滞了，让我心潮澎湃了。我相信所有的父母都经历过类似的事情。

情感愉悦往往发生在浪漫关系的早期。新鲜的恋人在野餐垫上并坐，爱意沐浴彼此。或者，情感愉悦也可能发生得更晚。年迈的夫妇，可能会觉得爱对方胜过爱自己。你可能会听到婚姻幸福的人这样说：当我向她示爱时，我已溶于爱意。

作家戴维·怀特言简意赅，切中要害。“快乐，”他写道，

> 是我们内心深处的意向和忘我的肉身炼金术，让我们感到内在与外在似乎在交流。但现在，它两者都不是，而是变成了一道流动的边界、一个声音在我们和世界之间交流。在这个世界中，有舞蹈、笑声、情感、肌肤之亲，人们可以在车里唱歌，在厨房播放音乐，还有一个乖巧的、不可替代的女儿陪伴在身边。世界上纯粹得令人陶醉的美，就存在于我们曾经眼中的自己和别人之间。

第四层次的快乐，是精神的快乐。有时，快乐并不来自运动，也不来自爱，而是来自与似乎无边无际的精神纯粹的邂逅。快乐伴随着一种感觉而来，正如作家杰里·鲁特引用 C.S. 刘易斯的话所说的：“所有的现实都是反传统的——世界被一种神秘的力量迷惑。”

诗人克里斯蒂安·威曼住在布拉格时，有一天，他正在厨房忙活，这时一只猎鹰落在了离他约 3 英尺[1]远的窗台上。猎鹰俯视树木和街对面

1 1 英尺 =0.304 8 米。——编者注

的建筑，但并未转身看威曼。威曼目瞪口呆。他赶紧叫正在洗澡的女朋友来看猎鹰。她冲了出来，浑身湿漉漉地站在他身旁，凝视着猎鹰。“许个愿吧。”她低声说。然后，猎鹰转过头来，紧盯着威曼的眼睛，威曼感觉有些晕眩。后来，他写了一首关于这一刻的诗，其中包括这样一节：

伫立良久，
我一再许愿，
愿此刻永恒。
消逝，如斯。

这种精神上的愉悦，常涉及神秘的感应。在托尔斯泰还是个小男孩的时候，他的母亲就去世了。在葬礼之前，他发现自己和母亲敞开的棺材共处一室。他爬上椅子俯视母亲，体验到一种奇特的静谧。“不知何故，当我凝视她时，感觉似乎有一种无法抑制的、不可思议的力量迫使我凝视，”他后来写道，“有那么一会儿，我丧失了所有的存在感，体验到一种模糊的幸福，虽然宏大而甜蜜，但也满怀悲伤。”然后，一个男人走进了房间，托尔斯泰意识到，如果他脸上挂着幸福的表情，这个人可能会认为他冷漠无情。所以，为了遵从社会习俗，他假装哭了起来。“这种自私自利的意识，完全抹杀了我悲哀中的任何诚意。”

我们现在正在攀登，向着层次越来越高的快乐体验前进。第五层次的快乐是超然的快乐，就是感受与自然、宇宙合为一体。在《与圣徒一起背包旅行》（*Backpacking with the Saints*）中，贝尔登·莱恩描述了如下徒步旅行经历：

每当我陷入荒野，我的身体和环境都会以一种亲密的交换模式你来我往。我涉水而过，呼吸着充满金银花香味的空气。我被蜘蛛网包裹着，我被荆棘刺穿。我误吞被我身上的汗水吸引过来的蚊子，我通过靴子能感觉到小径上的岩石。我在哪里“结束”，其他一切从哪里“开始”，不总是很清晰。看似“我”的东西，并未囿于我的肌肤。

这种超凡的时刻只能持续短短几分钟，但它们可以改变我们的整整一生。人们有一种感觉，他们看到了事物背后隐藏的现实，然后就再也无法回到过去，再也不能满足于观看苍白的影子在洞穴的墙上起舞。基于这样的超凡时刻，拉尔夫·沃尔多·爱默生建立了一套哲学。“站在寂寥的地面上——我的头沐浴在欢快的空气中，我冉冉升向无限的空间——所有卑劣的自我主义都消失殆尽了。我成了透明的眼球；我什么都不是；我看到了一切；普遍存在之流，在我身上涌动。”

这种喜悦，虽然痛苦，却是一种诱人的渴望。它始于接触永恒之物，然后，对它的再次渴望升华为喜悦。正如 C.S. 刘易斯所说：“快乐不是对渴望的满足，而是渴望本身。”奥古斯丁觉得，上帝的爱是一种美味而热烈的饥饿：“你呼唤着，呐喊着，使我不再失聪；你闪耀着，燃烧着，使我重见光明；你挥洒着你的芬芳，我鲸吸牛饮；现在，我为你窒息；我尝到了你的味道，现在我又饿又渴；你触动了我，我燃烧着，以求你的安宁。”

其他人，虽然没有明确的宗教信仰，但也会经历类似于爱意照耀己身的时刻。24 岁的朱尔斯·埃文斯，在滑雪时从 30 英尺高的悬崖上摔了下来，摔断了腿和脊背。“当我躺在那里的时候，我感觉我沉浸在爱意和光芒之中。过去 6 年来，我一直遭受着情绪问题的折磨，担心我的自尊会受到永久性的伤害。在那一刻，我才知道我很好，我是被爱的，我体内有一些东西是坚不可摧的，它可以被称为‘灵魂’，或‘自我’，或‘纯意识’，或诸如此类的东西。”

2016 年，盖洛普机构问美国人是否有过神秘经历：在那一刻，他们超越了平常的自我，感觉自己与某个无限世界相连。84% 的受访者表示，他们至少有过一次这样的经历，尽管 75% 的受访者表示在公共场合谈论这一话题是社会禁忌。

道德快乐

至此，我想转到最高层次的快乐——我称它为道德快乐。我认为这是最高形式的快乐，部分原因是这是一种即使是怀疑论者也无法解释的形式。怀疑论者可能会说，所有其他类型的过往快乐，都只是大脑中某种结构奇异的化学物质碰巧产生的奇异感觉。但是，道德快乐还有一个额外的特点：它可以成为永久性的快乐。有些人过着一天接一天的快乐生活。他们的日常行动，与他们的最终承诺保持一致。他们已经奉献了自己，且全心全意。他们很感激自己找到了自己的位置并表明了自己的立场。他们内在的光芒在闪耀。

教皇方济各似乎拥有这种快乐。据说，图图主教和保罗·法默医生拥有这种快乐。哈莱姆儿童地带的创始人杰弗里·卡纳达和伟大的华裔大提琴家马友友也拥有这种快乐。

这种道德快乐，可能始于社会心理学家所说的“道德提升”。例如，社会心理学家乔纳森·海特的一名研究助理采访了一位妇女。一个冬天的早上，她和她所在的教会的其他几个人一起在救世军做志愿者。一名志愿者主动提出，让他们中的一些人搭车回家。那天早上，雪下得很大。当他们的车经过一个居民区时，他们看到一位年长的女士拿着一把雪铲，在她的车道上铲雪。在下一个十字路口，后座上的一个人要求在那里下车。他们让他下车了，以为他的家就在附近。

但他并没有走进附近的任何房屋，而是走向那位女士，拿起她的铲子，开始铲雪。车里的一位女士，目睹了这一切。她回忆道："我想跳下车去，拥抱这家伙。我想边唱边跑，或者边跳边笑。只是想活跃一下气氛而已。我很想赞美别人，或者写一首优美的诗或情歌，或者像个孩子一样在雪地里玩耍，把他的事迹告诉每一个人……我的精神无比振奋。我高兴、快乐、微笑、精力充沛。我回到家后，对我的室友们滔滔不绝，他们无不为之动容。"正如海特所指出的那样，道德升华的强大时刻，似乎会按下精神上的复位按钮，消除愤世嫉俗的感觉，取而代之的是希望、爱和道德鼓舞的感觉。这些道德升华的时刻，令人精力充沛。人们觉得自己有强烈的动力去行善，去行动，去尝试，去牺牲，去助人。

当人们把慷慨视为日常生活的一部分时，他们就会重塑自己。有趣的是，你的个性、你的本质，并不像你的腿骨的数量那样基本上是永久性的。你的本质是多变的，就像你的思想一样。你采取的每一项行动、你的每一个想法都会改变你，哪怕只是一点点，也让你变得更高尚或更堕落。如果你做了一系列好事，以他人为中心的习惯就会逐渐融入你的生活，以后做好事就变得更容易了。如果你对某人撒谎、无情或残忍，你的人格就会退化，以后做坏事就变得更容易了。正如犯罪学家所言，犯下谋杀罪的人不是立地成魔的。他们必须越过很多门槛，才能达到杀人越货的地步。

那些散发着永恒的快乐的人，已经把自己奉献给了深沉而充满爱的承诺的生活。付出已成为他们的天性，他们的灵魂渐渐变得炽热。我们的精神潮流奔流不息。对一些人来说，奔流的主要是恐惧或不安全感。对于我们所说的快乐的人来说，奔流的主要是感恩、快乐和善良。

如何塑造自己的个性，让自己光彩照人？你可能会认为，开朗的个性来自无忧无虑的生活——一种充满欢乐和持续快乐的生活。但是，如果你仔细观察快乐的人，你会注意到，那些灵魂最炽热的人往往承担着最沉重的责任。

本杰明·哈代是一名作家，他在《公司》（*Inc.*）杂志中讲述了收养三名儿童的决定。“在承担个人责任之前，我有点儿自满，我缺乏紧迫感，我没有前进的动力，”他写道，“安逸的生活，并不是通往成长和幸福的道路。相反，安逸的生活，才是你在生活中陷入困境和迷茫的原因。”接受这些孩子，意味着更多地了解挫折、焦虑和疲惫，但也意味着感受欢欣、甜蜜，特别是关爱。幸福可以独自享用，但是永久的快乐来自一种扎根于快乐的生活。当一个人的愿望得到满足时，幸福就会出现。当欲望转向他人时，一个人可能会遇到永久的道德快乐。

格雷戈里·博伊尔通过自己在洛杉矶的经历，捕捉到了为自己而活的生活与为他人而活的生活之间的区别：“同情，在最真实的情况下，总是与从自我关注的狭小世界向更广阔的友谊之地的转变有关。”这是生活中必然遭遇的真理之一：只有迷失自我才能找回自我，只有放弃自己才能赢得世界。

你可能会认为，这种快乐的服务生活是很少见的。但在 2018 年春天，我在阿斯彭研究所启动了一个名为“编织：社会结构项目”的项目。这个项目旨在让人们关注那些正在做社区建设和关系修复的基层工作人员。在这项研究过程中，我发现自己几乎每天都被炽热的人包围着。

来自休斯敦的斯蒂芬妮·鲁泽克与她的课后项目“家庭点”的孩子们盘腿坐在地板上，兴高采烈地重复绕口令：“快速说 10 遍‘独特的纽约’！”来自科罗拉多州的凯特·加文在遇到一名索马里难民时，受到了热烈的欢迎，她正在帮助后者融入当地的学校系统。还有在北卡罗来纳州拥有一家汽车连锁店的唐·弗洛，他对自己在温斯顿–塞勒姆建设的社区中心表现出一种宁静的满足。还有房地产开发商哈兰·克罗，他似乎每时每刻都在致力于帮助周围的人，使他们过得更舒适。

还有位于路易斯安那州什里夫波特的国际社区更新组织的创始人麦克·麦卡特。在我写这本书时，麦克已经年过七旬。他是这样的一个人，当他第一次走进咖啡店时，他询问每个人的名字，给他们讲一个笑话或故事。到了他第三次来咖啡店时，他已经是大家的老朋友了。到了他第五次来咖啡店时，大家都想让他主持他们的婚礼。人们只是想和他在一起，因为他洋溢着喜悦。

我问这些人，是什么给他们的日常生活带来了欢乐。答案总是同一主题的不同表述——他们给另一个人带来欢乐的某个时刻。海伦·凯勒说：“忘我是一种快乐……所以，我试着让别人眼中的光芒成为我自己的阳光，让别人耳朵里的音乐成为我自己的交响乐，让别人嘴唇上的微笑成为我自己的幸福。”

米罗斯拉夫·沃尔夫是耶鲁大学的一名教授，他把学习乐趣发展为自己的专长。他总结道，快乐不是一种自立的情绪，而是美好生活的王冠。“快乐不仅仅是美好生活的外在，也不仅仅是奶油蛋糕上的一片薄荷叶。相反，美好的生活表现于喜悦之中。快乐是生活顺利的情感层面，是对生活得到良好引导的积极情感反应。”

幸福是登上第一座山的人们应该追求的目标。幸福是伟大的，但是我们只有一次生命，所以我们不妨利用它来寻找更大的猎物：享受幸福，但要超越幸福并走向快乐。

幸福往往是个人的，我们通过问“你幸福吗？”来衡量它。快乐往往是超越自我的。幸福是你追求的东西；快乐是意外出现并席卷你的东西。幸福来自成就，快乐来自赠人玫瑰。幸福会消退，我们会习惯于曾经让我们愉悦的东西；然而快乐不会褪色。活在快乐之中，就是活在惊奇、感激和希望之中。第二座山上的人们已然改变，他们对此深信不疑。爱的倾泻，已成为一股稳定的力量。

第一部分

两座山

第一章

道德生态学

当我还是一名年轻的电视评论员时，我曾与吉姆·莱勒合作，共同创立了一个节目，即现在的《PBS（美国公共广播电视公司）新闻一小时》。在播送新闻的时候，莱勒的神情往往是温暖而坚忍的。因为，他认为他不应该是故事的主角，新闻才是故事的主角。但是，当摄像头未对准他的时候，他的表情生动得令人难以置信。当我们在节目上讲话时，如果我的言辞庸俗或粗俗，我就会看到他的嘴角因不悦而抿起来。但当我的言辞中肯、有礼貌或有趣时，我会看到他高兴得连眼睛都眯起来。整整 10 年，我与一位我深深敬佩的人共事，我一直尽力表现，以使他高兴，而不是不悦。

莱勒从来没有正式告诉过我，我该如何行事，但他用这种无言而微妙的方式训练我，让我符合节目的标准。他不仅把这种方式用在我身上，还年复一年地把这种方式用在节目的工作人员、一场又一场节目中出现的每一个人身上。通过这种方式，他创造了《PBS 新闻一小时》的存在方式——一种道德生态。在这种生态中，某些价值观被优先考虑，某些方式被所有人共同期待。莱勒已经退休多年，但他灌输的文化仍然定义着今天的《PBS 新闻一小时》。

我们都成长于这样或那样的道德生态之中。我们都通过我们的生活方式和我们与周围人产生的共鸣来创造我们周围的微文化。一个人可以留下的最伟大的遗产之一就是道德生态——一种在他们死后仍然存在的信仰和行为体系。

有些道德生态是区域性的，如在家里或办公室，但有些道德生态是宏大的，大到足以定义整个时代和文明。古典时代的希腊人和罗马人有他们的荣誉准则，他们的愿景是不朽的名声。19 世纪末，巴黎的艺术家发明了一种庆祝个人自由和疯狂创造力的波希米亚准则，而在英吉利海峡对岸，维多利亚时代的道德开始成型，它有着严格的礼仪和体面的准则。道德生态微妙地指导着你的着装、说话方式、钦佩和鄙视的对象，以及如何定义自己的最终目标。

道德生态，是对特定时刻重大问题的集体反应。例如，20 世纪中叶左右，北半球的人们面临着大萧条和灾难性的世界大战。大的问题需要大的制度回应。人们参军，组成工会，或在大公司工作。交战国家的人民，紧密联系在一起。因此，形成了这样一种文化：强调履行职责、融入机构、顺从团队、服从权威，而不是试图突出自己或损公肥私。这种以群体为导向的道德生态，可以一言以蔽之："我们休戚与共。"

这种文化的精神，在艾伦·埃伦霍尔特所著的《失落的城市》（*The Lost City*）一书中有着生动的描绘。这本书讲述了 20 世纪 50 年代芝加哥内外一些社区的故事。那时，并没有过于强调个人选择。如果你不是厄尼·班克斯[1]这样的明星棒球运动员，你就没有成为自由球员的选择，你的职业生涯就可能在芝加哥小熊队[2]度过。如果你有错误的口音、错误的肤色或错误的性别，那么你很可能无法在市中心的豪华写字楼中找到一份工作。但当时的人们往往有稳定的归属和与当地稳定的联系，他们为自己的机构或组织尽职尽责。

如果你是一个住在芝加哥南区的人，那么你很有可能跟随你的父亲和祖父来到纳贝斯克工厂，这是当时世界上最大的面包店，并加入了国际烘焙和糖果工人工会。

那时，人们的房子很小，没有空调，电视也还没有普及。天气暖和的时候，社交生活就在门廊中、小巷里进行，孩子们整天挨家挨户瞎跑。就算是一位年轻的房东，也会被一系列公共活动包围。正如埃伦霍尔特所说，"只有最坚定的独行者才能逃脱名目繁多的公共活动：烧烤、咖啡、闲聊、排球比赛、照看孩子的互助社，以及持续不断的家居用品交易"。

如果你要去银行，你就会去当地的银行塔尔曼联邦储蓄和贷款公司。如果你要买肉，你就会去当地的肉店贝尔图奇。当时，有 62% 的美国人表示他们是活跃的教会成员。如果你恰巧住在芝加哥的那个社区，你就会加入圣尼克教区，在那里你会听到和蔼的芬尼西神父用拉丁语做弥撒。你可能会把你的孩子送到当地的教区学校。在那里，孩子们整齐地坐成一排，在林奇神父的铁腕管教下瑟瑟发抖。

1　厄尼·班克斯：最杰出的棒球运动员之一，1977 年入选棒球名人堂。——译者注
2　芝加哥小熊队：美国职业棒球大联盟中连续未获冠军时间最长的球队。——译者注

如果你投身政界，那么你可能很难以自由职业者的身份胜出。但你可以加入戴利市长（芝加哥著名的政治世家戴利家族）的阵营，只要你按照权威人士的指令行事，自会风生水起。例如，约翰·法里加入了戴利市长的阵营，在伊利诺伊州立法机构服务。64岁时，他成功当选美国国会议员。当被问及当选国会议员后打算做什么时，约翰·法里告诉媒体："我将去华盛顿，协助戴利市长。21年来，我在立法机构中代表戴利市长，他总是正确的。"约翰·法里的确是尽职尽责的。

这种精神，滋养了如今许多人所渴望的丰富多彩的社区生活。如果有人问你是从哪里来的，你不会只说"芝加哥"，而是会提到你生活的具体地点——第59街和普拉斯基路的交叉口。这座城市，当时是一个村庄的聚集之地。

道德生态有很多优点。它强调谦卑、慎言和谦逊。它给出的信息是，你不比任何人强，但任何人也都不比你强。它认为自爱（自私自利、自恋）是诸多邪恶的根源。如果你过多地谈论自己，人们就会说你自负并对你嗤之以鼻。

当然，这种文化也是有缺陷的，并最终令人无法容忍。这种道德生态容纳了大量的种族主义和反犹太主义。家庭主妇感到困扰和窒息，职业女性面临着令人望而生畏的障碍。1963年，贝蒂·弗莱顿描述了一个被人忽视的问题，那就是许多女性生活中平淡无奇、令人崩溃的无聊。当时的文化对男子气概有着冷冰冰的定义；男性在表达对妻子和孩子的爱的方面面临着困难。吃吃喝喝真的很无聊。人们感到被群体从众的压力禁锢，被当地意见的偏执折磨。许多人扮演了他们所分配到的社会角色，但他们的内心是死气沉沉的。

约翰·斯坦贝克 1962 年出版的《横越美国》一书中有一个场景，捕捉到了这种公共行为规范是如何将许多人困在麻木、无趣的生活之中的。斯坦贝克带着他的狗进行了一次越野旅行，来到了芝加哥。他现在需要一个酒店里的房间，这样他就可以洗澡和休息了。酒店唯一空着的房间还没有打扫，但斯坦贝克说，不管怎样，他都要住下。

当他打开门时，他看到了前一位客人留下的痕迹。斯坦贝克从遗留的一张干洗收据中推断出之前的客人（他称之为孤独的哈里）家住康涅狄格州的韦斯特波特。桌子上留有一封哈里在旅馆便笺上写给妻子的信。“我希望你能和我一起听到（原文如此）。这是一个寂寞的小镇。你忘了给我系袖扣了。”

哈里的妻子并没有突然来访，这是件好事。高脚杯和烟灰缸里一半的烟头上都有口红印记。床边的发夹表明，曾经造访这个房间的女人有着深色的头发；斯坦贝克称她为“露西尔”。他们一起喝了整整一瓶杰克·丹尼威士忌（世界名酒之一）。床上的第二个枕头已经用过了，但没有靠过的痕迹，也没有口红的痕迹。那个女人把哈里灌醉了，而她自己则偷偷地把威士忌倒进了桌上的红玫瑰花瓶。

“我想知道哈里和露西尔谈了些什么。”斯坦贝克写道，“我想知道她是不是让他不那么孤单了。不知何故，我对此表示怀疑。我认为他们两人都只是在满足人们对他们的期望。”哈里不该喝那么多酒。斯坦贝克在废纸篓里发现了薄荷糖包装纸，在浴室里发现了两支装溴塞耳泽（一种治头痛的泡腾盐）的箔管。斯坦贝克写道，没有任何意想不到的迹象，没有任何真正有趣的迹象，更没有心血来潮的迹象。有的只是寂寞。“我为哈里感到难过。”他总结道。这，就是当你单调乏味地为一些没有灵魂的组织服务时遭遇的事情。你不仅没有成就感，还失去了任何感觉的能力。

当时，有很多关于随波逐流导致失魂落魄的评论。大多数人，只不过服务于某个组织，身穿灰色法兰绒西装，麻木不仁地追求地位。当时的论调是，群体压垮了个体，人们已沦为某个数值，没有真正的自我意识。

自由地做自我

斯坦贝克出版《横越美国》的时候，人们开始反抗战后“我们休戚与共”的道德生态，并以一种新的道德生态取而代之。道德生态展示的通常是一个关于进步的故事，是对以往过时之物的理性回应。尽管如此，这一进展仍然堪称坎坷。

它经常发生在地理学家露丝·德弗里斯所说的“棘轮、手斧、枢轴”模式中。人们创造了一种道德生态，帮助他们解决当下的问题。生态起作用了，社会在向上攀升。但随着时间的推移，道德生态与新出现的问题变得越来越不相关。旧的文化不断僵化，反文化的成员对它持反对态度。在一段动荡和竞争时期，不同道德秩序的捍卫者争先恐后地推动自己推崇的新文化，以占据上风。在这样的时期——1848 年、1917 年、1968 年，以及今天，人们很容易感到沮丧，很容易感到社会正在分崩离析。在这样的时期，往往会发生巨大的、残酷的战争，以及关于何种生活方式最受推崇的战争。最终，社会转向一种新的道德生态、一套新的是非标准。一旦新的道德生态到位，就会有新的进步棘轮出现，往前迈出艰难的一步。

一种文化的改变，显然不是所有人都能立即改变和适应的。这是一个庞大的、多元化的社会。但是，一般性行为已经改变。有些欲望和价值观会被优先考虑，而另一些则不会。一些曾经令人钦佩的东西被鄙视，而曾经边缘上的东西如今则被钦佩。

我想强调的是，在这样的时期，是谁在领导变革呢？这与我们今天所处的时期相关。领导这种变革的，不是政客，而是道德活动家和文化先驱。那些塑造风俗习惯的人，才是人类真正的立法者——他们拥有最大的权力和影响力。新的道德生态，通常以一种亚文化肇始。一小群有创造力的人，发现当前的道德生态令人压抑，让人彼此疏远。因此，他们回溯历史，更新旧的道德生态，以提供更好的生活方式。他们创造了一种别人认为有吸引力的生活方式。如果你能创造一场人们想要加入的社会运动，他们就会把精力和想法奉献给你。

正如约瑟夫·坎贝尔在接受比尔·莫耶斯采访时所说的那样，行为分为两种类型。其中一种是身体行为，如英雄在战争中表现出勇敢的行为——拯救了一座村庄。但也有精神英雄，如有人找到了一种新的、更好的方式来体验精神生活，然后与其他所有人交流。或者，用艾丽丝·默多克的话来说："人是这样一种生物，他为自己描绘肖像，然后变得与自己的肖像相似。"

20 世纪 60 年代，公社和嬉皮士社区的一小群年轻人借鉴并引入了波希米亚文化。这种文化偏爱长发、年轻、反叛、革命和性开放。随着时间的推移，他们变成了伍德斯托克[1]怪胎、叛乱者、新时代的探险家，

1　伍德斯托克：美国纽约州北部城镇，是世界上最著名的系列性摇滚音乐节举办地之一。——译者注

最终变成了中产阶级的波希米亚人。他们的穿着和谈吐都不同于20世纪50年代的先辈们。他们处理关系的方式不同，安排生活的方式也不同。

曾经对权威的尊重，变成了对权威的排斥。曾经，沉默寡言令人钦佩，但现在，口若悬河令人钦佩。曾经，经验是受人尊敬的，但现在，青春是受人敬仰的。曾经，生活被视为世世代代扎根于某地的无限循环，但现在，生活被视为开阔道路上的一次性旅行。曾经，占主导地位的风气是履行职责，但现在，生活就是做好自己的事情。曾经，集体第一；现在，个人第一。曾经，最令人敬佩的是责任；现在，最令人敬佩的是个人自由。

就在《横越美国》出版那年，即1962年，一群学生在密歇根州休伦港集会。他们的直接目标是打击北方的种族主义，但最终产生了更广泛的影响。他们迅速组建了“民主社会学生会”，并发表了《休伦港宣言》。这份宣言，被证明是未来道德生态的良好指标：

“人和社会的目标，应该是人的独立，”他们写道，“人们关注的不应是受欢迎的形象，而应该是寻找个人生活的真正意义……这种独立，并不意味着利己主义与个人主义，与其说其目的是为所欲为，不如说人们有属于自己的道路。”

20世纪60年代的反文化运动，基本上汲取了几个世纪以来浪漫主义反文化运动中表现出来的个人主义，并使其成为现代生活的主流模式。

如果“我们休戚与共”是关于这个群体的，那么新的道德生态就是关于自由、自主、真实的。可以用一句话来概括它，即“自由地做自我”。这种有时被称为“自我主义”的个人主义精神，随着婴儿潮一代的母乳被注入他们的身体中，并伴随他们一生。这是一个关于解放的故事。

其想法就是从教条、政治压迫、社会偏见和群体一致性中解放出来。这场运动有一个右翼的变体——个人应该在经济上不受监管；它还有一个左翼的变体——个人选择的生活方式应该不受社会的监管。但无论是前者还是后者，这一切都是关于个人的解放的。

我不想花太多时间来描述这种关乎个人主义、真实性、自主性和孤立性的文化，因为它已经被其他人生动地描述过了，相关著作有菲利普·里夫的《疗法的胜利》、克里斯托弗·拉什的《自恋主义文化》、盖尔·希伊的《片段》、阿拉斯代尔·麦金太尔的《追寻美德》、汤姆·沃尔夫关于自我一代的描述、艾瑞卡·琼的《怕飞》、查尔斯·泰勒的《本真性的伦理》、罗伯特·贝拉的《心灵的习性》，以及罗伯特·帕特南的《独自打保龄》等。

我只想强调，迈向自由的征程产生了许多伟大的成果。20世纪60年代出现的个人主义文化，打破了许多压抑妇女和压迫少数民族的枷锁。它松开了种族主义、性别歧视、反犹太主义和同性恋恐惧症的纽带。如果没有这种文化所释放的具有反叛性的个人主义和创造力，我们就不可能拥有硅谷或整个信息时代的经济。这是一场绝对有必要的"文化革命"。

但是，许多想法一旦走向极端就会变成错误。托克维尔早在19世纪30年代就注意到，与其他地方相比，美国一直有着更具个人主义色彩的文化。但是，当个人主义成为一种文明的绝对主导精神时——当它不能与任何相互竞争的精神维持平衡时，身处其中的个人可能会拥有最大的自由，但个人之间的联系开始慢慢弱化。"自由地做自我"的宏大叙事，已经上演了大约50年，并逐渐演变成一种极端个人主义的文化。

这种道德生态，是建立在一系列想法或假设之上的。在此，我略举几例：

受保护的自我。自主的个体是社会的基本单位。社区是对如何生活做出自我选择的个人的集合。最好的社会安排，保障了个人选择的最大可能的自由。核心的社会原则是“不伤害，不犯规”。每个人都有权以自己喜欢的方式生活，只要他们不干涉其他人随心所欲地生活的权利。理想的社会是这样的：在这个社会里，人们生活在一起，彼此互不拖累，但都在一起，各自为政。

内心的上帝。人生的目标，就是攀登马斯洛所说的需求层次，实现自我实现和自我满足。当你踏上自己的个人旅程后，你学会了更好地表达独特的自我。你学会了接触自我，发现自我，并以一种真实的方式生活。说服力的最终来源在于内心，倾听内心隐秘的真实声音，忠于自己的感受，不屈服于外在腐败社会的标准。

意义的私人化。简单地接受你周围的世界所接受的观点，是错误的。你必须提出你自己的价值观、你自己的世界观。正如大法官安东尼·肯尼迪在最高法院的一项著名裁决中所说的，“自由的核心，是定义自己对存在、意义、宇宙和人类生活奥秘的概念的权利”。

创造共同的道德秩序，不是学校、社区甚至家长的工作，而是你自己应该做的事情，你无权评判别人的道德秩序是好是坏。

完全自由的梦想。在其他文化中，人们是在先于个人选择的机构（家庭、民族传统、信仰、国家）中被培养并蓬勃发展的。但这些机构正是被个人主义文化蚕食的机构，因为它们是未经选择的，所以被视为不太合法。在个人主义文化中，最好的生活就是最自由的生活。精神的养成也是在自由中发生的，而不是在义务中发生的。

成就的聚焦化。在一个极端个人主义的社会里，衡量一个人的标准不是是否遵守共同的道德准则，也不是把自己完全湮没在深厚的关系之中的程度，而是个人所取得的成就。地位、钦佩和被爱，都是次于个人成就的。自私是可以被接受的，因为照顾和提升自我是首要的使命。以自我为导向是可以的，因为在一个结构合理的社会中，个人的自私可以被用来生产公共产品，促进经济的增长。近期，哈佛大学教育研究生院的研究人员询问了一万名初中生：你们的父母是更关心个人成就，还是更关心你们是否善良？ 80% 的受访者表示，他们的父母更关心成就——个人成就胜过关系纽带。

你还可以在我列出的描述极端个人主义社会文化特征的清单上添加其他想法，如消费主义、治疗心态、对科学技术的偏爱胜过对亲密关系的偏爱。一个重要的事实是，这些传播了半个世纪之久的思想，让人们更难过上密切关联的集体生活。

极端个人主义并不是一个新的问题，它反复出现。几年前，我曾经阅读塞巴斯蒂安·荣格尔的《部落》。我遭遇了一种现象，而且从此以后一直被它困扰。在 18 世纪的美国，殖民地社会和美洲印第安人的社会共存。随着时间的推移，来自欧洲的定居者开始叛逃，与印第安人一起生活。但是，没有土生土长的印第安人叛逃到殖民地社会。这让欧洲人感到不安。他们认为，他们拥有更优越的文明，但人们却用脚投票，赞成以另一种方式生活。殖民地居民偶尔会说服当地人与他们为伍，并教他们英语，但当地人很快就打道回府了。在与印第安人的战争中，许多欧洲定居者被俘虏并被关押在印第安人部落内。他们有很多机会逃脱和返回，但没有人这样做。当欧洲人来“营救”他们时，他们逃到树林里，以躲避“营救者”。

不同的是，印第安村落的人们有共同的文化和亲密的关系。他们生活在一种精神文化之中，认为所有的事物构成一个统一的整体。欧洲人则有一种个人主义文化，更容易彼此分离。当实际上可以选择的时候，很多人更喜欢社区而不喜欢各自为政。这个故事让我想到，整个社会有可能陷入一种根本上的无序状态。

自我和社会之间，总是存在着一种紧张关系。如果束缚太紧，那么反抗的冲动就会很强烈。但是我们也有相反的问题。在“自由地做自我”文化中，每个人都孤独地维系松散的关系。社区被削弱，联系被瓦解，孤独在蔓延。这种情形让人很难变得善良，无法满足人类对爱和关联的深层次渴望。这对所有年龄段的人来说都很艰难，但对年轻人来说尤为艰难。他们被扔进了一个没有秩序的、不确定的世界，这里几乎没有权威或防护，除非他们自力更生，自己创造出来。在众多事情中，独自投入生活是异常困难的。

第二章

照片墙上的生活

每个社会都有将其价值观传递给年轻人的方式。一些社会通过宗教节日或阅兵式来传递价值观。我们传递价值观的方法之一，是一场毕业典礼演讲。

大学通常会邀请一位在事业上取得非凡成就的人在毕业典礼上发表演讲，声称事业成功并不那么重要。然后，这些成就非凡的人经常会告诉他们的听众，你们不应该害怕失败。年轻人从中学到，失败可以是美妙的——如果演讲者碰巧是 J.K. 罗琳、丹泽尔·华盛顿或史蒂夫·乔布斯。

但这一课，并不是我们中年人在毕业典礼演讲中为年轻人提供的唯一建议。我们用这些演讲来传递我们这个时代的主流价值观，把它们当作很棒的礼物呈递出来。结果发现，这些礼物都有着大大的盒子，但空空如也。

毕业后，许多年轻人都处于悬而未决的境地。他们漂浮着，被不确定性困扰，他们想知道具体应该做些什么来度过人生。所以，我们把空空如也的大盒子递给了他们！生活的目的是自由。自由通向幸福！我们不会强加给你任何东西，也不会告诉你该怎么做。我们赋予你们自我探索的自由。享受你们的自由吧！

观众席上的学生放下了那个大盒子，因为他们正沉浸在自由之中。他们要寻找的是方向。自由是用来做什么的？我怎么知道哪条路是我的路呢？

所以我们又给了他们一个空的大盒子——一个充满可能性的大盒子！你的未来是无限的！你可以做任何你下定决心要做的事！旅程就是目的地！冒险吧！大胆一点儿！梦想远大一点儿！

但是这个祝福帮不了他们。如果你不知道你的生活目的是什么，那么，就算被告知未来是无限的，它又对你有什么帮助呢？这只会徒增压力。所以，他们放下了那个空盒子，去寻找智慧的源泉。在哪里可以找到我所面临的重大问题的答案呢？

所以，我们把满是真诚的空盒子递给他们：审视你自己的内心！寻找你内心真正的激情。你太棒了！唤醒内心的巨人！按照你自己的方式真实地生活！你要做你自己！

这也没用。去咨询生活答案的那个“你”，本身都还没有长大呢。于是，他们放下了那个空盒子，问道，我能投身于什么事业？什么事业会激励我，为我的生活赋予意义和方向？

在这一点上，我们给了他们最空的盒子——自主。我们告诉他们，你得靠自己。由你来定义你自己的价值观。没有人能告诉你什么是对的，什么是错的。你的真相就是你自己讲述的关于你自己的故事，这些故事也是以你自己的方式发现的。做你喜欢做的事吧！

你会注意到，我们的答案涵盖了你 20 多岁时生活的所有困难，并使它们更糟。毕业生处于不确定状态，我们又给了他们不确定性。他们想知道他们为什么应该这样做，不应该那样做。我们没有什么可说的，因为没有任何标准，我们自己也没弄清楚。他们在一片茫茫沙漠中挣扎。我们不仅不给他们指南针，还把一桶沙子泼到了他们头上！

克尔恺郭尔曾经总结过毕业生真正面临的问题："我真正需要弄清楚的，是我要做什么，而不是我必须知道什么……这对我来说是一个寻求自身真理的问题，是找到我愿意为之而生和死的想法的问题……正因为如此，我的灵魂才会饥渴，就像非洲的沙漠需要水一样。"

为什么在这个最大的问题上，我们无话可说？

无处可去

当你还是个学生的时候，生活总是一站接一站的。总会有下一次作业、下一次考试、下一次录取申请来安排学生的时间表和精力。社交生活有它的戏剧性，但至少在餐厅和宿舍里，它就摆在你面前。

然后，从人类历史上最有条理、最受监管的童年，到毕业后，你就像被吐出的唾沫，进入了人类历史上最没有条理的青壮年。昨天，家长、老师和辅导员都在为你的进步而欢呼，为你宝贵的自我而欢呼。今天，这一切戛然而止。这个世界不知道你的名字，也不关心你是谁。每次求职面试时，坐在桌子另一边的人，都带着一种冷漠和不屑一顾的态度——求职者多如过江之鲫，而我孤独一人。

在过去的几个世纪里，一批批走向成熟的成年人夺走了他们父母的工作、信仰、城镇和身份。但在“自由地做自我”的时代，你需要寻找自己的职业道路，自己的社会部落，自己的信仰、价值观、生活伴侣、性别角色、政治观点和社会身份。作为一名学生，你的关注点主要是短期的目标，但现在你需要一套不同的导航技能，并开始将你的生活引向远方的目标。

平均每个 20 多岁的美国人都先后从事过 7 份工作。在任何时刻，都有 1/3 的应届大学毕业生处于失业、未充分就业或年收入低于 3 万美元的状况。一半的毕业生觉得他们对自己的生活没有计划，近一半的 20 多岁的人在过去一年里没有性伴侣。同时，这个年龄段还是酗酒和吸毒的高峰期。处于这个生命阶段的人，每三年搬家一次。40% 的人至少搬回父母家一次。他们参加宗教仪式或加入政党的可能性，则微乎其微。

在他们的奥德赛时期[1]，人们往往对长期的未来抱有疯狂的乐观态度。高达 96% 的 18~24 岁的人同意这样的说法：“我非常肯定，有一天我会达到我追求的人生境界。”但现实的特点是流浪、孤独、超然、怀疑、就业不足、心碎和坏老板，而他们的父母却慢慢地崩溃了。

审美生活

有些人带着冒险家的心态从大学毕业。在现实生活安顿下来之前，他们正处于玩乐的时候。婚姻和一份真正的工作，总有一天会在他们 35

1 奥德赛时期：指 20 多岁、30 岁出头的年轻人为生计奋斗的时期。——编者注岁的时候降临，在此之前，他们将有机会体验各种生活。

这些人，可能会在 23 岁时去蒙古教英语，或者在科罗拉多州组织漂流之旅。这类大胆的尝试，有着实实在在的优势。大学毕业后的第一份工作，可能无论如何都会很糟糕。因此，正如影响力投资者布莱尔·米勒所建议的那样，你不妨利用这段时间来拓宽你的风险视野。如果你做了一件完全疯狂的事情，那么你将永远知道你可以处理好一定程度的狂乱，你此后几十年的生活方式将会更加勇敢。此外，你还将建立临床心理学家梅格·杰伊所说的“认同资本”。在接下来的 30 年里，在每次求职面试和晚宴上，都会有人想问你在蒙古教英语是什么感觉，这会让你有别于其他任何人。

这是一种开始你 20 多岁的生活的绝佳方式。这种生活的问题，只有在几年后才会显现出来——如果届时你还没有安定下来做事的话。如果你年复一年地对每件事都说“是”，那么你最终会过上克尔恺郭尔所哀叹的审美生活方式。过着审美生活的人，视自己的生活为一件艺术品，并用审美标准来评判它——它是有趣的还是枯燥的，漂亮的还是丑陋的，愉快的还是痛苦的？

作为这类人，你在这里参加一次冥想静修，在那里参加一次“火人节”[1]，一年参加一次联谊会，年复一年。偶尔跳上一次摇摆舞，一个星期做两次灵魂机车健身，几个月练一次马伽术[2]，几个月练一次比克拉姆瑜伽，偶尔在星期日下午参观一个很前卫的美术馆。这样，照片墙

1　火人节：由美国一个组织发起的反传统狂欢节，倡导社区观念、包容、创造性、时尚以及反消费主义。——译者注

2　马伽术：军用徒手格斗术。——译者注

（Instagram）上的粉丝会很多，每个人都会认为你是有史以来最酷的人。你告诉自己，人际关系（安排喝酒，吃午饭）对你来说真的很重要，但如果你在一星期内参加多达 20 次社交聚会，你就会忘记所有这些聚会的初衷。你与很多人交谈，但都只是泛泛而谈。

问题在于，处于审美阶段的人认为，生活是可以体验的种种可能性，而不是需要落实的项目或需要实现的理想。他们蜻蜓点水，走马观花，但永不停留。在审美的生活方式中，每一天都很有趣，但似乎没有什么意义。

这种生活方式背后的支撑理论是，你应该积累经验。但是，如果你的生活只是一系列的冒险，你就会徘徊在你自己过往的情感、多变的心以及不确定之中。这种生活只是一系列短暂的时刻，而不是不断积累的成就。你的能力必定会被荒废，因为你的注意力过于分散。你可能还会被错过的恐惧困扰。你的可能性是无穷无尽的，你的决策前景却是毫无希望的。

正如安妮·迪拉德所说："你如何度过你的日子，就如何度过你的一生。"如果你每天都只是消费随机的体验，你就会开始感觉自己是一个零散的消费者。如果你想尝试生活这一杂货店中每个货架上的物品，你就会把自己变成一个挑剔的人，那种总是考虑自己和自身选择的自我陶醉的人，最终会被自我意识麻痹。

我们天生的热情，促使我们成为取悦别人的人，对别人点头哈腰。但是，如果你没有坚决拒绝一些事情，没有放弃任何事情，就可能没有完全投入任何事情中。承诺的生活，意味着为了几个宝贵的"是"而说一千个"不"。

当有足够多的人同时经历这一阶段时，你最终会面对一个一切都在变化的社会。你最终会得到哲学家齐格蒙特·鲍曼所说的“流动的现代性”。在智能手机时代，进行或终止任何交易或关系所涉及的摩擦成本几乎为零。互联网正在命令你点击并尝试一件又一件事情。生活在网络上，往往意味着生活在一种消遣的状态中。当你生活在消遣中时，你实际上对事物并不是很感兴趣；你只是以一种更狂热的速度感到无聊。线上生活中充斥着过时的事物。如果你无法在 30 秒内集中注意力，那么你到底要如何承诺你的生活呢？

这就是自由眩晕中的生活。没有人确切地知道他们彼此之间的立场。每个人都相当肯定地认为，其他人的生活过得更好。比较是快乐的强盗。

经过几年的开放式选择，与其说你失去了寻找生活意义的线索，不如说你甚至很难将注意力集中在这个问题上。戴维·福斯特·华莱士的史诗小说《无尽的玩笑》，就是对这种心烦意乱的描述。这部小说的主题是一部关于“致命的娱乐”的电影，剧中的每个人都会在恍惚中变成口水横流的僵尸。生活中的大问题已经被娱乐取代了。这部小说本身体现了最终心烦意乱的人的思想，句子串在一起，重复出现在另一个句子中，不同的想法随时随地冒出来。在这样的世界里，每个人都乐此不疲，但并不一定取得进步。

华莱士认为，对抗这一切的方法是通过一种钢铁般的意志力来集中个人的注意力。“学会思考，实际上意味着学会如何控制自己的思维方式和想法。”华莱士在他著名的毕业典礼演讲中对凯尼恩学院的毕业生说：“这意味着有足够的意识和洞察力去选择你所关注的事物，并选择如何从经验中获取意义。因为如果无法在成人生活中进行这种选择，你就会被彻底淘汰。”

但华莱士提出的补救措施是不切实际的。当你心烦意乱，不拘泥于实际的承诺时，集中注意力恰恰是你无能为力的事情，你头晕目眩，眼花缭乱，无从选择。不要妄自尊大，认为自己足够勇敢或足够有能力洞察自己最深刻、最重要的内心。你奔波的原因之一，是你在逃避自己。

你知道，在某个时刻，你应该坐下来，为你的生活寻求总体的方向。但是，你的大脑想要从繁复的大问题、完全令人畏惧和无法回答的问题，转移到你手机中的娱乐与糖果上——多巴胺由此小幅度提升。

所有这些都指向一个方向：困境。从学校毕业并追求一种审美生活模式的人，往往最终会陷入困境。直到那时，他们才意识到，不知何故，无人告诉他们生活的真相：自由糟透了。

政治自由是伟大的。但是，个人、社会和情感自由——当它成为终极目标时——绝对糟糕透了。它导致了一种混乱、忙碌的生活，但没有明确的方向，没有坚实的基础。正如马克思所说：“一切坚固的东西都烟消云散了。”事实证明，自由并不是你置身其中并度过一生的海洋。自由只是一条你想要跨越的河流。这样，你就可以把自己根植于对岸，全身心地投入到某件事情上。

第三章

没有安全感的超常成功者

部分年轻人将成年视为一种审美体验，另一部分年轻人则试图尽可能地将成年视为学校的延续。这些学生通常就读于竞争激烈的大学，而且往往来自社会上层。他们比其他人更容易被录取，所以他们更适合有竞争性招聘程序的公司。作为学生，他们享受着名牌大学的声望。所以，成年后，他们享受名牌公司和服务机构的威望。作为学生，他们擅长赢得荣誉。所以，当他们进入职场时，他们遵循着一种赢得荣誉的生活。他们的父母可以吹嘘，他们的子女在谷歌或威廉－康纳利律师事务所工作，或者去了哈佛商学院。

这些新兴的成年人是实用主义者，他们善于解决问题。大学三年级和大学四年级学生面临的问题是预期中的模棱两可。毕业在即，但你不知道接下来会发生什么。作为实用主义者，他们通过蜂拥到公司来解决这个问题。这些公司甚至可能告诉他们，大学三年级的学生在至少未来几年该怎么做。至此，不确定性已经不复存在。当成年人询问他们毕业后的打算时，他们会轻松地给出一个很好的答案。为了让生活中关于该做什么的生存焦虑被小心谨慎地压制在意识的水平线之下，他们抓住了随之而来的第一份工作。

不幸的是，这条务实的路线也无法让人摆脱困境。永远不要低估你所处的环境中潜移默化的力量。当你选择在某家公司工作时，你就是在把自己变成在那家公司工作的那种人。如果麦肯锡公司或通用磨坊的文化能满足你的灵魂，那就太好了。但如果事与愿违，你的某些受到压抑的灵魂就会变得日益饥渴和日渐强大。

此外，以务实、功利的方式生活，会让你变成一个功利的实用主义者。“我怎样才能成功？”这一问题，很快就战胜了“我为什么要这么做？”这一问题。

突然之间，你大部分的谈话都是关于你有多忙碌的描述。突然之间，你变成了一个冷漠的路人，但只要在你的老板身边，你就会切换成超级讨人喜欢的模式。你花了很多时间寻求指导，试图找到一些成功的长者，让他们回答并解决你的所有问题。事实证明，职场上的人并不想让你过上有深度、有成就感的生活。每当你把自己塑造成职场所期望的精明动物时，他们都会对你予以肯定。你曾经读过马克思主义作品中关于老板剥削工人的分析。你突然意识到，自己成了自己的老板，亦是自己的剥削者。你开始认为，自己需要的不是一个提升的灵魂，而是一套最大化的技能。

令人着迷的是，放下那些曾经困扰你的精神问题，放下那些曾经定义你的厚厚的书籍，把自己精简成一个专业人士，可谓易如反掌。

此外，疯狂工作是一种令人惊讶的有效方式，可以分散人们对情感和精神问题的注意力。你很容易回避情感问题，在道德上脱钩，对你周围的人不那么亲近和敏感，把你内心深处的黑暗丛林隔离，逐渐趋于平静，过上简单、淡泊的生活。你有没有注意到，很多人在 35 岁的时候比他们 20 岁的时候更加无聊和敷衍？

精英制度，是当今世界最自信的道德体系。精英制度是如此引人入胜，看起来是如此自然，以至我们甚至没有意识到它是鼓舞非经济事物的特定经济词汇。词语的意义是会改变的。“品格”不再是一种以爱、服务和关心为导向的道德品质，而是一套围绕毅力、生产力和自律组织起来的职场特质。精英制度将“社区”定义为一群有才华的人之间的相互竞争。它将社会划分成众多的外环和内环，达沃斯中心的高级成就者和其他所有人，分别处于内环及其之外的各环之上。虽然精英制度假装不存在，但它确实潜移默化地传递了这样的信息：那些更聪明、更有成就的人，实际上比那些不聪明的人更有价值。

就算你有自己的道德体系与之竞争和并存，精英制度的灵魂扁平化的影响仍然是存在的；如果你没有自己的道德体系与之竞争，那么精英制度就会吞噬你的整个人。你失去了主导感，因为职业的阶梯决定了你的日程安排和人生旅程。精英制度让你有品牌可以依附，比如你曾经上过的名校，你曾经获得的靓丽头衔。作为地位的良好标志，它们取代了寻求自我的迫切需要。诗人戴维·怀特写道，“工作，也许比寻找自我更容易让你迷失自我”。

记者丽莎·米勒描述了她在同龄人身上看到的一种“野心碰撞”，这些同龄人大多是专业人士中的年轻女性。她写道：这些同龄人善于抓住机会，她们是榜单制订者，也是依靠谢丽尔·桑德伯格的《向前一步》成长起来的女性。她们推迟了婚姻和生育，因为她们被驱使去做大事、管理大事。

但是，等她们到了一定的年龄，米勒写道，她们“就像刚刚丢失氦气球的孩子一样，悲痛欲绝，不知所措”。正如一位女士告诉米勒的那样，“前途渺茫”。或者，就像另一个人所说的，“进退失据”。她们幻想辞去工作，迁往密歇根州，或者以生孩子为借口退出激烈的竞争。“她们喋喋不休地谈论这样那样的目标，谈论烘焙一条面包或看着花园中草木成长所带来的具体的满足感。”她们原地踏步，努力工作，“等待某些东西——任何东西——重新点燃她们，让她们相信需求并没有永久地抛弃她们”。

米勒将此描述为一个女性问题，源于社会对女性和工作的糟糕态度。但是，我注意到很多男人也有一种感觉，他们的生活不尽如人意。几个世纪前，能够描述这些人正在经历的事情的，有一个通用的词：麻痹。

今天，这个词的使用频率要低得多。这是个很奇怪的现象，因为它所描述的状态在今天是如此的普遍。麻痹，是激情之后的平静。这是一种缺乏关怀的表现，也是一种不会点燃你强烈的激情的生活。因此，它会让你的灵魂日益迟钝，就像烤箱里释放出的暖气一样。生活在麻痹状态中的人，可能也有工作和家庭，但他并不完全被自己的生活束缚。他的灵魂与生活是分离的。

欲望让你具有黏性。欲望驱使你走近你所爱的人、工作或城镇。但是，缺乏欲望会让你变得超然。随着时间的推移，它会给你灌输一种逃避情绪的态度，一种虚假的冷漠。简而言之，精英制度鼓励你进入一种社会热爱但你不热爱的生活。你无法全心全意地拥抱它。

一个试图把生活当作学校的延伸的人，往往会成为丹麦小说家马蒂亚斯·达尔斯加德所说的“没有安全感的超常成功者”：“这样的人，肯定没有稳定或坚实的基础可言，但仍试图构建自己的方式，以解决自己的问题。这是不可能的事情，因为它是无源之水、无本之木。但这类人士不以为然，继续掩耳盗铃，自欺欺人。”

正如他们所说，实用主义的问题就在于它行不通。没有安全感的超常成功者，永远不会完全意志坚定，因此也永远不会完全满足。他的观念在变化，他的地位在上升，但他的内心从未完全投入。

当你除了身份和头衔一无所有时，你会发现自己经常拿自己和别人进行比较。你被你对自己的构想困扰。以这种方式生活的人，会想象还有其他人在享受事业的辉煌和个人的快乐。上大学时除了看电视什么都不做的失败者，现在是著名的电影制片人；培训计划中那个沉默寡言的家伙，现在是对冲基金经理、亿万富翁。如果别人出卖自己的灵魂并因此获益良多，那么，你出卖自己的灵魂又能获得什么好处呢？

第四章

山　谷

列夫·托尔斯泰拥有人类历史上最成功的第一座山。他年轻时参军，过着放荡不羁的生活。他有他的冒险、他的爱情，以及挑战与决斗。然后，他试图让自己成为一名伟大的知识分子。他和他的一群同伴聚集在一起，创办激进的刊物，撰写文章并试图传播启蒙思想。他成了一名小说家，并取得了超出任何人想象的成功，其成果是《战争与和平》和《安娜·卡列尼娜》等。

托尔斯泰也不是一名道德懒汉。托尔斯泰总是为了让自己成为一个更好的人而放弃一切：烟、狩猎、酒、肉。他为自己制订了规则，这样他就可以更爱别人，平等对待所有其他人，以及诸如此类的事情。

他后来回忆道，那些年他的信念是完善自己：

我努力在智力上达到完美；我尽我所能地学习，生活赋予了我学习一切的机会。我努力完善自己的意志，为自己制订规则，并努力地遵循这些规则。我通过做所有能锻炼力量和敏捷性的运动，经历所有锤炼忍耐力和毅力的艰辛，以取得身体上的完美。我认为这一切堪称完美无缺。这一切的出发点，当然是道德上的完美，但这很快就被一种对全面完美的信仰取代，也就是说，这不是一种在我自己眼中或在上帝眼中变得更好的愿望，而是一种在别人眼中变得更好的愿望。

然而，生活给了他沉重的打击。他的哥哥尼古拉斯在 37 岁时英年早逝。尼古拉斯是一个善良、严肃的人，从来不明白自己为何而生、为何而死。托尔斯泰始终找不出任何理由来解释他哥哥的死。

然后，一次经历使托尔斯泰相信，还有比声望和完美更珍贵的东西。这就是绝对的真理，某种不是由人类理性建造的东西，而是仅仅简单存在的东西。目击处决时，托尔斯泰正身处巴黎。

当我目睹人头从身体上被砍下来，并听到尸体的每个部分落入盒子时发出的砰砰声时，我才明白，不仅要用我的智力，还要用我的整个生命进行抗争。没有任何关于生存或进步的合理性的理论，足以为这样的行为辩护。我才意识到，纵使世界上所有的人从创世之日起就认为，根据某种理论，砍头是必要的，我也知道，这是不必要的，也是错误的。因此，我的判断必须基于什么是正确的和必要的，而不应该基于人们所说的和人们所做的。

截至彼时，托尔斯泰一直把自己的生命押在启蒙计划上，押在理性、知识分子、公众认可和进步上。现在，他对上述计划失去了信心。生命的意义是什么？

我的生活就此停步。我能呼吸，能吃，能喝，能睡；的确，我无法不呼吸、不吃饭、不喝水、不睡觉。但是，我并没有生命，因为我没有欲望，尽管我认为满足这些欲望是合理的。即使我想要什么，我事先也已经知道，是否得到并不重要。

他开始感受到生活的荒唐和无用。他把房间里所有的绳子都扔掉了，这样他就不会上吊自尽了；他让自己远离猎枪，这样他就不会开枪自杀了。他开始认为，他以前写作的精神生活是一种疯狂的形式。谁会真的在乎他在这本或那本杂志上得到好评呢？现在看来，他和他的密友们并没有改善世界，他们只是为了财富和名誉而写作。托尔斯泰厌倦了生活，觉得生活毫无意义。彼时，他身处山谷。

如果这种失落感可以发生在托尔斯泰身上，那么它也可能发生在任何人身上。毕竟，其他人也可能会被没有竭尽全力去实现的想法困扰。但是，托尔斯泰是有史以来最伟大的作家之一。财富、名望和成就，并不能让任何人远离山谷。

其他人

有些人一生都没有跌落到山谷里，他们得到了更多的力量。但我们中的大多数人，都不得不忍受一段时间的痛苦。在这段时间里，我们不得不问自己一些根本性的问题。

苦难有很多种形式。有些人工作很忙，却意识到自己失去了生活的主线。有些人感到心碎。有些人失去了所爱的人，这让他们感觉好像永远失去了光明的未来。其他人则被心脏病、癌症或中风深深困扰。另一些人经历了失败或丑闻；他们的身份原本就是建立在一些外部表现之上的，而现在这一切已经消失殆尽。

对一些人来说，这种感觉并不是戏剧性的危机，只是一种潜移默化的萎靡不振，即对他们正在做的事情逐渐失去热情。荣格派人格分析师詹姆斯·霍利斯曾经遇到一位病人，这位病人对此有如下解释："无论什么比赛，我都想赢。直到现在，我才意识到我被这种比赛玩弄了很久。"一个人可能会为了赢得成功，为了比别人更优秀而拼命奋斗。然后，有一天，他会发现这一切似乎都是空洞和毫无意义的。"不会珍惜，不会享受。"托尔斯泰笔下的一个人物如是说。

在为《奥普拉》杂志撰写的一篇文章中，作家艾达·卡尔霍恩描述了许多女性。即使在三四十岁的时候，她们也仍然感觉在漂泊，就好像她们自己误导了自己的生活一样。她的一位 41 岁的朋友告诉她，"有时候，我也会短暂地清醒，这通常发生在冗长的电话会议期间，"她说，"我脑海中突然有个声音开始大吼：你在干什么？这既无意义又无聊！你为什么不去做你喜欢做的事呢？"

《优秀的绵羊》一书中，威廉·德雷谢维奇描述了他自己在年轻时陷入的沮丧状态。他成长于工程师和科学家的家庭，认为科学是他的毕生追求。在上大学之前，在允许自己生活在一个不确定的时刻之前，他决定主修生物学和心理学两个专业。在踏进大学校园之前，他已经锁定了大学生涯 3/4 的课程。当他意识到自己应该学习英语专业的时候，他后悔也已经晚了。所以，他毕业时拿到了两个他并不喜欢的专业学位。

由于缺乏明确的人生目标，他驻足于一个有选择余地的地方。他申请了法学院。然后，当他确定自己对法律不感兴趣时，他又申请了新闻学院。结果，他对这两个学院都没有兴趣。然后，他在一家非营利性机构找了一份工作。“所以，大学毕业几年后，我失去了接受教育的机会，从事着一份对我毫无意义的工作，我的事业基本上泡汤了，我的自信化为乌有，我不知道我想做什么，也不知道接下来何去何从。这让我痛苦不已。”

人们通常会经历一个熟悉的过程，然后才能认识到他们面临的问题有多全面。首先，他们否认自己的生活面临着问题。其次，他们加紧努力，遵循旧有的失败的计划。最后，他们试着用一些新的刺激来对待自己：他们有了外遇，或者喝更多的酒。只有当所有这些都失败时，他们才会承认，他们需要改变他们看待生活的方式。

特洛斯危机

这是一场特洛斯（telos，意为“目的”“目标”）危机。特洛斯危机的定义是，身处其中的人并不明白自身的目的。当这种情况发生时，他们就会变得脆弱。尼采说，会对生活问“为何”的人，是可以忍受生活中的任何“如何”的。你如果知道你的目标是什么，就能应对挫折。但是，如果你不知道你的目标是什么，那么任何挫折都可能会导致你的彻底崩溃。正如谢默斯·希尼所说，“你不在此处，也不在彼处；匆匆忙忙中，已知和未知都会被错过”。

根据我的经验，特洛斯危机有两种形式，即“走肉模式”和“躺尸模式”。在走肉模式中，患者只是继续艰难地前行。她受到了一些打击，或者遭遇了极度的厌倦，但她不知道自己想要什么，也不知道应该如何改变自己的生活。所以，她只是继续做她正在做的事情——同样的工作，在同样的地方，过同样的生活。她生活在一种心理意识中，意识到她正在停滞下来。我有一个叫凯西·杰拉尔德的朋友，他正在进行一场面试。面试结束时，他话锋急转，问了应试者一个问题："如果你无所畏惧，那么你会怎么做？"面试者突然大哭起来。如果她无所畏惧，她就不会为那家公司做人力资源了。这就是活生生的特洛斯危机。

第二种特洛斯危机是躺尸模式。在这种模式中，患者只是安静地躺在床上，然后看着网飞（Netflix）。他的信心破灭了。他被自我关注弄得手足无措。他有一种奇怪的、毫无根据的信念，认为对他来说一切都已经太晚了，生活已经从他身边溜走了。其他人的成就，开始给他带来真正的痛苦，因为其他人明显的快速攀升和自身可悲的停滞之间的距离，已经令人绝望地拉大了。

戴维·福斯特·华莱士在他的很多朋友身上注意到"一些与实际情况、经济或任何新闻中谈论的东西没有太大关系的东西。这已经是心扉之痛了。在我自己和我的朋友身上，我看到了这一点，以这样或那样的方式。它表现为一种迷失"。在这种心理表现的背后，华莱士注意到，根本原因在于道德上的迷失。"就有意义的道德价值观而言，这一代人一无所有。"

很难知道有多少人在这种危机中受苦受难。因为，人们已经变得非常善于掩饰了。正如年轻作家维罗妮卡·雷·萨龙所说："经过一次又一次的谈话，这已经变得越来越清楚：在我们当中，那些拥有华丽的照片墙账户、精美的领英（LinkedIn）个人资料、自信的外表的人，可能正是那些在谈到未来时感到最困惑、最焦虑和最混乱的人。千禧一代，在他们 20 多岁时所拥有的黏着感无处不在。有黏着感的人和与安全感无缘的人之间，有着直接的关联。”最终，我们都无法逃脱这些大问题：我最好的生活是什么样子的？我该相信什么？我归属于哪里？

社会的山谷

个人可能会跌进山谷，整个社会也可能会跌进山谷。20 世纪 60 年代初，我们的文化开始接受一种极端个人主义的生活方式，以协助解决当时所面临的问题。但几十年后，这种文化走到了极致，并产生了自身的危机。

关于个人解放的宏大叙事，给我们留下了一些人所说的“伟大的解构”。然而，以前的人们往往被困在有既定社会规范的紧密社区中。有时，这些社会规范看起来令人窒息，而如今人们彼此之间的联系已被切断。人们曾经在等级制度中服务，现在却根本没有思考关于制度的问题——如何在制度内生活，如何管理制度，如何改革制度。因此，构成我们共同生活的社会组织的质量下降了。

最重要的是，极端个人主义导致了这样一个社会。在这个社会中，人们生活得日益疏远，无论是在社会上、情感上还是在身体上，都是如此。英国哲学家西蒙·梅说过，爱是“本体论的根源”。爱赋予你一种脚踏实地的感觉。许多人，即使是在家庭内部，也没有这种感觉。很多恋爱中的人也没有这种感觉。过去，人们抱怨年轻人在没有爱的情况下做爱；现在，他们甚至越来越不喜欢做爱。半个世纪的解放，使个人主义变成了我们的地狱，尽管个人主义曾经是我们祖父母的天堂。个人主义已经导致了 4 种相互关联的社会危机。

（1）孤独危机

在一个社会调查中，45 岁以上的美国人中有 35% 的人感觉自己处于长期孤独的状态中。只有 8% 的美国人称，在给定的一年里，他们与邻居进行了重要的对话。1950 年，只有不到 10% 的家庭是单人家庭，现在这一比例已接近 30%。30 岁以下妇女所生的孩子，大多出生在单亲家庭。这些都是群体性问题。增长最快的政治团体是无组织的。发展最快的宗教团体，也是无组织的。英国的研究人员要求牧师描述他们不得不与教区居民解决的最常见的问题。76% 的人表示，最常见的问题是孤独和心理健康。前美国卫生总监维韦克·默西在《哈佛商业评论》上撰文称："在我照顾病人的这些年里，我看到的最常见的疾病不是心脏病或糖尿病，而是孤独。"

冷漠造成的心理、社会和道德上的损失是可怕的。

自 1999 年以来，美国的自杀率上升了 30%。自杀的瘟疫重创了年轻人。2006—2016 年，10~17 岁人群的自杀率上升了 70%。每年大约有 4.5 万名美国人自杀，而自杀在很大程度上是孤独的代名词。阿片类药物每年导致额外的 7.2 万名美国人死亡，而阿片类药物成瘾就是一种慢性自杀。2018 年，美国疾病控制与预防中心宣布，美国人的平均寿命连续三年下降。这绝对是一个令人惊讶的趋势。在富裕、有凝聚力的社会中，寿命理应会逐渐延长。上一次美国人的寿命在短时间内缩短，发生在 1915 年到 1918 年。当时，这个国家正在忍受第一次世界大战和导致 67.5 万美国人死亡的流感大流行。今天，美国人寿命缩短的原因是所谓绝望死亡（自杀、吸毒过量、肝脏问题等）的增加。反过来，这些问题又是由我们周围的社会孤立造成的。

（2）不信任

伟大的社会学家罗伯特·尼斯贝特将疏远定义为“一种可以发现遥远、难以理解或欺骗性的社会秩序的心理状态”。这几乎就是当今美国的正常状况。上一代人通常认为自我牺牲是有意义的。因为，如果你为你的组织服务，那么组织也会回报你。但是，正如民意调查专家丹尼尔·扬克洛维奇几十年前所指出的那样，（美国人）对这种施舍并获得契约的信念早已崩塌。现在的假设是，如果你付出，就会有人拿走你的付出。如果你牺牲，别人就会趁机占便宜。互惠关系消失了，人们感觉自己与邻居格格不入，并对公共生活的制度感到厌恶。

20世纪40—50年代，当时的风气更多的是“我们休戚与共”。当时，大约有75%的美国人表示，他们相信政府在大多数时候都会做正确的事情。现在，只有不到25%的人这样认为。根据综合社会调查的数据，在那个更早的时代，大约有60%的美国人表示他们的邻居是值得信任的；现在，只有32%的人这样认为，而千禧一代中只有18%的人这样认为。每个年龄段的美国人，都比以前更不信任别人。正如哈佛大学的罗伯特·普特南指出的那样，这种情形甚至还有一个非常合适的解释：人们不那么值得信任。这并不是说人们的看法变得更糟了，这只是人们的实际行为。我们的关系质量更差。不信任滋生持续的不信任。当人们感到不信任时，他们就会得出结论——唯一可以依靠的人就是自己。“还有什么寂寞，是比不信任更寂寞的呢？”乔治·艾略特在《米德尔马契》中写道。

（3）意义危机

第三种危机是意义危机。我们这个时代的一个令人震惊的事实是，尽管我们对大脑有了全盘的了解，但包括抑郁症在内的精神健康问题仍在不断增加，而不是减少。而且，情况似乎正在迅速恶化。2012 年，有 5.9% 的年轻人患有严重的抑郁症。到 2015 年，这一比例上升至 8.2%。

这在一定程度上要归咎于智能手机，但更多的是因为太多人失去了对生活的使命感。当共同的道德秩序荡然无存，每个人不得不寻找自己对生命奥秘的定义时，大多数人都会一无所获。当生活变得艰难的时候，他们并没有令人信服的故事来解释他们生活的意义。威廉·达蒙在为他所著的《迈向目的之路》（*The Path to Purpose*）所做的一项研究中发现，只有 20% 的年轻人完全获得了目的感。

许多人已经对前人赋予生活使命感和意义的伟大事业及社会秩序失去了信心。可以说，他们已经对信仰失去了信心。自 20 世纪 60 年代初以来，教堂上座率几乎下降了一半。他们对国家失去了信心。根据盖洛普组织的数据，2003 年时，70% 的美国人表示他们为自己是美国人而感到“非常自豪”；到了 2016 年，只有 52% 的美国人这么认为，而千禧一代只有 34% 的人这么认为。所有这些数字都表明，人们并不觉得自己是可以相信并为之奉献一生的更大叙事的一部分。

“人类惧怕孤独。”巴尔扎克写道，“在各种孤独中，道德孤独是最可怕的。”

（4）部落主义

上述三种危机引发了第 4 种危机——部落主义。部落主义，不是极端个人主义本身的一个部分，而是我们对极端个人主义的反应。心理学家说，最难治愈的是病人试图自我治愈。被激进的个人主义抛弃的人，赤手空拳，孤苦伶仃。他们遵循自己的基因和他们种族古老的训诫，回归部落。个人主义走得太远，就会导致部落主义。

汉娜·阿伦特在几十年前就注意到了这一现象。当她观察那些已经成为政治狂热分子的人的生活时，她发现了两件事情：孤独和精神空虚。“孤独是恐怖的共同基础。”她在《极权主义的起源》中写道。

纳比拉·贾弗写道，真正的孤独不只是孤独，还是一种精神空虚，对自己失去信心，无法找到答案，“失去自我”，这是一种“漂泊和多余”的感觉。

正在经历生存恐惧的人，会进入危机模式：“我处于危险之中！我被威胁了，我必须还击！”他们的进化反应就是自我保护。因此，他们依靠古老的本能来应对威胁：我们对抗他们。部落主义者寻找简单的类别，在这些类别中，一些人是好人，另一些人是坏人。他们寻求确定性，以克服无法忍受的疑虑。他们寻求战争——政治战争或实际战争，以战争为生活的意义。他们又回到了部落中。

部落主义，似乎是恢复社区纽带的一种方式。它的确把人们凝聚在了一起。但实际上，它是社区的黑暗孪生兄弟。社区是建立在情感基础之上的联系。部落主义，在本书采用的意义上，是建立在仇恨基础之上的联系。共同体以共同的人性为基础；部落主义以共同的敌人为基础。部落主义总是在划分界限，制造敌友之分。部落心态是一种建立在稀缺性的基础上的战士心态：生活，总是一场争夺稀缺资源的战争，总是我们与他们之间的零和博弈。目的证明手段的正当性，政治就是战争，思想就是战斗。要么杀人，要么被杀。不信任，就是部落主义者的世界观。

部落主义，只是孤独的自恋者的社区。

如今，对于许多人来说，党派之争并不意味着哪个政党的政策更好。这是救世者和被诅咒者之间的冲突。人们经常用党派身份来填补他们的其他依恋（种族、邻里、宗教、社区和家庭）消亡时留下的空白。

这种诉求已经超出了政治所能提供之物的范围。一旦政治成为你的种族或道德认同，你就不可能妥协，因为妥协就是耻辱。一旦政治成为你的身份，每一场选举竞争就会成为一场生存之争，一切皆有可能。部落主义威胁着独立的个体，并把他变成怪物。

历经磨难

无论是个人的山谷，还是社会的山谷，或者两者兼而有之，都会有很多的痛苦。你正在忍受一段痛苦的、失落的时期，这可能是一段令人心碎的痛苦时期，但也可能是你生命中最珍贵的时期之一。

约翰·济慈说，我们住在一座由许多公寓组成的大宅中。当我们还在第一座山上时，我们生活在济慈所说的“不假思索的房间”里。这是默认的房间；我们只是不假思索地吸收了碰巧存在于我们周围的价值观和生活方式。

我们想留在这个房间里。它很舒服，每个人都赞许地向你点头。威斯坦·休·奥登在长诗《焦虑时代》中写道：

我们宁愿被毁，也不愿改变；

我们宁愿死于恐惧之中，

也不愿攀登此刻的十字架。

让我们的幻想破灭吧。

苦难时期，把我们收拾得屁滚尿流。苦难时期，是让我们从自满中振作起来的雾角，向正在走向错误的生活的我们发出警告。

痛苦本质上没有什么高尚可言。有时悲伤就只是悲伤，它总会过去。生活中会发生很多不好的事情，试图为此感伤并声称必有后福，这是错误的。但有时，当苦难可以与有关改变和救赎的更宏大的叙事联系在一起时，或许我们就可以痛苦地走向智慧。这是你无法从书本上学到的智慧，你必须通过亲身体验才能获得。有时，你在应对苦难时首次体验到高贵的滋味。

神学家保罗·蒂里奇写道：苦难打乱了正常的生活模式，并提醒你，你并不是你自认为的那个人。苦难击穿了你认为的灵魂地下室的地板，露出了下面的空洞，然后它又击穿了空洞的地板，露出了更下层的空洞。

苦难教会我们感恩。通常，我们认为爱情和友谊是理所当然的。但在痛苦的时期里，我们会向别人寻求慰藉，并感激我们所爱的人提供的礼物。苦难使你与其他受苦的人团结在一起，这会让你对那些分担这种或那种痛苦的人更有同情心。通过这种方式，它还可以使你的内心变得柔软。

苦难需要回应。没有人能避免痛苦，但我们可以选择如何应对它。有趣的是，很少有人通过寻求快乐来回应痛苦。没有人会说，我失去了我的孩子，所以我应该出去狂欢。他们会说，我曾经失去我的孩子，因此我有能力帮助其他失去孩子的人。人们意识到，肤浅的东西无法满足内心深处的饥饿，填补不了苦难所揭露的深刻空虚。只有精神食粮，才能填补空虚。许多人通过践行慷慨来回应痛苦。

最后，苦难粉碎了自我满足的幻想。这是一种必须粉碎的幻想。如果要开始任何相互依存的生活，就必须粉碎这一幻想。痛苦的时期暴露了我们大多数雄心中的虚伪和虚荣，照亮了生与死、关心和被照顾的更大现实。在自我欲望看起来很大并主宰整个生活之前，痛苦会帮助我们看清自我欲望的真实大小。在经历了几个时期的痛苦之后，我们会发现，自我欲望只是非常小的欲望。当然，我们也无须围绕它来组织我们的生活。爬出山谷，与从疾病中恢复并不一样。很多人爬出来的时候，并未痊愈。诗人特德·休斯观察到，最糟糕的经历往往是最令人难忘的。因为，在那些低落的时刻，人们的保护壳被摘下，变得谦卑，问题清楚地暴露出来，要求服务的呼唤也能被清晰地接收到。

第五章

旷　野

面对一个痛苦的时期，人们的正常反应是试图摆脱它。头痛医头，借酒浇愁，听听音乐。生活还得继续。

当你遭遇痛苦的时候，正确的做法是挺直腰杆，承受痛苦，静待痛苦带来的教诲。我们需要明白的是，如果处理得当，在他人的帮助下，痛苦会给你带来益处，而不是只会折磨你。

山谷是我们摆脱旧的自我的地方，这样，新的自我才能出现。没有捷径可走。这也是自古以来诗人们描绘的永恒三部曲：从苦难到智慧，再到奉献。旧我死亡，在虚空中净化，在新生中复活。从山谷的痛苦，到沙漠的净化，再到山顶的洞察。

那么，你是如何开始这三段旅程的呢？幸运的是，几千年来人们一直在思考这个问题，他们给我们提供了如何做到这一点的参考。

例如，摩西很早就对他的生活有想法。他在法老的宫殿中长大，但他有道德良知。他憎恨当局对犹太人的压迫，还杀死了一个虐待奴隶的埃及卫兵。但他的小型叛乱适得其反，因为它是随机的和自我放纵的。

他不得不逃离埃及，这是一次失败，即便在他的犹太同胞眼中也是如此。摩西独自一人逃离，把他的羊群带到“遥远的沙漠里”。

按照拉比的传统叙述，当他在沙漠里的时候，有一只羔羊从羊群里跑了出来，摩西就去追赶它。通常情况下，一只迷路的羔羊是很容易被抓住的。羔羊不是地球上跑得最快的生物，而且它们通常不会走远。但是，这一次发生了一些奇怪的事情，羔羊跑得像瞪羚一样迅疾。摩西冲向更远的旷野，但仍然跟不上羔羊。羔羊跑在前面，跑得更远。最后，它在泉边停下来喝水，摩西趁机抓住了它。

当然，这只羔羊就是摩西本人。摩西是隐藏的，甚至连他自己都不知道。正如苏菲派谚语所说，“我是一处隐藏的宝藏”。为了追逐一只迷路的羔羊，他不得不走到很远的旷野里，然后走得更远，最终豁然顿悟。

在你对自己的一生应该做什么感到最困惑的时候，最聪明的办法就是以史为鉴，做历史上数百万人所做的事情。振作起来，独自一人走进旷野。

仅仅通过进入一个不同的物理位置，就可以收获良多。你需要尝试、接触和感受一种新的存在方式。离开事物的中心、到边缘处去，会带来巨大的好处。卢云写道：“你正在经历一段不同寻常的时期。”

你看，你受到召唤，走向孤独、祈祷、隐蔽和极大的朴素。你看，就目前而言，你必须限制自己的行动，少打电话，谨慎书写……你可能不得不远离朋友、忙碌的工作、报纸和令人兴奋的书籍，且这种想法不再让你害怕了……很明显，你内心的某些东西正在消亡，而有些东西正在诞生。你必须保持专注、冷静，并服从你最佳的直觉。

在旷野中，分心之物从生活中被剥离。旷野很安静，其地形则要求纪律、简约和高度的关注。旷野中的孤独，使所有与你的个性交织在一起的讨人喜欢的习惯变得无关紧要。“当一个‘天才儿童’发现自己身处旷野，被剥夺了任何证明自己价值的方式时，会发生什么？”贝尔登·莱恩在《与圣徒一起背包旅行》中问道，“当他无能为力时，当没有观众为他的表演鼓掌时，当他面对冷淡、沉默和冷漠（如果不是敌意的话）时，他会怎么做？他的世界已分崩离析。渴望被认可的灵魂，在荒寂的沙漠里忍饥挨饿。它将强迫性成就者降格为微不足道的、平淡无奇的人。但只有这样，他才能被爱。”

旷野中的孤独，改变了你对时间的体验。正常的生活发生在平凡的时间里，比如上班的通勤时间，或洗碗的时间。但是，旷野标记着亿万年的时间，没有什么能迅速改变。旷野的生活节奏，是希腊人所说的凯洛斯时间，它可能更慢，但总会更充裕。凯洛斯的时间是定性的，是适时的或不成熟的，是富足的或空闲的，是有灵感的或平淡的——是热闹的时刻，或空虚的时刻。当你离开旷野数星期后，你会以凯洛斯时间开始生活。在旷野中与自己的灵魂交流，也发生在凯洛斯时间：非常慢，非常平静，但既厚又壮，就像红杉树的生长一样。

旷野生活的贫乏，让你做好与自己亲密相处的准备。有时，这会让痛苦浮出水面，其中有对过去的失败和过去的悲痛的炽热记忆。所有的伤口，都是由父母和祖父母造成的。从这些伤口中流出的，是你自己的恶行——你倾向于猛烈抨击，或者倾向于极度害怕被遗弃，或者倾向于沉默寡言。一切压力的迹象，都会退缩。

“你的痛苦很深，但它不会就此消失，”卢云继续写道，“你的痛苦也是独一无二的，因为它与你早期的一些生活经历有关。你的使命，就是把痛苦带回家。只要你受伤的部位对于成年后的你是陌生的，你的痛苦就会伤害你自己和其他人。”俗话说，没有转化的苦难，是会传递的。

倾听你的生活

当人们在旷野中时，他们学会了接受和回顾自己的生活。“如果我被要求用几句话来说明我作为小说家和传教士试图表达的一切的精髓，那么我会这样说：倾听你的生活，”弗雷德里克·比克纳写道，“看，它就是深不可测的神秘。在它的无聊和痛苦中，在它的兴奋和喜悦中，接触、尝试、聆听它神圣而隐蔽的心灵。因为，归根结底，所有的时刻都是关键时刻，生命本身就是恩典。”

帕克·帕尔默老师呼应了这一主题：“当黑暗在我 20 岁出头的时候降临到我头上时，我以为我已经变成了一个独特的、终极的失败案例。当时我没有意识到，我只是踏上了加入人类的征程。”

对帕尔默来说，这件事的核心就是倾听。“试图过别人的生活，或者按照抽象的规范生活，总是会失败的——甚至会造成巨大的破坏。”你无法通过负责的行为寻求自己的职业。“职业不是从任性而来的。它来自倾听。我必须倾听我的生活，试着理解它的真正意义——与我想要的完全不同。”

我有个朋友叫皮特·韦纳，他是个很棒的倾听者。我会向他描述一些问题，他会询问我一些问题。当我们谈话时，在他询问了四五个问题之后，我希望他开始提出他的意见和建议。但后来，他让我大吃一惊：他又问了七八个问题，最后才给出忠告或建议。真正的倾听，无论是对别人还是对你自己，都包括那些意想不到的额外问题，甚至将提问延伸到令人意外的范畴。

倾听生活，意味着你要有耐心。我们中的许多人，在面对生活的大部分时间里，都抱着一种过早评估的态度。我们有一种自然而然的倾向，一遇到什么事情就马上下定决心。问题是，我们——甚至包括我们的自我，一旦做出判断，就不会再看到它的全部复杂性。旷野教会人无为的能力、在不确定中暂憩的能力，以及不过早下结论的能力。

倾听生活，意味着对自己发问：我擅长的是什么？我不擅长的是什么？当我无法得到报酬或奖励时，我该怎么办？我是否曾经戴上别人想让我戴上的面具，或者我认为别人想让我戴上的面具？

当你身处旷野时，一个更好的自我往往会浮现出来。“当我冒险进入旷野时，我惊讶地发现我是如此享受自我陪伴。”贝尔登·莱恩写道，“和我一起去那里旅行的人（自我）并不担心。他摆脱了他经常试图向别人投射的优雅形象。在贝尔山上一棵松树的树荫下，我胡乱地写着日记，我高兴得像一只百灵鸟。我喜欢我独自在旷野时的样子。”这是一个重要启示的开端。

“内心深处，正是心理学曾经警告过我们的暴力和恐怖之源。”安妮·迪拉德在《让石头开口》（*Teaching a Stone to Talk*）一书中写道，“但是，如果你把这些怪物深深地按住，如果你和它们一起下沉到更远的世界边缘地带，你就会发现我们的科学无法定位或命名的东西，即各类基质。基质支撑着其余物质，赋予至善以善的力量，赋予大恶以恶的力量，并赋予我们统一的领域：我们复杂而令人费解的相互关怀。”

这可能是《让石头开口》整本书的关键所在。在我们生命的表面之上，我们大多数人都构建了坚硬的外壳。外壳的建立，是为了掩盖恐惧和不安，是为了赢得认可和成功。当你深入自己的核心时，你就会发现一个不同的、更原始的状态。在那里，你会深深地渴望关怀和联系。你可以称之为你自己的深层核心，也就是基质。它是你心灵和灵魂的所在之地。

我的一位朋友凯瑟琳·布莱·考克斯，在她第一个女儿出生后告诉我：“我发现，我对她的爱超过了进化的需要。”我一直很喜欢这种观察，因为它指向了更深的层次。有些东西驱使我们追求物质享受，有些进化力量驱使我们繁衍和传承我们的基因。这些都是经济学、政治学和进化心理学所涵盖的生活层面。但这些层面，无法解释沙特尔大教堂或《欢乐颂》，无法解释监狱中的纳尔逊·曼德拉，无法解释作战室内的亚伯拉罕·林肯，或者，也无法解释一个抱着孩子的母亲。它们，无法解释我们都曾经历的爱的激荡与充实。

这就是我们在旷野中试图到达的层面。这些泉水，将把我们推向第二座山。

当你接触这些更深层次的源头时，你就开始让自我成为你的仆人，而不是你的主人。多年来，为了赢得更多的认可，你的自我已经找到了它想要你成为的特定模样——也就是卢云所说的“自我理想”。自我想让你的生活迈向能让你看起来聪明、英俊、令人钦佩的角色。到目前为止，你很有可能已经花了很多时间来顺应自我理想。

正如心理学家詹姆斯·霍利斯所说，“你的自我更喜欢确定性而不是不确定性，喜欢可预测性而不是惊喜，喜欢清晰明了而不是模棱两可。你的自尊心总是想要掩盖几乎听不到的内心杂音”。李·哈代认为，自我希望你选择一份工作和一种生活，并以之为给别人留下深刻印象的魔杖。

正是在这个深层次，你感受到了一种不同的生活，一种你的自我无法理解的生活。正如 C.S. 刘易斯所写的那样，你可能会感觉到“我们此前没有发现的花香，我们此前没有听过的曲调，以及来自一个我们从未涉足的国家的消息”。

我们正处于放弃的第一阶段——摆脱旧的自我，这样新的自我才能出现。正是在这一点上，你意识到你是一个比你的自我理想要好得多的人。正是在这一点上，你真正发现了心灵和灵魂。

第六章

心灵与灵魂

不久前，我在一本书中读到一段话，讲的是一个人买了一栋房子，他的车道附近长着一棵竹子。他想除掉这棵竹子，所以就把它砍倒了。然后，他又用斧头砍伐它的根部，直至砍成碎块。他尽可能多地挖掘和移除竹子的根系，然后往残余的根上浇一种植物毒素。他用几英尺厚的砾石填满了这个树洞，然后不顾一切地用水泥把它铺平了。两年后，他注意到了一件事：一棵绿色的小竹笋从水泥地上冒了出来。竹子是无法抑制的，它甚至无法停止向上生长。

我们的内心也有类似之物，这是我们的愿望。我们的文化经常教导我们，我们首先是具有思维的生物——智人。有时，我们的学校和公司只是把我们当作分析性的大脑。但当我们身处山谷时，我们会更真实、更深入地了解我们到底是谁，我们真正需要的是什么。当我们身处山谷里时，我们对生活中重要东西的看法就会发生改变。我们开始意识到，大脑推理实际上是我们意识的第三个最重要的部分。第一个部分，也是最重要的部分，是渴望的心。

正如奥古斯丁学说的学者詹姆斯·史密斯所言："做人就是在行动，追求某些东西，追逐某些东西。我们就像生死攸关的鲨鱼一样：我们必须行动，才能生存。"我们内心深处有欲望在流淌着。我们是由我们想要的东西来定义的，而不是由我们所知道的东西来定义的。

看看学校话剧团里的孩子们——全力以赴地唱歌，尽心尽力地跳舞，全神贯注地表演。他们身上有一些东西让他们充满活力，如成为明星的梦想、取悦老师的动力、改变世界的动力，或者仅仅是伟大的动力。世界也许很好地磨平了他们的欲望，这些绿色的竹笋却顽强地向上生长。残酷的成人和破裂的关系，会不遗余力地打压萌芽，无聊的学校试图让他们变得迟钝，贫穷试图让他们挨饿，但你可以看看处于最艰苦的环境中的孩子，十有八九，他们依然充满渴望和梦想，奋发上进。

我们的情感引导着我们。我们的情感赋予事物价值，并告诉我们什么是值得追求的。激情并不是理性的对立面，它是理性的基础，往往蕴含着分析型大脑无法触及的智慧。终极内心的渴望（所有其他的爱背后的爱）是在某事或某人中迷失自己。想想看：几乎你看过的每一部电影，都与某人体验到这种强烈的融合感，并因此献身于某个使命、某种事业、某个家庭、某个国家，或者某个心爱的人有关。例如，在电影《卡萨布兰卡》中，男主人公里克的心被蒙蔽了。但是，爱会重新唤醒它。到影片的结尾，他又成了一个完整的人，忠诚，充满使命和欲望。

终极欲望，是渴望与心爱的他者融合，渴望一种连接彼此的纽带，渴望全心全意的投入，渴望纯粹的融合，渴望超越恐惧的亲密。路易斯·德·贝尼埃尔在他的小说《科雷利上尉的曼陀林》中描述了心灵之旅的最后一站。一位老人正在和他的女儿谈论他对已故妻子的爱。他告诉她："爱情本身就是爱情烧毁后遗留下来的东西，这既是一门艺术，也是一种幸运的意外。你妈妈和我都拥有爱情，我们的根在地下相向而生，当所有漂亮的花朵从我们的树枝上落下时，我们发现我们就是一棵树，而不是两棵树。"

他有一颗充实的心。

灵魂

意识的另一个更重要的部分，是灵魂。现在，我不是要你信仰或不信仰上帝。我是作家，不是传教士。传教不是我的业务，但我要求你相信你是有灵魂的。灵魂是你的意识中的某一部分，它没有形状、大小、重量或颜色。这恰是你身上具有无限价值和无上尊严的一部分。这一部分的尊严，不会随着年龄的增长而增加或减少；不会因你力量的大小而变大或变小。富有和成功的人，并不比贫穷或不成功的人拥有更多或更少的灵魂。

灵魂，是你意识中具备道德价值和承担道德责任的一部分。河流对自身的流向不负道义上的责任，老虎对它的食物也不负道义上的责任。但是，因为你有灵魂，你应对你做或不做的事情负有道义上的责任。正如哲学家杰拉尔德·K. 哈里森所说，"因为你的内心有这种本质，你的行为要么值得称赞，要么应该受到指责。因为你具备道德品质，所以你会因为你是什么样的人而被评判，因为你的想法和你所采取的行动而被评判"。

因为每个人都有灵魂，所以每个人都应该得到别人一定程度的尊重和善意。因为每个人都有灵魂，所以当这种尊严被侮辱、忽视或抹杀时，我们理所当然地感到愤怒。奴隶制是错误的，因为它侮辱了人类灵魂的基本尊严。强奸不仅仅是对物质分子集合的攻击，还是对人类灵魂的侮辱，它是淫秽的。哲学家罗杰·斯克鲁顿教授说，“淫秽就是掩盖他人灵魂的任何事物”。

灵魂，是你道德意识和伦理意识的温床。正如C.S. 刘易斯所说，“从来没有一个国家的人因在战斗中逃跑或因出卖对他们友好的人而受到钦佩”。我们似乎受到这些道德情操的影响，就像其他动物受到磁场的影响一样。它们根植于我们的天性之中。伊曼努尔·康德写道：“有两样东西，越是经常而持久地对它们进行反复思考，它们就越是使心灵充满常新而日益增长的惊赞和敬畏：我头上的星空和我心中的道德法则。”

最重要的是，灵魂所做的事是向往。心灵渴望与他人或事业融合，灵魂渴望正义，渴望与善融合。苏格拉底曾说过，生活的目的是完善我们的灵魂——实现灵魂所向往的美好。我所见过的每个人，都想过上美好而有意义的生活。当人们没有体验到生活中的目标和意义时，他们会感到失落。即使是罪犯和反社会的人，也会想出合适的理由来解释为什么他们所做的坏事实际上是好事，或者至少是可以被原谅的。因为，没有人会认为他们是彻头彻尾的坏蛋。

因为我们都有灵魂，我们都卷入了一场道德戏剧。在任何给定的时刻，我们都可能对此有更低或更高的意识。当我们做好事时，我们会感到升华；当我们做坏事时，我们就会为自己进行道德辩护。约翰·斯坦贝克在《伊甸之东》中说得很好：

人类被困在他们的生活中，被困在他们的思想中，被困在他们的饥饿和野心中，被困在他们的贪婪和残忍中，以及被困在他们的善良和慷慨中——被困在善恶之网中。我认为，这是我们拥有的唯一的故事，因为它发生在所有层次的感觉和智力之上。美德和邪恶，是我们最初意识的经线和纬线，它们将构成我们最新的织物。一个人，在拂去生活中的灰尘和碎片后，将只留下尖锐而干脆的问题：我是好人还是坏人？我表现得好，还是表现得不好？

如果你看一看世界历史或时事，你会发现事件往往是由我们的道德正义需求推动的，是由我们的正义和关怀需求推动的。不幸的是，我们需要分配罪恶感和道德优越感。道德驱动力解释了世界上太多善的东西，当它被高人一等的欲望扭曲时，这些东西就是恶的。

灵魂的奇特之处在于，虽然它强大而有弹性，但它也是与世隔绝的。你可能多年没有真正感受到它渴望的力量。你在享受生活的乐趣，建设自己的事业。令人惊讶的是，当你的灵魂年复一年地游离于他乡的时候，你可以丝毫不受困扰。

但是，灵魂最终还是会“追捕”你。这样一来，灵魂就像一只隐居的豹子，生活在高高的山林中的某处。你可能会在很长一段时间内忘记它。你忙于日常生活中的平凡活动，豹子却隐匿在山上。但你时常会瞥见远方的豹子，它在树林中尾随着你。

空闲的时候，你会隐约甚至迫切地感觉到它的存在。这种苦痛，可能会发生在那些不眠之夜，在你的思绪萦绕之时。正如一位诗人所说，这种苦痛就像一只装满刀子的抽屉。你的灵魂深处仍然有烦恼，它让你保持清醒。

豹子，可能会在你与朋友或家人一起度过的某个美妙时刻来访。在一个美丽的夏日，当你在野餐桌上，看着对面孩子们的笑脸时，你会被感恩淹没。此刻，你会觉得自己应该得到这种不应得的幸福，你的灵魂也会因此而欣喜若狂。

然后，还有一些时刻，可能是更接近中年或老年的时候，豹子从山上下来，就坐在你的门槛上。它目不转睛地盯着你，要求你为自己辩护。你做了什么好事？你来人世是为了什么？你已经变成什么样的人了？在那一刻，没有任何借口可找，每个人都得摘下面具。

幸运的跌倒

身处山谷时，幸运的话，你会学会把自己视为一个完整的人。你会知道，你不只是一个大脑和一种给世界留下深刻印象的天赋，而是一颗心和一个灵魂。自此，你余生所做的一切，很可能就是这一现实的见证。

当你问人们，是什么经历让他们成为这样的人时，他们从来不会说，“在我去夏威夷度假之前，我真的是一个肤浅而自私的浑蛋”。不！人们谈论的通常是困难的时刻，或奋斗的时刻。英国记者马尔科姆·马格里奇直言不讳地说：“我可以完全真实地说，我来到这个世界75年以来所学到的一切，所有真正巩固和启迪我存在的东西，都是通过苦难而不是幸福得来的。无论是我所追求之物，还是我所获得之物，无一例外。”

身处山谷之所以会促使你发生改变，是因为到目前为止有用的和令人愉快的东西都已消亡。那就是自我，那是我们在第一座山上为自己建造的令人印象深刻的理性存在方式。人们发展这种自我，这样他们就可以完成第一座山的任务：闯入这个世界，找到一份工作，留下一份印记，建立一个身份。但是，除非自我消失，否则我们就看不到更深层次的自我。

对于纳撒尼尔·霍桑来说，他是因为得了一场重病，与死亡抗争，才彻底脱离了他的自我理想的。“我的病痛，一直是两种存在之间的一条大道，”他写道，“可以说，我手脚并用，连滚带爬，爬出了古老传统生活的低矮、晦暗的拱形大门，从而进入了远方更自由的世界。从这个意义上来说，这堪比死亡。而且，和死亡一样，经历过也是一件好事。要不是这样，我就不可能摆脱无数的愚蠢、轻浮、偏见、习惯和其他不可避免地落在芸芸众生身上的世俗尘埃。”

在放弃旧有的自我之后，心灵和灵魂就有了施展的空间。旧的欲望会剥落，更大的欲望会成形。临床心理学家达芙妮·德·马内夫认为，这场运动是“向内深化，向外扩张”的。当你走进自己的内心时，你会发现其中有一些渴望，但只有当你热爱别人、服务别人时，这些渴望才会实现。“然后，”诗人里尔克说，“我突然意识到，我的内心另有一个永恒的、更广阔的生命空间。”

当这种自我的放弃和心灵的出现发生时，人们就开始准备攀登第二座山了。不过，他们并没有说这是另一次攀登。他们经常把它描述为一次跌倒。他们已经放弃了一些东西，他们正跌倒在自我上。我们中的大多数人，都需要一场“地震”，只有这样才能把我们推向幸运的跌倒。我们现在的工作，是被更宏伟的事情打败的。唯有相信生活，响应召唤，我们才能获得指引。

你无须控制局面。你不必给世界留下深刻印象。你已经在第一座山上获得技能，在山谷中获得智慧了。现在，是承担大风险的时候了。“播种已经结束，现在是收获的时候了。”神学家卡尔·巴思写道，“跑步已经结束，现在是跳跃的时候了。准备已经做好，现在是开始工作的时候了。”

1849年，年轻的费奥多·陀思妥耶夫斯基，在短短一瞬间就经历了自身的山谷和恢复的开始。陀思妥耶夫斯基曾与一群革命者一起被关押在圣彼得堡，并被判处死刑。这些人身披裹尸布，列队走到一个广场上。行刑队已经集合，鼓声已经响起，距离死亡只有数秒。就在此时，按照预先安排的计划，一名信使骑马赶到了。由于沙皇的仁慈，处决被搁置，他们作为苦役被征用。

一名男子失声痛哭，高呼：“沙皇万岁！”另一个人情绪崩溃了。陀思妥耶夫斯基被带回牢房，突然欣喜若狂。“我不记得，我还有什么时候像那天那样高兴过。”他后来回忆道，“我在牢房里……来来回回地走动。而且，我一直唱着歌，高声歌唱，歌唱被退还给了我的生命。太开心了！”

陀思妥耶夫斯基立刻给哥哥写了一封信：“直到那时，我才知道我有多爱你，我亲爱的哥哥！”所有与哥哥有关的小矛盾，都消失了。“当我回首往事，我发现我有很多时间被白白浪费了，有很多时间浪费在徒劳、错误、懒惰和混日子上；我是如此不懂得欣赏，屡次违背自己的心灵和灵魂——我的心就流血了。”

陀思妥耶夫斯基觉得，他的生活会重新开始。“我从来没有像现在这样拥有丰富而健康的精神生活……此后，我的生活将会改变，我将以新的形式……重生。生命，是一份礼物；生活，就是幸福。每一分钟，都可以是永恒的幸福……生活无处不在，生活在于我们自己，而不在于外部世界。”

我们大多数人，都不会经历在行刑队面前行进，然后被赦免的情景。我们大多数人，通常是在旷野中学到教训的。我们大多数人，都学到了陀思妥耶夫斯基在经历了几个时期的苦难之后，才逐渐学到的教训。这个教训就是，我们曾经认为最重要的东西——成就、肯定、智慧——实际上并不那么重要，而那些被我们低估的东西——心灵和灵魂——实际上才是最重要的。

也许，我们中的一些人会在一次又一次的成功中学到这些教训，或者他们只是被彻底地爱着。但是，对我们大多数人来说，过程是不同的：我们有一个追逐生活中肤浅事物的时段。彼时，我们没有成就感。然后，我们遭遇苦难，而苦难暴露了我们的心灵和灵魂。心灵和灵魂告诉我们，我们无法赋予自我最渴望的东西。成就感和喜悦，都在服务的彼岸。只有这样，我们才能真正去爱。只有到那时，我们才能开始第二次旅行。

第七章

承诺的生活

开始攀登第二座山的人，对“自由地做自我”的文化进行了无声的反抗，但这种文化仍然是我们这个时代的根本性特征。正如前文所述，这种个人主义文化，本身就是对20世纪50年代令人窒息的从众文化的反叛。第二座山的风气，是对上次反叛的反叛。

个人主义声称，要为个人幸福而努力；但第二座山上的人说，不，要为意义和道德快乐而努力。个人主义声称，要歌颂独立；但第二座山上的英雄们说，要歌颂相互依存。要庆祝相互依存的机会，它让我们能够依赖我们关心的那些人，也让他们变得依赖我们。个人主义歌颂独立，第二座山歌颂关联。个人主义用主动语态说话，比如说教，而不是被动语态。而第二座山的叛乱，则寻求倾听和回应，用亲密之声进行交流。

个人主义在平淡无奇的世界里茁壮成长，在职业选择和世俗成就的世界里野蛮生长。第二座山的精神表示，不，这是一个充满魔力的世界，这是一部关于道德和情感的戏剧。个人主义接受并争取自己的利益。第二座山的风气说，关注自身利益的世界观不能代表人类的全部力量。我们能够做出利己主义无法理解的伟大的爱的行为，也能够做出利己主义无法解释的残忍的杀戮行为。个人主义声称，生活的主要活动就是交易。第二座山的风气说，不，生命的主要活动是给予。处于最佳状态的人，是赠人玫瑰者。

个人主义声称，你必须先爱自己，然后才能爱别人。第二座山的精神表示，你必须首先被爱，这样你才能理解爱；你必须看到自己积极地爱别人，这样你才知道自己值得被爱。在第一座山上时，个人做出自己的选择，并保留他人的选择余地。第二座山有着承诺的山谷。第二座山上的人乐于做出承诺，信守承诺，奉献自我。第二座山是关于奉献自我和做出承诺的："你去哪里，我就去哪里；你待在哪里，我就待在哪里。你们的子民要做我的子民，你们的神要做我的神。你死在哪里，我就死在哪里，葬在哪里。"

正如我在本书引言中曾提到的，我们中的大多数人，在一生中都做出了 4 个重大承诺：对职业的承诺、对配偶和家庭的承诺、对哲学或信仰的承诺以及对社区的承诺。我们认为，这些承诺是各不相同的。选择婚姻，似乎不同于选择哲学或社区，因为真正的婚姻，涉及正式的仪式和明确的誓言交换。但在所有 4 个领域，做出承诺的过程都是相似的。所有这些承诺，都需要奉献的誓言，都需要时间和精力的投入，都需要放弃其他选择，都需要深入龙潭虎穴的勇气。

如何做出承诺？它开始于心灵和灵魂的某种活动。你爱上了某件事——一个人、一项事业或一个想法。如果这份爱足够深沉，你就会决定把生命中相当大的一部分时间都奉献于它。

对我们大多数人来说，这份爱会慢慢滋长。需要时间，以弄清楚这个人或这项事业是否配得上承诺所需要的全部忠诚、关怀和激情。我们围绕我们的内心建造大门，一次让一个人或一项事业进入这道大门。假设你对你的大学、夏令营或家乡保持着终生的爱，可能正是因为你不得不在那里生活一段时间，它们才不可避免地扎根到你心中，这种爱才会变得深刻而持久。我曾经爱上几个人，这发生在一段很长时间的不浪漫的友谊之后。也许正是因为这样，我对一见钟情很感兴趣。在 1274 年的佛罗伦萨，年轻的但丁遇到一个名叫贝雅特丽齐的年轻女孩。那一刻，他灵魂出窍了。但丁对一个向爱屈膝的人进行了惊人的、解剖学般的描述：

那个隐居在内心最隐秘的房间里的灵魂，开始猛烈地颤抖起来，以至于我最微弱的脉搏都感受到了它的痛苦。然后，它颤抖着对我说："看，有一位比我更强大的神，他要来统治我。"就在那一刻，我的自然精神，也就是住在所有感官都能感知到的高大房间里的灵魂，开始深深地惊叹起来，并对视觉之神说："现在，你的幸福出现了。"就在那一刻，居住在我们所有养料之源的自然精灵开始哭泣。它哭泣着说："哦，不幸的是，从现在开始，我要多久才会为爱所困呢？"

但丁初见贝雅特丽齐，就立即被她征服了。但丁立刻意识到，这种新的统治激情会给他带来多大的烦扰。尽管如此，他还是一往情深。这种情形，可能发生在一个人对另一个人的挚爱之上，也可能发生在一个人对政治事业、思想或上帝的挚爱之上。爱，会以意想不到和造成不便的方式改变一切。

一旦心灵坠入爱河并承认了这份爱，灵魂就会有一种强烈的冲动，想要就此做出承诺。一旦爱情降临，就会有一种冲动说："我会永远爱你。"那是因为爱的本质就是奉献。迪特里希和爱丽丝·冯·希尔德布兰德曾经写道："一个会说'我现在爱你，但我不知道会持续多久'的男人，并没有真正地去爱；他甚至没有明白爱的本质。从本质上讲，忠诚与爱是一体的，以至于任何人，只要他还爱着，就必须把他的奉献视为一种永恒的行为。这适用于每一种爱，如对于父母的爱、对于朋友和配偶的爱。爱得越深，就越忠诚。"

承诺，是由爱做出的承诺。承诺就是对某事做出奉献，而不指望得到回报。一段美满的婚姻、对政治事业的承诺或音乐创作，可能会带来心灵上的回报，但这不是一个人做这些事情的原因。如果一对夫妇真的彼此相爱，你把他们拉到一边，告诉他们这份爱可能没有意义，他们应该放弃这份爱，那么几乎可以肯定，你无法说服他们。他们宁可吵闹共处，也不愿宁静独处。

深刻的承诺，几乎是不由自主的。当某个人、某项事业或某一研究领域已经成为你身份的一部分时，这种情况就会发生。你已经达到双重否定的程度了。"我不得不这么做。"在意识的过程中，你是个音乐家，是个犹太人，是一名科学家，是一名海军陆战队队员，或者，是个美国人。我爱她。我是他的挚爱。

在这种情况下，承诺有别于合同。签订合同的人总是在权衡利弊，而且并未真正改变。她只是找到了一些适合她目前兴趣的安排。而承诺则会改变你，或者更确切地说，会将你嵌入一段新的关系。你们不只是男人或女人，你们是夫妻。你不只是一个成年人，你还是一名教师或护士。乔纳森·萨克斯拉比分析了其中的区别："合同就是交易。契约是一种关系。或者，我们也可以稍微换一种说法：合同是关于利益的。契约是关于身份的。这关乎你和我走到一起，组成一个'我们'。这就是合同关乎利益，但契约改变人们的原因。"

一个守信的人会做出承诺，并把自己的一部分交由另一个人保管。"承诺"一词来源于拉丁语 mittere，意思是"派送"。她正在把自己派送出去，为另一个人做出承诺。她正在创造一个更高的实体。当你结婚时，你的财产仍然是你的，但它不再只属于你了，它也属于你的配偶，或者，更确切地说，它属于你们共同创建的联盟——这个新的更高层次的事物。

这种热情洋溢、充满爱意、改变身份的承诺的定义是正确的，但还不是全部的事实。当然，承诺不仅仅是爱和诺言。它把爱和诺言置于法律之下。在履行承诺的过程中，每一方都明白感情的反复无常。因此，他们将未来的自己与具体的义务捆绑在一起。配偶彼此相爱，但他们通过合法的、公开的婚姻承诺，将彼此捆绑在一起，以限制他们未来在彼此关系紧张的时候做出选择。好奇的人可能会读书，但他们也会上大学，以确保他们在未来至少几年里都会倾听一门受监督的课程。有灵性的人可能会体验到超脱，但我们应该明白，对于大多数人来说，只有生活在被称为制度化宗教的令人发狂的社区中，灵性才能持久和深化。宗教将对上帝的爱嵌入节日、故事、习俗和仪式，并使它们坚固而持久。

因此，承诺最完整的定义是：爱上某样东西，然后在爱意动摇的时候围绕它建立一种行为结构。正统的犹太人热爱他们的上帝，但他们恪守犹太饮食规范，防微杜渐。我们不必对承诺太过严苛。忠于职守的人给自己施加的枷锁，并非痛苦的枷锁。大多数时候，它是一只甜蜜的牛轭。当我有了第一个孩子时，一位朋友给我发了一封电子邮件："欢迎来到无法逃避的现实世界。"你可以上班迟到，也可以推脱社交活动，但如果你的孩子需要喂食或必须在公交车站接送，你就会身处无法避免的现实之中。在扛起为人父母的重担时，父母们叫苦不迭，但你有多少次机会遇到一位希望自己没有这种重担的父母呢？丰厚的人生，是由承诺和义务来定义的。美好的生活，是一段从开放的选择到甜蜜的冲动的旅程。

承诺的馈赠

虽然承诺是本着奉献的精神做出的，但它们带来了许多好处。让我详细说明其中几点好处：

我们的承诺，赋予我们身份。承诺是我们向陌生人介绍自己的方式。承诺是在谈话中让我们眼前一亮的话题。它们给我们的生活带来恒久和连贯。正如汉娜·阿伦特所说："如果不受兑现承诺的约束，我们就永远不可能获得这样的身份和连续性，这样的身份和连续性共同造就了一个可以讲述故事的'人'；我们每个人都将被迫无助地、茫然地徘徊在自己孤独的内心的黑暗中，陷入不断变化的情绪、矛盾和模棱两可的境地。"身份不是单独形成的，它总是通过将一个二分体和其他东西结合在一起而形成的。

我们的承诺，赋予我们使命感。2007 年，盖洛普机构询问世界各地的人们是否觉得自己过着有意义的生活。事实证明，在所有国家中，感到自己有意义和使命感的人占比最高的是利比里亚共和国，而占比最低的是荷兰。这并不是因为利比里亚人的生活一定更甜蜜。相反，利比里亚人拥有保罗·弗勒泽所说的“事关生存的紧迫感”。在生活的动荡中，利比里亚人被迫对彼此做出激烈的承诺，他们只是为了生存。他们愿意为彼此冒生命危险。这些激烈的承诺，让他们的生活有了意义。这就是特权的悖论。当我们富裕的时候，我们会追逐那些实际上会将我们分开的暂时的快乐。我们用我们的财富购置有大院子的房子，这些大院子把我们隔开，让我们感到孤独。但在危机中，我们被迫以满足我们最深层次需求的实际方式，彼此紧紧地抱在一起。

我们的承诺，允许我们迈向更高水平的自由。在我们的文化中，我们认为自由就是没有约束。这就是“源于自由”。但还有另一种更高层次的自由，那就是“走向自由”，也就是能力的充分自由，它常常涉及限制和约束。如果你想拥有真正演奏的自由，那么你必须把自己绑在钢琴上，年复一年地练习。你必须把自己束缚在一套特定的道德习惯上，这样你才不会成为破坏性欲望——对酒精的渴望、对认可的渴望、对整天无所事事的渴望的奴隶。

正如神学家蒂姆·凯勒所说，真正的自由，“与其说没有限制，不如说找到了正确的限制”。在很大程度上，我们的生活是由我们头脑中不知不觉承载的自由的定义决定的。在第二座山上，是你的锁链赋予了你自由。

我们的承诺，塑造了我们的品德。当我的长子出生时，我的妻子分娩很困难。孩子生出来时，身上青一块紫一块，阿普加评分[1]很低。他被迅速送往重症监护病房。那是一段令人心痛的时期。在第一天的半夜，

1 阿普加评分：新生儿出生后，根据皮肤颜色、心率、对刺激的反应、肌张力、呼吸 5 项体征对其进行评分的方法。——译者注

我记得我在想，如果他只活了30分钟，那么对他的母亲和我来说，这值得一辈子悲伤吗？在他出生之前，我可能会想，当然不是。对于一个连自我意识都没有的人来说，他30分钟的生命怎么能抵得上两个成年人一生的悲伤呢？这样做的成本效益在哪里呢？每一位家长都知道，这是完全有逻辑的。但他出生后，逻辑就不一样了。顿时，事情变得清晰起来，孩子的生命具有无限的尊严。当然，悲伤是值得的，即使孩子的生命如此短暂。一旦孩子出生，你就会被一种承诺吸引，而这种承诺的力量，是你事先无法想象的。这种承诺，带给你纪律。

当父母爱上孩子时，这种爱会激起惊人的能量；我们会因为照顾婴儿而睡不着觉。爱驱使我们对我们所爱的人许下誓言；父母发誓要永远陪伴在孩子身边。实现这些誓言，需要我们进行特定的自我牺牲行为；当我们可能更愿意独自出去跑步时，我们会推着婴儿车，陪伴孩子。随着时间的推移，这些做法变成了习惯，这些习惯塑造了某种性格；到了孩子三岁的时候，把孩子的需求放在第一位的习惯，已经成为大多数父母的第二天性。

慢慢地，慢慢地，通过稳定的奉献，你已经将自己的中心部分转变成比以前更喜欢奉献，并更和谐地与他人以及与美好事物相处。渐渐地，大爱超越了小爱：既然我可以和孩子们一起打球，那么我为什么要把周末花在打高尔夫球上呢？根据我的经验，只有当人们能够将注意力转向更好的欲望时，他们才会压抑不良的欲望。当你深深地投入一项承诺当中时，利他主义和自私之间的区别就开始淡化了。当你为你的孩子服务时，你会觉得你是在为自己服务。行善的性格，就是拥有良好品格的全部意义之所在。

从这个意义上说，道德的形成不是个体性的，而是关联性的。性格不是通过坐在房间里思考是非的区别、通过自身的意志力来培养的。性格，从我们的承诺中显现出来。如果你想把性格灌输给别人，就教他们如何做出承诺——童年时的临时性承诺，青年时期的临时性承诺，成年后的永久性承诺。承诺，是道德养成的学校。

当你的生活被狂热的承诺定义时，你正位于第二座山上。

第八章

第二座山

凯西·弗莱彻和戴维·辛普森有一个儿子叫桑蒂，他在华盛顿特区的公立学校上学。桑蒂有一个朋友叫詹姆斯，有时会饿着肚子睡觉。所以，桑蒂偶尔会邀请詹姆斯来家里过夜。詹姆斯有一个朋友，那个孩子也有一个朋友，以此类推。现在，如果你在任何一个星期四晚上去凯西和戴维家，都会有大约 26 个孩子围坐在餐桌旁。通常有四五个人和凯西、戴维或附近的其他家庭住在一起。每年夏天，凯西和戴维都会安排一辆大篷车，带着大约 40 个孩子出城去科德角[1]度假。仅仅通过回应周围的需求，凯西和戴维现在已成为一个庞大家庭的中心。

2014 年年初的某一天，我应一位朋友的邀请，去凯西和戴维家共进晚餐。我走进门，迎接我的是一个身材高大、风度翩翩的男子，名叫埃德，他留着惊人的长发，有着深情的双眸。我伸出手，想和他握手，埃德说："我们这里不会握手，只会拥抱。"我是一个天生不喜欢拥抱的人，

1　科德角：又译"鳕鱼角"，是位于美国马萨诸塞州南部的钩状半岛。——译者注

但到目前为止持续了 5 年的拥抱，就是这样开始的。

名义上，我们在这个星期四围坐在桌子旁吃饭，但实际上，我们聚集在一起是为了满足更深层次的饥饿。饭菜总是一样的——麻辣鸡肉和黑米饭。手机是被禁止使用的（“活在当下。”凯西说）。用餐过程中，大约 1/3 的时间里，我们都围着桌子走来走去，每个人都说了些关于感恩的故事、其他人不知道的事情，或者一些关于他们当时生活的其他信息。人们经常庆祝——有人通过了 GED 考试[1]，或者找到了一份工作，或者从理发学校毕业了。人们也会把更复杂的事情提交到饭桌上来讨论。一名 17 岁的女孩正在处理怀孕的问题；另一名年轻女子肾脏衰竭，医疗补助计划拒绝支付换肾的费用；一名年轻男子宣布他是双性恋；另一名男子承认他患有抑郁症。有一天，一位新来者告诉我们，虽然她现在已经 21 岁了，但她从 11 岁起就再也没有上过餐桌。

我们的大多数谈话，都是纯粹的肯定；人们生活中的废话已经够多了，人们絮叨的都是他们多有价值，他们多么被爱和被需要。通常，我们只是说笑和发笑。孩子们坐在椅子上唱歌。有一天，我带着女儿去了。走出门的时候，她告诉我：“那是我一生中去过的最温暖的地方。”

餐后，我们围坐在钢琴四周，有人弹奏了一首阿黛尔的歌，人们跟着唱起歌来。在这里，餐桌是亲密社交的关键。餐桌是我们相互联系、联络和承诺的工具。我终于明白，永远不要低估餐桌的力量，它是我们彼此相爱的舞台，我们就像鲜花寻找太阳一样，转向彼此。一天晚上，一位年轻女子对凯西说：“谢谢你让我看到了光明。”这些成年人来自情

---

1 GED 考试：美国高中普通教育发展考试。——译者注

感回避者的世界——华盛顿特区，他们在这里卸下了伪装。孩子们来自街头，他们称凯西和戴维为“妈妈”和“爸爸”，这是他们选择的父母。

坐在桌边的孩子们，经历了美国贫困中常见的创伤——一些人无家可归，一些人通过寄养系统漂泊。男性残忍的主题——父亲或其他男性虐待他们，抛弃他们，或误导他们——贯穿了他们的过往。但现在，他们已经紧密关联在一起了。一天晚上，年过七旬的比尔·米利根来到桌前，他是“学校社区”组织的创始人。“我在这个领域已经工作了50年，”他说，“我从来没有见过一个项目能改变一个人的生活。只有关系才能改变生活。”

这恰恰是餐桌上正在发生的事情。如果你是35岁以上的白人，那么你可能对此没有感觉；但如果你是一名25岁以下的黑人艺术家，华盛顿特区就是一个很棒的地方。前来就餐的孩子们，都与这个地下艺术场景联系在一起——以诗人、画家、DJ（音响调音师、电台音乐节目主持人）、歌手等身份。我们这个群体中的成年人，为他们提供了一个观众群体。在这个观众群体面前，他们可以施展自己的才华。他们给我们的礼物，就是完全无法容忍社会距离。

情感燃烧，往往以最神秘的方式发生。没有人能真正追踪爱情在一个社区而不是在另一个社区燃成烈焰的化学过程。但它的确发生在这个社区里，我们所有人都以令人惊讶的方式改变了。戴维放弃了他的工作，现在是全职爸爸，和孩子们在一起。凯西在美国各地组织艺术项目，但回到家后，她就进入了另一个全职假期。

多年来，成年人告诉孩子们，他们可以上大学。所以，当孩子们开始走向成熟时，他们接受了凯西和戴维的建议。现在，我们都必须想办法支付他们上大学的相关费用。凯西和戴维成立了一个名为“全是我们的孩子”的非营利性组织。我们现在都深深地扎根于此，互相伸出援助之手。这是因为，凯西和戴维只是简单地回应了需求。凯西在一个天主教大家庭中长大，所以她习惯了周围有一大群充满爱心的人。当被问到她怎么可能招待那么多年轻人时，她迷惑不解：“你怎么会不知道呢？”

正如我们可以想到的那样，凯西和戴维经常筋疲力尽。也许你是一位试图照顾两三个孩子的父母，设想一下，和 40 个孩子打成一片的一天会是什么样子。其中某个孩子刚刚丢了一部手机，或者他的自行车被撞坏。有时，真正的危机会袭来。2018 年，在医疗补助计划拒绝为其中一名年轻女性支付肾脏移植费用后，凯西和戴维不得不与时间赛跑。每个人都被动员起来，让医疗补助计划改变决定，并最终成功了。幸运的是，我们遇到了一位捐赠者。戴维把他的一颗肾脏，捐给了玛德琳。

伴随着精疲力竭而来的，是回馈。现在，凯西和戴维已拥有数十段挚爱关系。有时，他们会问自己，是否有更好的方法来做他们所做的事情。但他们不必问自己，他们是否在做有价值的事情。他们对此没有任何疑问。当你疼爱凯萨里、詹姆斯、科尔科、塔鲁克和萨利亚时，这甚至无法称为问题。这些都是有无限深度和光明前途的年轻人。和他们在一起的机会，正是你想要的。

对于我来说，“全是我们的孩子”，就是第二座山上的理想生活。这是一种充满爱、关怀和承诺的生活，更是我们文化中许多错误的解毒剂。

编织者

多亏了我在阿斯彭研究所的“编织：社会结构项目”，我现在可以花很多时间和凯西、戴维这样的人待在一起。这项努力背后的第一个想法是，社会孤立是许多其他社会问题的核心；第二个想法是，全美各地都有人在建设健康的社区，我们可以从这些人身上学到很多东西。

我们在全美各地旅行，会见那些正在努力恢复社会资本和治愈生活的人。这些人无处不在。我们生活在一个治疗师的国度。我们随机来到一个小镇，找到 35 个完全符合这个标准的人，都是不成问题的。

新墨西哥州阿尔伯克基的杰德・博克，在很小的时候就失去了父亲，现在她帮助孩子们处理伤痛。休斯敦的斯蒂芬妮・鲁泽克经营着一个课后儿童项目，她花了很多时间和孩子们一起玩——她狂热地相信，与孩子玩耍的一小时，就是你一生中最重要的无目的的一小时。“我已经破产了，”斯蒂芬妮说，“我需要倚靠其他人才能生存。”还有萨姆・琼斯，他在俄亥俄州东南部经营着一个业余拳击场。在那里，他免费指导年轻人，名义上是关于拳击，实际上是关于生活。

2018 年，我可能遇到了几千个这样的人。几乎无一例外，他们都拥有凯西和戴维所拥有的职业确定性。他们的工资很低，而且经常感到被忽视；他们的细微关爱行为，往往得不到社会更大的地位体系的回报。但是，他们在自己带给别人的光明中找到快乐，他们知道自己为何来到这个世界。“这不是一份会退休的工作。”莎伦・墨菲说。她在华盛顿经营着一个名为“玛丽之家”的难民住房组织。“我喜欢我所做的事情。这项工作，就是一种存在方式。”她说。

他们可能看起来非常无私。但值得记住的是，正如阿拉斯代尔·麦金太尔所指出的那样，利他主义的概念是在18世纪才出现的。一旦人们认定人性本质上是自私自利的，就有必要创造一个词来描绘人们什么时候不受自私欲望的驱使。但在此之前，我们所说的利他主义——为人际关系而活——只是人们的生活方式。这既不英勇，又不特别。

有很多种位于第二座山上的人——无论男女，他们的生活都被深深的承诺定义。商界、教育界、艺术界或军界，都有这样的人。但是，由于我在阿斯彭研究所的项目，我对非营利性组织中的这类人有更多的了解。他们身处个人主义和与世隔绝的文化之间。他们的日常活动，是与他们的最终目的相关联的。

和这样的人在一起，是一种自我教育。我想描绘他们，以便让人们了解第二座山上的生活是什么样子，以及第二座山上的人倾向于分享什么样的价值观。

他们的山谷

我通过阿斯彭研究所的“编织：社会结构项目”认识的大多数人，在生活中都经历过某种形式的低谷。有时，这种低谷表现为艰难的童年，或者表现为罢工的体验。他们在某个正常的工作场所工作，但这个场所与他们的品德格格不入，于是他们就离开了。北卡罗来纳州的一名男子在IBM公司（国际商业机器公司）有一份很好的工作，但他觉得有必要保持他所在的阿巴拉契亚小镇的文化。于是，他开了一家私酿酒厂和一家商店，这样，人们就可以聚集在一起了。南卡罗来纳州的一名政府工作人员说：“我在一家显然是种族主义机构的单位工作。但我通过电话控诉过他们的行径。”于是，她走出了以前的生活，进入了她觉得正确的新生活。

这些人遭遇的一些山谷，是令人震惊的。来自俄亥俄州的卡拉·布鲁克在三年内完成了大学学业，但随即被诊断出患有一种罕见的癌症。在美国，患这种癌症的人每年不到 10 人。她接受了一年的化疗。她说，化疗结束后，她感觉像死里逃生一样。她决心在她剩下的生命中做出改变。现在，她正在筹集资金，以振兴俄亥俄州的阿巴拉契亚地区。当华盛顿的达赖厄斯·巴克斯特 9 岁时，他的父亲与一名被安排来谋杀他的脱衣舞女有染。现在，曾经在乔治敦大学打过橄榄球的达赖厄斯，在他的社区附近为男孩们开办了足球夏令营。这样，男孩们的生活中就会有成年男子存在了。

萨拉·阿德金斯是俄亥俄州的一名药剂师。她和丈夫特洛伊一起抚养两个小男孩萨姆森和所罗门。但多年来，特洛伊的抑郁和焦虑越来越严重。他停止了工作，变得愤怒和迷惘。萨拉和特洛伊艰难应对，并寻求治疗。有一段时间，治疗似乎起作用了。

然后，在 2010 年秋天的一个周末——当时这两个男孩分别是 8 岁和 6 岁，萨拉同她的母亲和妹妹进行了一次计划已久的旅行。特洛伊说他会带孩子们去湖边的朋友家。星期六，萨拉打了几次电话都没人接，她猜测他们出去划船了，或者进行其他活动去了。她于星期日 5 点左右回到家，惊讶地发现邮件仍然放在前门外，包括她为孩子们订购的一些玩具。她走进门，喊道：“妈妈回家了！”但没有得到任何回应。然后，她注意到有一张床垫顶着通往地下室的门。她觉得男孩们在和她玩捉迷藏，所以她笑着下了楼。在楼梯底部，她看到特洛伊瘫倒在橱柜上，萨姆森坐在沙发上，沙发上似乎还沾上了一些巧克力。她无法理解她所看到的场景。然后，她摸了摸萨姆森的额头，意识到他已经冰冷。金色的幻象在她脑海中闪现，就像一缕阳光，她看到萨姆森已与上帝同在。这一景象只持续了短短一秒钟。她跑上楼去找所罗门。她掀开被子，看到所罗门躺在床上。直到今天，她都无法描述当时的情景。所罗门也被枪杀了，尸体已经冰冷。

她打了 911（美国的报警电话号码）。“他杀了我的孩子们！我可爱的宝贝们。他们都死了！”她对着电话哭了起来。接线员建议她做心肺复苏术，但萨拉解释，他们已经冰冷了。特洛伊留下了一张字条儿：“我将保护萨姆森和所罗门，让他们远离充满困惑、被质疑的忠诚、内疚、绝望、相互依赖和没有安全感的生活。这个痛苦的循环，到我为止。”

成千上万的人，聚集在萨拉周围。在接下来的 3 个月里，她和父母住在一起，睡在他们的床上。6 个月来，他们每天都给她送饭。萨拉需要数年时间才能恢复。她开玩笑说，她还活在悬崖边上。但她神情恍惚。当你和她在一起时，你会注意到她脸上流露着截然不同的情绪，其中，有轻微的狂躁，就像一切都兴奋过度，似乎有点儿失控了。

她的房子被宣布为生物危险区，清理费用高达 3.5 万美元。萨拉意识到，当自己的儿子被枪杀，或者家里发生暴力事件时，贫穷的妇女负担不起葬礼和其他费用。她们不得不自己动手清理自家地毯上的血迹。她创办了一个基金会，帮助人们支付葬礼和清理的费用。她在俄亥俄大学和俄亥俄州立大学任教。她在一家免费医疗诊所工作，并努力开设一家新的诊所。她是遭受了最糟糕的生活并永久地受到相应影响的人之一，但她已经带着强烈的奉献愿望重生了。

“我从这次经历中成长起来，因为我很愤怒，”她说，“我打算反击他，他试图通过改变世界来影响我。看，他并没有杀死我。我对他的回应是，不管你想对我做什么，你都不会得逞！”她的动机，一部分是应对丈夫的挑衅，另一部分是直面眼前人的挚爱。

道德动机

这些，就是你在第二座山上的人身上注意到的事情。这是一种动机上的转变。他们的欲望已经转变了。概括起来，可以说有6种欲望：

（1）物质享受：美食、名车，以及豪宅。

（2）自我陶醉：出名、富有和成功，赢得胜利和认可。

（3）心智愉悦：学习，以及了解我们周围的世界。

（4）传承：从回馈他人和服务社区中获得乐趣。

（5）美满的爱情：接受和给予爱，以及灵魂的狂热结合。

（6）卓越：按照某种理想生活时的感觉。

社会科学和我们的许多现代思维，倾向于强调前两种欲望。我们通常认为，自我利益——被定义为物质利益和地位认可——是生活中的主要愿望，而为他人服务则是锦上添花。这是因为，几个世纪以来，我们的大多数社会思想都是由男性塑造的。他们走出家门，在世界上竞争，而女性基本上待在家里，照顾老幼。这些人，甚至没有目睹支撑他们毕生研究的政治和经济制度的活动。但当你环顾世界（父母照顾孩子，邻居组成协会，同事相互帮助，人们在咖啡馆约见或相遇）时，你就会发现，关爱并不处在社会的边缘。关爱，是社会的基础。

这些社区建设者，主要是由4到6种欲望驱动的，这些欲望来自情感、精神和道德动机。他们希望自己与他人生活在亲密的关系中；他们想要改变世界，想要感觉自己是正确的。他们被归属感和慷慨的愿望驱使。

他们表现出一种“明亮的悲伤”。我是从方济各会修士理查德·罗尔的伟大著作《向上坠落》（*Falling Upward*）中引述这句话的。这本书讲述的是如何在中年及之后的时间里寻找人生的意义。当你为那些需要帮助的人服务时，你会看到痛苦和不公正近在咫尺。罗尔接着写道，你离智慧越近，你看到的自己的阴影就越多，你看到的别人的阴影也越多，你就会越发意识到我们是多么需要对方。希望被注入了现实意识。“生命的后半部分有一种庄严，”罗尔写道，“但现在它被一种更深层次的轻盈和淡然，或‘顺其自然’支撑。如果这有什么意义，就是我们的成熟年华是由明亮的悲伤和清醒的幸福构成的。”

我曾询问《纽约时报》的读者，他们是否在生活中找到了目标。数千人回信给我，描述了他们的经历。其中一个人的经历相当特别，并印证了罗尔关于明亮、悲伤和顺其自然的概念。来自澳大利亚布里斯班的格雷格·桑特写道：

4年前，结发21年的妻子因脑瘤去世。从她确诊到死亡，不到6个月的时间。尽管这令人震惊，但几乎同样令人震惊的是，通过反思和内心的努力，我从此次经历中获得的个人成长感和对觉醒的理解是如此巨大，以至我几乎对妻子去世给我自己的成长带来的重大影响感到内疚。

帕克·帕尔默在他的《隐藏的完整性》（*A Hidden Wholeness*）一书中写道，我们的心可能会以两种方式破碎：第一种是内心破碎，四分五裂；第二种是化茧成蝶，容纳更多自我和世界的痛苦和欢乐、绝望和希望。在我妻子去世后的这些年里，心碎的形象已经成为我生活的动力。它已经成为我生活的目标。

我的朋友肯尼迪·欧戴德成长于肯尼亚。当他三岁时，他慈爱的祖母在被一只狂犬咬伤后去世；他醉酒的继父殴打他；他最好的朋友死于疟疾，年仅 8 岁。他加入了街头帮派，吸食胶水和汽油，犯罪，并几次差点被杀死。他被一名对他进行性侵的牧师救了出来。然而，他现在是我所认识的最快乐的人之一。

我曾经问他，为何会在挣扎中变得如此快乐。"嗯，"他回答，"我的母亲在她力所能及的时候，向我倾注了无条件的爱。"肯尼迪，向其他人倾注了无条件的爱。他在内罗毕基贝拉贫民窟创建了"社区的闪亮希望"（SHOFCO），这是一个与城市贫困做斗争的组织，并为女孩们提供了一所学校。"'社区的闪亮希望'拯救了我，"肯尼迪告诉我，"它帮助我在最糟糕的情况下依然保持乐观。这让我不再觉得自己是一个被动的受害者，而是觉得我有能力改变我的社区正在发生的事情。我认为创办'社区的闪亮希望'也让我感受到了'人性'的力量，让我感觉到了与全人类之间的联系。"在贫民窟生活的残酷之中，依然闪耀着人性的灿烂光芒。

这些人是归属于某个地方的人，而不是归属于任何其他地方的人；

他们是本土主义者，而不是世界主义者。它们依附在一个特定的地方，一小块土地之上。萨拉·黑明格尔在巴尔的摩建立了一个指导计划。她每天戴着上班的项链上有一个挂件，上面画着巴尔的摩的城市地图，因为那是她奉献的地方。俄亥俄州扬斯敦的菲尔·古德的职业生涯，始于站在城镇广场上举着一块写着“保卫扬斯敦”的标语牌。他毕生都在帮助该镇从去工业化进程中恢复过来。休斯敦的一位教育工作者告诉我们，“当我回到休斯敦时，我对这个我从小就了解但由于全球化而与之脱节的地方做出了承诺。”

他们往往是刺猬，而不是狐狸。众所周知，狐狸知道很多事情，可以用相反的心态，从多个角度看待世界。但是，刺猬只知道一件事，它的生活始终围绕着一个更大的想法展开。这正是忠诚的社区编织者通常具备的心态。

社区编织者承担责任。有些人在他们的背景中树立了一种关于负责任的生活的理想，以及应该做什么的理想。有些人走在街上，看到的是过往的身影。但这些社区建设者，看到的是人们及其需求。对于他们来说，回应是自然而然的事情。如果不这样做，他们就认不出自己了。正如一位在华盛顿与受虐妇女一起工作的妇女告诉我们的那样，“我做这份工作，正是因为我不认为它是工作。我这样做，是因为我的母亲和祖母告诉我，回应是一种责任”。他们以这种方式工作，犹如其他人洗碗一般自然。水槽里有盘子，那当然得洗了。特蕾莎修女曾经说过：“我所做的，就像孩子的笑声一样，简单而平凡。”

社区编织者经常用“极其好客”这个词来描述他们的人生观，因为他们的目标是不让任何人被拒之门外。正如一位在华盛顿一家青年中心工作的年轻人告诉我们的那样，“一旦你意识到这些都是生命，你就必须冒着生命危险，挽救他们的生命。你无法拒绝生命”。

所以，他们都被迷住了。像凯西和戴维一样，他们很少出去寻找他们服务的对象或发现他们毕生致力解决的问题。在某种程度上，这些东西刚刚进入他们的视野。“我没有选择这份工作，是这份工作选择了我。”在拉丁美洲青年中心工作的富兰克林·佩拉尔塔如是说。他只是重复了我们耳熟能详的一句话。

这是一个悖论：当人们发现自己时，他们经常有一种感觉，他们正在放手，向自己妥协。你遇到一个需要帮助的人。一开始，你只是承诺帮他们一点儿小忙。一星期花费一个小时，这算不了什么。但是，当你开始了解和关心这个人，承诺的钩子就设好了。现在，你要做的是他需要你做的事。至此，你已放开手脚，尽力而为。你不会再问自己想要什么？你会开始问：生活对我的要求是什么？你得回应。

“一个人的生命，只有在她对某些事情相当关心的情况下，才有意义；只有当她被迷住、兴奋、感兴趣、投入时，才有意义。”哲学家苏珊·沃尔夫写道。注意沃尔夫使用的动词：被迷住、兴奋、感兴趣、投入。他们描述的是某种深层次的反应，而不是一种自发的有意识的选择。这些词汇，也是我们的社区编织者常用的动词。

斯坦福大学的安妮·科尔比和威廉·达蒙在他们合著的作品《有人在意》（*Some Do Care*）中研究了这些社区编织者。他们发现，在选择放弃自己的过程中，并没有太多的道德反思、内心挣扎，或者成本和收益的叠加。“相反，我们看到了一种毫不犹豫的行动意愿，一种对恐惧和怀疑的否定，以及一种简单的道德反应。风险被忽视，后果亦未加权衡。”

几年前，来自休斯敦的芭芭拉·古德森开始为无家可归的人免费理发。起初，每个月她只为几个人理发。但后来，她开始为出狱和遭受虐待的妇女理发。从最初的每月理发数次变成了每月理发数百次。“是什么在激励着我？”她问道，“是提升每一位客户的尊严的意念。”

最近，一位朋友告诉我，他在佛罗里达遇到了一名交通指挥员。站在拐角上的他，询问她是否在社区做过志愿者工作。她的回答是，没有，因为没时间。但随后他了解到，实际上，她当时站在小学外担任交通指挥员就是自愿的，这样孩子们就能安全过马路。几分钟后，他得知她将在当天晚些时候给生病的邻居送去一些饭菜。她说得越多，他就越了解她给别人提供的帮助。但是，她并不认为这些是志愿工作。这就是她想要做的。

我们认为，给予是我们在罕见的情况下才做的事情，比如圣诞节和生日。但是，德国神学家朋霍费尔认为，给予是一个人和另一个人之间的主要关系，而不是次要关系。给予，存在于家庭成员之间，存在于朋友之间，存在于同事之间，存在于人们与社区之间。将与世隔绝和以自我为中心转变为相互联系和彼此关爱，是最基本的愿望。人格通过给予的方式来唤醒自己。

当我和社区建设者外出时，我经常听到他们使用“遵从”这个词。他们用它来暗示一种既不是英雄式又不是电影式的给予。给予，只是年复一年地与其他人在一起，既以常规的方式提供服务，又以大型的方式提供服务。这种给予，创造了生活中的稳定，创造了随着生活环境的起伏而延续的自我。在《有人在意》一书中，安妮·科尔比和威廉·达蒙引用了一位反贫困活动家的话。这位活动家对此有完美的表述：“我也知道，我只是斗争的一部分。我不是斗争本身，我也没有领导这场斗争。我只是斗争的一部分。我已经在那儿待了很长时间了，我将在那儿度过我的余生。所以，我没有不切实际的期望。因此，我不会感到疲倦。”

深层次关系

我遇到的编织者，都是有非常关系网络的。他们被驱使着与他人建立深层次的关系，这既是为了满足他们对关系的渴望，又是因为他们相信，变化是通过加深关系才得以发生的。

当他们与无家可归者、穷人或受创伤的人一起工作时，他们与提供服务但不提供护理的大型福利系统合作。这些系统把人视为“案例”或“客户”。他们对人们的金融稳定和支持是必要的，但他们无力推动变革性的改变。正如社区方面的主要专家之一彼得·布洛克所说：“与任何穷人或弱势群体交谈，他们都可以给你一长串他们所接受的服务。他们得到了很好的服务，但你应经常问他们，生活中有什么事情发生了根本性的变化。”

关系是变革的驱动力。想想，是谁造就了今天的你。塑造者可能是一位家长、一位老师，或者一位导师，但绝对不是寻求可以简化为度量标准的具体和可衡量的结果的组织，也绝对不是那些想要创造一个可扩展的变革系统的人。这位塑造者做了一件本质上很好的事情——让你觉得自己被人了解、被人关心、被人信任、被人无条件地爱着，但没有思考过这种关系会怎样改变你的生活轨迹。

我的妻子安妮·斯奈德在她的书《性格的结构》（*The Fabric of*

Character）中写到了盐湖城的彼岸学院（Other Side Academy）。该学院接收顽固的罪犯，赋予他们出狱的机会，通过住在集体之家并为搬家公司工作来扭转他们的生活。全体人员会召开会议——也就是所谓“游戏”，哪怕因为最轻微的道德违规，男人和女人都会互相点名。创始人说，联系发生在真相和爱的结合点。没有爱的真相是残酷的。没有真相的爱就是多愁善感。但是，如果你能在关爱支持的情况下对某人完全诚实，那么你就拥有了一种信任的关系。当人们互相追究违反规范的责任时，规范就会得到执行。社区，正是通过充满爱的责任编织而成的。

编织者们大谈行动的重要性，而不仅仅谈论事情本身。他们经常把自己描述成“实干型”的人——把事情搞定！行动就是他们的生活。但是，他们也非常重视倾听和交谈。他们所做的很多事情，都是为了创造可以进行深入对话的空间。有一天，在斯蒂芬妮·鲁泽克位于休斯敦的课后项目“家庭点”中，一个10岁的男孩走到她面前，拿着一张他声称在地板上捡到的字条。这是一篇用淫词秽语写成的长篇大论，充满“婊子”“浑蛋”之类的词汇。斯蒂芬妮问他，是谁写了这张愤怒的字条。他说他不知道。

当晚，工作人员查看了监控录像，发现提交这张字条的男孩，就是真正写下这张字条的人。第二天，他们拿出证据与男孩对质。起初，他否认了这一点。他们的本能冲动，就是因这张充满仇恨的字条而惩罚他。但是，他们没有迅速采取行动，而是和他坐了一会儿，聊了聊。最后他哭着说：“那张字条，是我写给一个伤害我的人的。”

事实表明，最近有两名持枪男子闯入他家，并威胁要杀了他。他的邻居接到他母亲疯狂的电话，打断了匪徒破门而入的行径，疯狂地敲门，直到警察赶到。但是，男孩和他的母亲都受到了精神创伤。这张字条，只是一种混乱的尝试，目的是处理他的感受。斯蒂芬妮想知道，如果他们一味地惩罚他，会发生什么——被惩罚的他，实际上是在哭泣与求救。他会得到什么教训，会走上什么轨道？教训是，你必须在谈话中停留足够长的时间；你必须足够耐心地倾听。

社区建设者相信激进的互惠互利。他们完全拒绝一些人事事井然有序，而另一些人乱成一锅粥的观点。在他们看来，我们都是跌跌撞撞的前行者。正如W.H. 奥登所说，生活的任务是“全心全意地爱你不诚实的邻居”。

我们都是平等的，我们需要彼此。萨拉·黑明格尔甚至禁止在她的组织中使用“导师”一词。因为，这个词意味着成年人的地位更高，被服务的年轻人地位更低。它总会回到你面前的人的尊严上来。

我从他们嘴里听到的最多的一句话是“整个人”。在过去的几十年里，我们的机构倾向于将人分成几个部分。学校把孩子们当作教鞭下的大脑，向他们灌输信息；医院把病人当作需要修复的器官的集合，医生并不真正了解他们要给谁做手术。但是，社区建设者谈到了采取视人为整体的方法的必要性。当一个孩子进入学校时，她无法剥离她的医疗保健问题、她的安全问题、她的情感创伤、她的营养需求，以及她对目标和意义的需求。无论你在哪个部门工作，你都必须意识到这一点，并与“整个人”建立联系。

最重要的是仁爱的精神。与编织者们交谈时，我经常想起有人转述给我的约翰·E. 比尔斯多夫所著的《治愈目的》（*Healing of Purpose*）中的一段话：

慈悲是在温和中表现出来的。当我想到我认识的人为我树立了深度精神生活的榜样时，我就会被他们的温和打动。他们的眼神，传达了与天使孤军奋战后的余勇、照顾他人的代价、野心和自我的死亡，以及此生所剩无几的平静。他们是温和的，因为他们诚实地面对赋予他们的斗争，在历尽艰辛之后认识到，个人的生存并不是重点。他们的关心是温和的，因为他们的自我膨胀不再岌岌可危。自我膨胀，对他们没有任何好处。他们的脆弱已经延伸为对他人的敏感和真正无私的爱。

埃蒂·伊勒桑

我想用另一幅简洁的肖像来结束对第二座山上的人的素描。这是一个女人的故事。尽管她的生活环境殊异，但她以惊人的速度从她的第一座山搬到了第二座山。因为她留有一本日记，我们得以一窥从自我中心的不成熟到无私成熟的转变。

她的名字叫埃蒂·伊勒桑。她出生于1914年1月15日，在荷兰东部城市代芬特尔度过了她的青少年时期。她的父亲是一个羞涩的书呆子，在当地一所学校担任校长，但他大多数时间都剥离于现实世界，他生活在崇高但模糊的理想之中。她的母亲，传记作家帕特里克·伍德豪斯写道，她渴望“混乱、外向、吵闹，她习惯于突然的情绪爆发”。

伊勒桑和她的两个才华横溢但情绪不稳定的兄弟，成长于一个充满戏剧性、杂乱无章、令人情绪疲惫的家庭。在日记中，她将自己的成长环境描述为高雅文化和野蛮情感的混合体：

我想我的父母总是感到力不从心。生活变得越来越艰难，他们逐渐不知所措，甚至无法做出任何决定。他们给了我们太多的行动自由，但没有给我们提供任何可供依附之物。那是因为，他们自己从未站稳脚跟。而他们之所以对我们庇护得如此之少，是因为他们自身难保。

伊勒桑成长为一个没有安全感、没有方向感的年轻女子。在她快 30 岁的时候，她仍然会在日记中把自己描述为“一个软弱的、无足轻重的人，漂泊在海浪中，随海浪起伏”。她觉得“支离破碎……低迷……有太多的不确定性……缺乏自信，厌烦，惊慌失措”。

她没有稳定生活的支撑结构。她名义上是犹太人，但在任何一个方面都不守规矩。她也没有任何固定的真理或坚定的信念。“我能干的大脑告诉我，没有绝对之物，一切都是相对的，都有无穷无尽的多样性和永恒的运动。”她梦想有个男人会出现，给她的生活指明方向。正如她在日记中写的那样：“我真正想要的是一个终身厮守的男人。和他共同建造一些东西。所有的冒险和短暂的恋情，都让我非常痛苦，撕心裂肺。”

伊勒桑 26 岁时，纳粹入侵荷兰。在她早期的日记中，职业作为背景出现，但从未击穿她的自恋。她几乎只是絮叨了她的内心情绪。大约在这个时候，伊勒桑开始拜访一位名叫朱利叶斯·斯皮尔的心理治疗师。斯皮尔聪明绝顶，令人不寒而栗。他曾师从卡尔·荣格，但也专攻看手相，认为治疗师仅与病人交谈是不够的，因为身心是一体的。所以，他也坚持与病人进行肉搏。他的病人大多是年轻女性。

他们第一次肉搏时，伊勒桑把斯皮尔摔了个四脚朝天。她写道：“我内心的所有紧张情绪，以及被压抑的力量都释放了。他躺在那里，无论精神还是肉体，正如他后来告诉我的那样，都被我征服了。以前从来没有人能这样对他。”

伊勒桑爱上了他，由此发展出一种奇怪的关系，一种智力的、两性的、治疗的复杂关系。“你是我所爱的……无价的私立心理大学，”她在给他写的信中如是说，“我有太多的东西，想要和你再次讨论；也有太多的东西，想要向你学习。”

尽管斯皮尔有他的缺点，但他至少为她提供了一个连贯的世界观和当代心理学的入口。她可以接受或拒绝他的观点，但至少她已不至于进退失据。斯皮尔敦促她写日记，以培养她的灵性。当斯皮尔在 1942 年秋天死于癌症时，伊勒桑为了纪念他，称他是那个在她“灵魂诞生时陪伴在侧的人”。

大约在斯皮尔去世的同时，伊勒桑在日记中的语气发生了变化。自此，没有那么明显的强迫性自我分析。她更倾向于向外看，并以更直接的方式体验世界。“思考让你一事无成，”她在日记中写道，“这可能是学术上精良高尚的助学金，但无助于摆脱你的情感困境。摆脱情感困境需要一些完全不同的东西。那么，你必须让自己变得被动，只需要倾听。用些许永恒，重新建立联系。”

一天，她坐在家里的露台上晒太阳，一边听鸟儿鸣叫，一边凝视一棵栗树。她的第一个本能是用语言捕捉这一场景，解释她正在经历的喜悦。

换句话说，我想把自然、一切都交给自己。我觉得有必要解释一下。很简单的事实是，现在我只是让它发生在我身上……当我坐在阳光下时，我不知不觉低下了头，似乎想要更多地体验这种新的生活感受。突然，我在内心深处明白了一个人是如何冲动地跪下来，就此回归平静。他的脸，掩藏在他的双手之间。

她写道，在她一生的大部分时间里，她都生活在期待中，就好像她不是在过自己的真实生活，而只是为之做了某些准备。但在她的内心里，有东西在运动。她现在感到有些急迫，要为某个她可能献身的伟大理想而努力。“哦，上帝，”她祈祷，“把我交到您伟大的手中，把我变成您的乐器。”

尽管她没有任何正式意义上的宗教信仰，但她开始祈祷。起初，她称自己是“训练中的跪倒者”，因为祈祷的动作令人感觉非常脆弱和不舒服。但不久后，她就觉得她的身体似乎是为祈祷而生的。“有时，在深深感激的时刻，跪下已成为一种压倒性的冲动……当我写下这些事情的时候，我仍然感到些许的羞愧，就好像在写最私密的事情一样。”

她写道，在祈祷中：

我不再想要这个或那个；生活是伟大的、美好的、迷人的、永恒的；你如果沉迷于自己，徘徊不定，就会错过生命这股永恒的洪流。正是在这些时刻——我对这些时刻感激不尽，所有的个人野心，都从我身边消失了。我对知识和理解的渴望，也随之平息。些许永恒，拍打着翅膀，扑面而来。

1942 年 4 月，纳粹开始对犹太人进行第一次大规模围捕，迫使他们佩戴黄色的大卫之星。每天早上，都会有更多关于逮捕的消息、关于犹太人家庭被围捕和被带走的消息、关于被剥夺工作和生活的人被囚禁的消息、关于集中营和毒气室的谣言。有一段时间，伊勒桑只是在寻找躲避暴风雨的庇护所。

她会在附近走访，统计伤亡人数。一处房子里，有一位父亲被带走了。另一处房子里，有两个儿子被带走了。人们被运往东方，但再也没有一个人回来。“威胁越来越大，恐惧与日俱增，”她写道，“我把祈祷视为一堵晦暗的防护墙，围在我身边，而我，就像进入了修道院的牢房一样，退缩其中。”

渐渐地，她开始感到自己能够在拯救她的同胞方面发挥一些积极的作用。她在 1942 年 7 月 3 日承认：“危在旦夕的，就是我们迫在眉睫的毁灭。”“我们不能再对此抱有幻想。他们要彻底摧毁我们，我们必须接受这一点，然后再做打算。”

纳粹主义的残暴似乎会激发以暴制暴。我们中的许多人在回顾历史时，都希望有更多的犹太人进行抵抗，以更愤怒的决心做出牺牲。如果他们不得不做出牺牲，那就战斗吧。但随着种族灭绝的蔓延，伊勒桑没有产生这种想法。“我认为，除非我们首先改变自己，否则我们无法改变世界上的任何事情。在我看来，这似乎是我从这场战争中学到的唯一教训。”

如果纳粹试图扑灭世界上的爱，那么她会挺身而出。世界变得冷酷无情，她觉得有必要敞开自己的心扉。

这意味着，她要尽其所能地照顾自己的同胞，帮助正在被围捕的少女。她无意怨恨压迫者，无意通过仇恨来消除自身的恐惧。她教导自己，永远不要憎恨别人的邪恶，而要首先憎恨自己内心的邪恶。

对于垂死的人来说，快乐是微不足道的。随着纳粹对她所在社区的控制的加强，伊勒桑开始欣赏每一件可爱的衬衫，每一块有香味的肥皂。她直面死亡，认为自己的毁灭迫在眉睫。她发现，通过放弃对死亡的回避态度，通过承认死亡已进入她的生活，她可以扩大和丰富自己的生活。

伊勒桑本可让她的家人躲藏起来。在 2.5 万名躲藏起来的荷兰犹太人中，大约有 1.8 万人在战争中幸存下来。安妮・弗兰克[1]显然是个例外。但伊勒桑拒绝躲藏起来。她的传记作者帕特里克・伍德豪斯认为，她拒绝躲藏可能有三个方面的原因。第一，是她的团结感。她属于整个犹太民族，觉得她应该过一种与她的同胞有联系的生活。如果其他人不得不去集中营，她就会对自救不感兴趣。第二，她将躲藏与恐惧联系在一起，而她不想过上恐惧的生活。第三，她产生了某种承诺感和使命感。她已经开始了解自己的天赋，并觉得她的天赋可以用来为荷兰犹太人服务，因为他们正在等待被驱逐出境。

她去犹太理事会工作。这是在纳粹统治下成立的一个组织，目的是照顾犹太人。纳粹下达命令，由犹太人组成的理事会则决定如何执行这些命令。它的犹太创立者痴心妄想，认为他们可以曲线救国，减轻种族灭绝最严重的影响。

1943 年 6 月，伊勒桑自愿在韦斯特博克工作。这是一座临时集中营，多达 10 万荷兰犹太人被关押在此，然后被运往东部的奥斯威辛集中营和其他灭绝中心。在这一阶段，她的作品是家书，而不是日记。所以，行

1　安妮・弗兰克：生于德国法兰克福的犹太女孩，犹太大屠杀中最著名的受害者之一，遗著为《安妮日记》。——译者注

文语气有点儿不那么个人化。但是，在某种程度上，这也是因为她已经开始超越自我。“这就好比，在这里已经发生的和即将发生的一切，在我内心深处都以某种方式‘打折’了。这就好像我已经经历过这一切。现在，我正在协助建立一个全新的、不同的社会。”

伊勒桑的大部分信件，都是对她在集中营里照顾他人的描述。这些人中，既有困惑和迷惘的老人，又有无力理解的孩子。她为那些曾经富有和出名的人感到特别难过：“他们的地位、尊严和财产的盔甲已经支离破碎。现在，他们站在了人性的最后一块碎片之上。”

有时她在惩戒营工作，充当被判劳役的人与他们在营地其他地方的家人之间的信使。除此之外，她的工作就是在营地里来回穿梭，做任何力所能及的事情，如照顾病人，或帮人传递电报。她被允许自由出入4个营房医院，每天辗转于床位之间。集中营里的其他囚犯在他们自己的家书中描述的她，是容光焕发、充满温暖的。在这一阶段，她的叙述给人平静而坚实的感觉，而这种感觉在她承担起她的重大道德任务之前是完全不存在的。在灾难面前，有些人变得支离破碎，或者彻底绝望，但伊勒桑已变得更加成熟和深刻。“人的一生中有很多奇迹，”她在给一位朋友的信中写道，“我自己拥有的是一长串的内心奇迹。”

集中营的生活节奏，受列车时刻表的支配。每星期都会有一列火车来到，将一定数量的囚犯送去处死。在火车到达之前，会公布一份注定要离开的人的名单。在伊勒桑的信中，充满了对那些被押上火车的人的描述。她写道：“（我瞥见）一位同事苍白的脸，满是雀斑。她蹲在一位服毒自尽的垂死老妪的床边，而这位老妪恰巧是她的母亲。”

在这一阶段，她的信中常常蕴含着内心的阵阵希望。

集中营的苦难，是相当可怕的。然而，在夜深人静的时候，当白天悄悄溜到身后的时候，我常常沿着带刺的铁丝网，跳跃着……前行。我情不自禁。事情就是这样，就像一些根本性力量的存在——我感觉生活是光荣而壮丽的，总有一天我们会建设一个全新的世界。

1943年9月6日，伊勒桑震惊地看到自己的名字出现在死亡名单上。同一名单上，还有她的父母和哥哥米沙。她的母亲写信给德国党卫军头目，恳求放过她的儿子。这封信似乎适得其反，他们都被判了死刑。

据她的朋友乔皮·弗莱斯豪韦尔回忆，伊勒桑最初被这个消息吓坏了。但一小时后，她就恢复过来了。她开始搜罗她能找到的旅行必需品。弗莱斯豪韦尔随后描述了她离开时的情景："她谈笑风生，对路上遇到的每一个人都致以亲切问候；她充满了闪闪发光的幽默感。也许，她只有一丝忧伤，但从头到脚，她都是大家熟悉的伊勒桑。"

一上火车，伊勒桑就给一位朋友写了一张明信片。她把明信片扔进了用木板封住的车厢缝隙里。一位农民捡到了明信片，然后把它寄回阿姆斯特丹。"克里斯汀，"明信片的开头写道，"……这是一辆满载的货车，我坐在我的背包上。爸爸、妈妈和米沙离我只有几节车厢。我们歌唱着离开营地，父亲和母亲也坚定而平静地离开了营地，米沙也是如此。"

伊勒桑于1943年11月30日在奥斯威辛集中营离世。

整合

我们很少有人会有伊勒桑那样的经历——一次彻底的个人转变。我们很少有人能像社区编织者那样无私地生活。但是，他们的生活堪称模范。他们的生活能够成为模范，有很多原因，但部分原因是它们阐明了一个核心观点：生活中的一项任务是整合。整合，就是收集自我的所有碎片，并将它们融成统一的状态，这样你就可以协调地朝着一个单一的愿景前进。

有些人从未实现整合，他们过着七拼八凑的生活。有些人勉强凑合在一起，但凑合的水平很低，因此，他们的生活以次要的欲望为导向。伊勒桑则在非常高的水平上振作了起来。她的生活的外部条件变得更加悲惨，她的内心状态反而变得更加平静。

而她获得整合的方式，并不是不停地自我挖掘，而是通过一个外在的过程使她的整个自我显现出来。"幸福，"威廉·H.谢尔登博士写道，"本质上是一种全心全意、单向、毫无保留或遗憾地去往某地的状态。"

我们整合的实际方法是承诺——通过对我们真正关心的事情做出最大的承诺，然后全心全意地为此奉献。第二座山上的生活的核心挑战，就在于以下问题：我该如何选择我的承诺？我如何决定什么是适合我的承诺？我一旦做出承诺，该如何履行它们？我如何将我的承诺融合在一起，让它们融为连贯、专注和快乐的生活？

这就是本书第二部分要解决的问题。本书的目标是成为承诺生活的（同时也是精神的！）实用指南，为职业、婚姻、信仰和社区服务的生活提供指导。第二座山上的生活，是一次精神上的冒险，但也是一天又一天的现实生活。

四大承诺

第二部分

职　业

第九章

职业的样貌

1946年，乔治·奥威尔发表了一篇题为《我为什么写作》的精彩文章，讲述的是他作为小说家和散文家的职业生涯。在这篇文章中，他试图粉碎大量关于写作的虔诚和自命不凡的文章。在他的作品中，有从未远离的负罪感。奥威尔揭露了他自己低级和自私的写作动机，这甚至可能令人震惊。

奥威尔说，他的写作有4个基本动机。第一，纯粹的利己主义。想让自己看起来很聪明，想要满足被人议论的欲望。第二，审美热情。他从遣词造句中获得乐趣。但如果不诚实，他就什么都不是。他必须得承认，还有更高的动机。第三，“历史冲动”，即对理解的渴望——想要看到事物的本来面目，以及找出真相的愿望。第四，他的政治目的。就是他想把世界推向某个方向的愿望，以及改变人们应该努力建设何种社会的想法。

奥威尔是这样一种人——很早就对自己的生活有了些头绪，但后来又渐渐迷惘了。很早的时候，奥威尔就想成为一名作家。但大学毕业后，他去了印度，当了一名警察，为大英帝国工作。当时，他下班后回到家，无所事事。但是，当他回避写作时，他“意识到自己违背了自己的本性，迟早安定下来写书”。

最后，在他25岁时，他选择顺应自己的命运。他决定，如果要成为一名作家，他就必须做三件事。首先，他需要生活在穷人中间。他是一个左翼人士，但他认为他的社会党同僚的问题在于，他们与据称正在解放的穷人并没有太多直接联系。因此，在他的写作生涯开始时，他选择了徒步旅行。当时，《流浪法》禁止无家可归的人乞讨或建立永久营地。许多人从一个村庄跋涉到下一个村庄，足迹遍及整个英格兰。前一天晚上住在一个慈善酒店，第二天又住在附近的城镇。在这次经历之后，奥威尔在一家法国酒店和餐厅当洗碗工，每天工作13个小时。这些经历，使他对工人阶级有了第一手的了解，也加深了他对权威的天然仇恨。

接下来，奥威尔需要创造一种新的写作方式。他试图把非虚构类作品变成一种文学形式。他最终成了使用寓言来表达政治观点的大师——如以射杀一头大象来影射英国帝国主义的所有错误。他并未从写作过程中获得内在的乐趣。他写道：“写一本书是一场可怕的、令人精疲力竭的斗争，就像某种痛苦的疾病长时间发作一样。”“如果不被一个既无力抗拒也无法理解的恶魔驱使，那么一个人是不会做这样的事情的。”但是苦痛正在净化。和T.S.艾略特一样，奥威尔认为好的写作需要人格的不断消磨。奥威尔写道，一个人努力“抹去自己的个性。好的散文，就像一扇窗户的玻璃”。想要写得好，就必须自我克制，并让读者感觉栩栩如生，历历在目。

最后，奥威尔决定，为了完成他的使命，他必须诚实，即便对自己所在阵营的人也必须如此。20世纪30年代，法西斯主义者在西班牙内战中与共产党作战。奥威尔与无政府主义者并肩作战，在那场战争中站在了绝望的一边。他学会了不带幻想地看待现实。他明白了，正如阿尔贝·加缪所说："一个人可能是正确的，但仍然会被击败；力量可以战胜精神；有时，勇气本并非自身的回馈。"

但奥威尔并未成为一个愤世嫉俗的人。在西班牙、德国和苏联，极权主义给奥威尔带来了余生被控制的道德挑战。从那时起，他之所以写作，是因为他想揭露谎言或引起人们对某些事实的关注。"自 1936 年以来，我写的每一行严肃的作品，都是直接或间接地反对极权主义、支持民主社会主义的。"

当奥威尔从西班牙回来时，他已经变了。他经历了他的受召唤的过程。在那个净化的时刻，你知道为何来到这个世界，会不遗余力地完成被赋予的使命。一位朋友说："他的一生，就好像有一团火焰在阴燃，而它突然间燃成了一团明火。"奥威尔对任何不公正的行为都感到愤怒，但表现出来的是冷静的激情。他会被谎言激怒，但他对人很仁慈。他全身心地投入与法西斯主义的斗争中，但总是足够超然，能够面对自己所在阵营的遭遇。

在现实生活中，奥威尔并不总是一个令人愉快的人。他冷漠、阴郁、锐利、独立、鲁莽，既害羞，又自信。但在他生命的尽头，也就是他身患重病写作长篇政治小说《一九八四》的时候，他的职业给了他纯粹的欲望和统一的目标。正如萧伯纳曾在另一个语境中所言，奥威尔的职业是"控制一群欲望的暴徒，并将他们组织成一支有目标、有纪律的军队"。人们开始认为，奥威尔是那个时代的某种圣人。

我之所以提到奥威尔的经历，是因为我认为它说明了寻找职业过程中的一些共同特征。

关于寻找职业，每个人都知道的是，它和寻找工作有很大的不同。当你拥有工作心态时，你的大脑就很有主导权了。你得盘点一下你的才华。你擅长什么？什么样的人才在市场上有价值？然后你通过接受良好的教育来为你的能力投资。你磨炼了你的专业技能。然后你去调查就业市场，看看有什么机会。你遵循激励措施，让你的时间和精力投入获得最高的回报。你制订了成功攀登的正确路线。你会收获成功的回报：尊重、自尊和经济安全。

在职业心态中，你并不是生活在意识的自我层面——工作是因为工作报酬高或让生活变得更方便。你涉入了更深的层次。一些活动或一些不公正，已经召唤到你本性的最深层次，并要求积极的回应。卡尔·荣格把职业称为“一种非理性的因素，它注定了一个人要把自己从羊群及其陈腐的道路中解放出来……任何有职业的人，都能听到内心的呼唤：我是被召唤来此的”。

起初，召唤通常是美丽的。安妮·迪拉德曾问一位朋友，他是如何知道自己注定要成为一名画家的。“我喜欢油漆的味道。”他回答道。这不是什么伟大的宿命感。这只是把颜料涂在帆布上时散发出来的香味。有些人，就是喜欢修理汽车，或者摆弄数字，或者做糕点，或者在人群前发表言论。

对于另一些人来说，召唤可能来自我们的历史环境。我们所有人都会在某一时刻驻留在某一地点。这种情形，向我们提出了需要回答的具体问题。瓦茨拉夫·哈维尔发现自己生活在暴政之下；格洛丽亚·斯泰纳姆[1]发现自己生活在一个由男性主导的社会的重压之下。这些，只是几个著名的例子，但数以百万计的人，都已经找到了与集体主义、种族主义、性别歧视和其他错误做斗争的职业。

当精神分析学家维克多·弗兰克尔大约13岁时，他的一位老师宣称，所有的生命都只是一个物质燃烧的过程。弗兰克尔跳起来说："先生，如果是这样，那么生命的意义何在？"他在很小的时候就十分关注这个问题，于是与西格蒙德·弗洛伊德开始了书信往来。作为一名年轻的治疗师，弗兰克尔在维也纳郊区建立了多家自杀预防中心，并创造了一些方法，让处于自我毁灭边缘的人找到生活的意义。

然后，第二次世界大战爆发。弗兰克尔被关进了集中营。他意识到一个职业问题——我想从生活中得到什么？我要怎么做才能让自己开心？——这都是不合时宜的问题。真正的问题在于，生活对我的要求是什么？弗兰克尔意识到，集中营的精神病学家有责任研究痛苦，并减少痛苦。"我们对生活的期望并不重要，重要的是生活对我们的期望，"他意识到，"我们需要停止追问生命的意义，而应该把自己想象成每时每刻都被生活追问的人。我们的答案，必须不在于谈话和冥想，而在于正确的行动和正确的行为。生活最终意味着负责任，找到问题的正确答案，完成生活不断为每个人设定的任务。"召唤的感觉，来自这样一个问题，我来此的责任是什么？弗兰克尔继续在集中营担任心理治疗师，提醒绝望的囚犯，世界仍然对他们寄予厚望，他们仍然要追求责任和目标。

职业总有试用期——成本大于收益的时期，一个人必须经历这段时

---

1 格洛丽亚·斯泰纳姆：美国著名女权主义活动家。——译者注

间才能达到另一种水平的强度。在这个时候，你如果受到工作心态的驱使，就会辞职。在这件事上，你投入的比付出的更多。但是，已经找到职业的人，就不会觉得自己另有选择。这有违她的本性。所以，她会在看起来不合情理的时候坚持下去。正如斯坦福大学教授安妮·科尔比和威廉·达蒙所写的那样："当一个问题对一个人的身份不那么重要时，人们可能会觉得，'我真的应该做更多的事情来帮助那些需要帮助的人，但这太难了'，或者觉得，'我就是找不到时间'。但是，当问题深入人心时，就无法再拒绝了。"

关于奥威尔的故事，我们注意到的第二件事是，他在年轻的时候就对自己的职业有一种预感。但后来他短暂地离开了。也许，是他忘了这件事。也许，是他不知道该怎么谋生。他不得不流浪了一段时间，然后才重新适应了一直在召唤他的职业。这种情形并不少见。人们常常感觉到某种召唤，但并不真正理解它，或者他们忘记了召唤，或者只是走神了。直到后来，他们才形成了一个关于自己生活的连贯的线性叙述，来描述他们是如何走上这条人迹罕至的道路的。

写到关于职业的内容时，人们经常引用威廉·华兹华斯的一首诗。这首诗使寻找职业听起来简单而愉快。上大学时的一个清晨，华兹华斯在结束夏夜舞会后步行回家。徒步两英里后，天色破晓。他发现自己迎来了一个"前所未见的灿烂早晨"。他写道，大海似乎在远处欢笑；群山如云朵般璀璨；天地万物充满了纯粹的喜悦，"露水，雾气，鸟儿的旋律，还有下地的劳动者"。他被这种美迷住了。美，在心灵层面上触动了他。突然，内心的一道阀门打开了：

我满心欢喜；我没有许愿，只有许愿。
这一切，都是为我而来的；未知的纽带，
被赋予我，我应欣然接受，否则就是大罪，
这就是奉献的精神。我继续前行，
在感恩的祝福中，至今仍然萦绕。

华兹华斯满心欢喜。他自己并没有许下诺言，但不知何故，他觉得“誓言是为自己立下的”。在那一刻，他意识到，他注定要成为一名诗人。他就此获得一种奉献的精神，用他的一生去捕捉他的感受。他意识到，他如果不履行这些誓言，就“罪大恶极”，就是在否认自己的本性和命运。

这个故事的讲述者通常不会提到的是，这个故事是半虚构的。华兹华斯年长时回忆这个清晰的时刻，回顾了他的生活，尽管当他年轻时生活并不是那么清晰。20 多岁的华兹华斯，试图找到一些与他的生活有关的东西。他顺利地读完了大学，很少写诗。他试图成为神职人员，同时也喝了不少酒，跳了不少舞。他想成为一名律师，为此花了 4 个月的时间在伦敦四处游荡，几乎无所事事。他在法国旅游时观察了法国大革命，有一个孩子，但抛弃了孩子的母亲。他想要创办一本杂志，想要成为一名政治记者，并试图在爱尔兰找到一份家教的工作。换句话说，华兹华斯不得不忍受一段时间的漂泊，不得不在等待中适应自己的生活状态，就像我们大多数人一样。

华兹华斯的生活，是在经历了他事先无法想象的两次好运之后，才开始受人关注的。他偶然遇到的熟人，一位名叫雷斯利·卡尔弗特的朋友在他身上看到了天才的火花，而当时几乎没有人见过这样的火花。卡尔弗特重新调整了遗嘱，这样，华兹华斯在他去世时可以得到 900 英镑。卡尔弗特是一种罕见的社会类型的守护神：这种人能看到他人身上的天赋，推动他人走向自己的职业，并为实现这一目标提供实际的帮助。

卡尔弗特的贡献不止于此。21 岁时，他去世了，但他给了华兹华斯一个经济上的缓冲。此后不久，另一位朋友提出让华兹华斯和他的妹妹多萝西（也是诗人）使用他在乡下的房子，以方便他们辅导他的儿子。华兹华斯一举两得，既有佣金又有免租豪宅。剩下的，都是老生常谈了。

职业召唤是一件非常神圣的事情。感觉很神秘，就像来自极深处的呼唤。但是，现实生活中发生的乱七八糟的事情，让人感觉一点儿都不神圣，只会让人感到困惑和混乱。在接下来的几章里，我将试着描述职业是如何寻找和养成的。

第十章

传报时刻

爱德华·威尔逊 7 岁时，他的父母宣布他们要离婚。夏天，他们把他送到佛罗里达州北部天堂海滩一个他不熟悉的家庭暂住。每天早上，威尔逊都会和这家人一起吃早餐，然后独自在海滩上漫步“寻宝”，直到午餐时刻。午饭后，他又会回到海滩上漫步，直到吃晚饭。

威尔逊发现的生物，似乎对他施了魔法。他看到水里有螃蟹、针鱼、蟾鱼和海豚。有一天，威尔逊看到了他生命中的第一只水母。“这个生物令人吃惊。它的存在超出了我之前的想象。”几十年后，他写道。另一天，他坐在码头上，双脚在水中晃来晃去，这时，一条比他见过的任何东西都大得多的“巨型射线”在他的脚下静静地滑行。“我大吃一惊！我立刻就想再看看这个庞然大物。如果可以的话，我要抓住它，以便近距离观察它。”

对于孩子来说，所有的东西看起来都更大。威尔逊后来写道：“我估计在我 7 岁的时候，动物在我眼中的大小大约是现在的两倍。”他被这些沉默的生物惊呆了，但又瞥见了更多的东西——一个隐藏在水面之下的新世界，可供冒险和探索。在几百英里之外，他的家庭正在分崩离析。但在这里，他产生了好奇心和归属感——一种将终生持续的好奇心和归属感。

几十年后，威尔逊在他的回忆录《大自然的猎人》中写道：“当一个孩子来到深水的边缘时，他满头满脑都是好奇。”“关键时刻的实践经验，而不是系统的知识，才是塑造一个博物学家……的重要因素。最好花上很长一段时间去寻找和做梦。”

这就是我们所说的威尔逊的传报时刻。那是某件事激起人们的兴趣，或施展魔咒并激起欲望的时刻。不知何故，这种欲望预示着生活中接下来会发生的事情，既包含快乐，又富有挑战。大多数日子都是似水流年，但偶尔，一种新的激情会悄悄地孕育出来。如一些让你高兴的事情，让你永远为之着迷。威尔逊在 7 岁时发现了自然，并在接下来的 70 年里一直研究自然，从而成为世界上最杰出的科学家之一。

成年人在谈论他们的传报时刻时，通常会讲述一些关于丢失和找回的故事。威尔逊失去了父母的家，但在大自然中找到了一个永远欢迎他的家。我曾经认识一个人，他的父亲天天酗酒，家里总是非常缺钱。这个人后来爱上了经营商店和做生意，最终使自己成为亿万富翁。作家安德鲁·所罗门在孩提时代就听说过大屠杀。当时的他认为，当麻烦来临时，欧洲犹太人无处可去是极其可怕的。“我决定，我将永远有地方可去。”他在一次书评中如是说。因此，他是为旅行和旅行写作而生的。正如我的朋友阿普丽尔·劳森所说：“我们在孩提时代错过了一些东西，而作为成年人，为了不再错过，我们愿意忍受很多东西。”

关于传报时刻的另一件有趣的事情是它们如此美妙。通常，当孩子发现一些似乎崇高的东西时，传报时刻就会来临。人们过着正常的生活，然后，突然，美妙袭来。某些景象或经历，使人们惊讶得目瞪口呆——比如，一条从脚下滑过的魟鱼。

美妙当前，感到惊奇，就是大吃一惊。一个被奇迹迷住的自我，会从你脑海中凡俗的自我陶醉中解脱出来，并发现自己敬畏更伟大的事物。那是一种彻底的开放、好奇和崇敬的感觉。那是一种即刻的新鲜感，那是一种接近和联系的愿望。

对于威尔逊来说，海洋是一个值得探索的迷人世界。弗雷德里克·特纳观察到："一件美丽的东西，虽然简单，但总是给我们一种深入灵魂的感觉。这几乎就是一种率真的狂野眩晕，当一个人陶醉其中时，它就会赋予我们一种深入灵魂的感觉。"

我的儿子，在他 5 岁的时候，就感受到了棒球场和场上球员的美；不久，他就迷上了棒球。棒球成了他与世界相处的方式。这也是他学习地理、数学的方式。棒球成了我们父子俩交谈的语言。我的女儿，在大约同样的年龄时，在曲棍球场找到了自己的灵魂之家。直到今天，她还在教曲棍球。我的另一个儿子，在很小的时候就从哲学中发现了美。虽然世界其他地方一片混乱，但这仍是他们可以掌握和理解的范畴。约翰·奥多诺霍写道："我们最美好的记忆都与某个美丽的地方有关。在那里，我们立刻就有了家的感觉。"

希腊语中，表示"美"的词汇是"kalon"，与"呼唤"一词有关。美激发了一种探索事物并生活在其中的欲望。孩子们把他们痴迷的海报贴在墙上，在美术课上和笔记本封面上画他们的肖像。"我在寻找；我在努力奋斗；我全心全意地投入其中。"文森特·凡·高写道，当时他正沉迷于美。

当阿尔伯特·爱因斯坦四五岁的时候，有一天，他病倒在家。他父亲给他带来了一个指南针。看到它的磁针在隐藏的力场的影响下来回摆动，他不禁吓得发抖。“我仍然记得——至少我相信我记得，这段经历给我留下了深刻而持久的印象。”他后来写道，“事情的背后，一定隐藏着一些深层次的东西。”

爱因斯坦开始痴迷于隐藏的力、磁场、重力、惯性，或加速度。正如一位传记作者所说，“音乐、自然和上帝，在他心中交融在一起，形成了一种情感的综合体、一种道德的统一体，其影响从未消失。”

这种形而上学的好奇心，驱使着他的一生。“只有那些意识到巨大努力和奉献的人——尤其是离开这些奉献，理论科学就无法取得开创性进展的人，才能抓住情感的力量。只有这样的工作（尽管它远离生活的直接现实），才能迸发出这种情感。”爱因斯坦写道，“科学家的宗教情感，表现为对自然法则的和谐感到欣喜若狂。”

我显然不是威尔逊，不是凡·高，也不是爱因斯坦，但我在 7 岁的时候也有过传报时刻。当时，我正在读一本关于帕丁顿熊[1]的书，我意识到，或者至少我认为我意识到，我想成为一名作家。现在回想起来，我能很轻松地看到我生活中所有的部分是如何组合在一起的。我的父母都是学者，所以家人对书籍和写作都很重视。我的祖父能写很漂亮的书信，他梦想着把他写给编辑的信发表在《纽约时报》上。随着故事的展开，

1 帕丁顿熊：英国儿童文学中非常著名的一个经典形象，一只喜欢吃柠檬酱的秘鲁小熊。——译者注

这只小熊已经从秘鲁来到了伦敦。它独自滞留在火车站，直到一个充满爱心的家庭接纳并照顾它。我想，当我们还是孩子的时候，在某种程度上，我们都觉得自己很孤独，并且知道我们需要一个家庭来接纳自己。

在我读了《一只叫帕丁顿的熊》的开场白后的 50 年里，我没有写作的日子大概不足 200 天。或者说，就算在这 200 天里，至少我也在准备着写点儿什么。最近，我买了一只蜚比（Fitbit）健康手表。它一直提醒我，我在早上 8 点到 11 点之间睡着了。但是我并没有睡着，我在写作。显然，写作是我的心脏真正得到休息的时候，也是我自我感觉良好的时候。

自己的法则

在这一章中，我描述了童年的传报时刻，但它们当然不只发生在童年。我们都认识在 30 岁、50 岁或 80 岁时经历传报时刻的人。但是，即使传报时刻在成年时才来临，它们通常仍然可以追溯到某个祖辈，某些古老的种子，它们只是在我们成年的时候才首次盛开。尼采在他的文章《作为教育家的叔本华》中写道："发现人生使命的方法就是回到你的过去，列出你感到最充实的时刻，然后看看你是否能够把它们贯穿起来。"

尼采写道："让年轻的灵魂审视自己的生活，并着眼于以下问题：到目前为止，你真正爱的是什么？是什么让你的灵魂振奋？是什么同时支配和愉悦了你的灵魂？把这些受人尊敬的东西在你面前排成一排，也许就会揭示出贯穿它们的本质和秩序的法则：自身的根本法则。"

事实上，关于传报时刻，最棘手的不是拥有它，而是意识到你正在拥有它。这个世界，充满了美丽的事物和令人惊叹的时刻。但有时，它们溜走了，我们没有意识到它们的重要性。通常，我们没有意识到传报时刻，除非回想起来。回首往事，你会意识到，“好吧，这一切就是从那时开始的……正是这种出人意料的情况，使事情走上了这条奇妙的道路”。

传报时刻最大的好处，在于它能给你一个早期的暗示，让你知道你的目标何在。其次，它排除了一大堆其他的东西。“幸运的人，不会暗地里相信每一种可能性都会向他敞开大门。”沃克·珀西观察到。

爱德华·威尔逊的传报时刻，包含了一个额外的步骤。从长远来看，这也算是一种好运。那年的一个夏日，他在天堂海滩钓鱼。他钓到一条针鱼，但在把它从水里拽出来时他大意了。针鱼飞了起来，扑到他的脸上，背鳍上的一根刺刺穿了威尔逊右眼的瞳孔。疼痛令人难受，但威尔逊不想停止钓鱼。所以，他一整天都在海滩上，痛苦地待着。那天晚上，他告诉了寄宿家庭所发生的一切，但当时疼痛已经缓解。他们没有带他去看医生。几个月后，他的眼睛蒙上了一层阴影。然后，在一次拙劣的手术后，他的那只眼睛完全失去了视力。

威尔逊原本打算成为一名博物学家，但现在，他已永远无法研究像鸟类这样的东西，因为这需要立体视觉才能看清楚。他将不得不研究一些小的东西，一些他可以用手指捡起来，然后用他健康的左眼近距离观察的东西。幸运的是，就在同一年，他碰巧沿着佛罗里达州彭萨科拉的帕拉福克斯街走着，突然看到一些蚁狮从巢穴里蜂拥而出。他站在那里，带着与此前在海边一样的感觉。这是另一个隐秘而引人入胜的世界。他将研究蚂蚁，并继续在科学上取得伟大成就。

40年后，威尔逊恰好又在彭萨科拉的同一条街上。他看到那些蚂蚁的后代在乱跑。他再次被迷住了。他跪在地上，再次凝视着蚁狮群。一位路过的老人，看到一个成年男子在人行道上四肢着地，爬来爬去，吓了一跳，问他是否需要帮助。当然，他不需要帮助。威尔逊只是找回了他儿时的爱，继续他毕生的追求。

第十一章

导师的职责

威尔逊的事业，不是靠一己之力构建起来的。他是有导师的。他的第一位导师是亚拉巴马大学的伯特·威廉姆斯教授。威廉姆斯教授带他实地考察，借给他一台立体显微镜，欢迎他到家里做客。教授大体上为威尔逊提供了一种自然科学家的生活可能是什么样子的实际体验。

威廉姆斯大概做了一位好的导师应做的事情。一位好的导师，会指导你做出人生的各种决定，比如去哪里读研究生或从事什么工作。一位好的导师，会教你任何艺术中蕴含的默契。

任何一本书或任何一次讲座，都能告诉你如何做好一件事。但在任何艺术中，无论是烹饪、木工、科学还是领导力，都有某些形式的知识无法纳入规则或指南——这是只有导师才能教授的实用形式的知识。哲学家迈克尔·奥克肖特试图通过讲述一个中国车匠的故事，来描述这种实践性知识不可言喻的品质。

桓公读书于堂上，轮扁斫轮于堂下，释椎凿而上，问桓公曰："敢问：'公之所读者，何言邪？’”公曰：“圣人之言也。”曰：“圣人在乎？”公曰：“已死矣。”曰：“然则君之所读者，古人之糟粕已夫！”桓公曰：“寡人读书，轮人安得议乎！有说则可，无说则死！”轮扁曰：“臣也以臣之事观之。斫轮，徐则甘而不固，疾则苦而不入，不徐不疾，得之于手而应于心，口不能言，有数存焉于其间……”

奥克肖特写道，技术知识，书本知识，由“制订的规则组成，这些规则可能是有意习得的”。另外，实用知识无法教或学，只能传授和习得。它只存在于实践当中。当我们谈论实践性知识时，我们倾向于使用身体隐喻。我们说某人有做某种活动的“触觉”——比如以恰到好处的力量和速度敲击正确的琴键的能力。我们说某人有做某种游戏的“感觉”，即对事件如何发展有直觉，知道什么时候应该继续解决问题，什么时候应该把它放在一边。我们说某人有“品位”，有审美感，知道什么产品或呈现方式是优良的，而哪些产品或呈现方式则稍有偏差。

当专家运用她的实践知识时，她无须瞻前顾后，只需凭借直觉行动。她通过习惯建立了一整套技能，从而扩大了她在没有意识到的情况下可以执行的任务的范畴。这种知识，是通过经验建立起来，并通过共享的经验传递的。它是由一位导师传递的，他让你一起参与无数种情形。这种教学法是个人的、友好的、共享的、对话式的——更多的是理解，而不是传授。教科书可以教你生物学原理，但是导师会教你如何像生物学家一样思考。这种习惯性的练习，改变了你的内心世界。“所有教育中最伟大的事情，”威廉·詹姆斯写道，“就是让我们的神经系统成为我们的盟友，而不是我们的敌人。”

这些都是一位好的导师会做的事情。但威尔逊很幸运，他另有一位非凡的导师。这位导师，把他的技艺提高到了另一个水平。

从亚拉巴马大学毕业后，威尔逊去了哈佛大学研究生院。在那里，他遇到了菲利普·达林顿教授。达林顿教授研究甲虫，是一名研究动物地理分布的学者。他就如何收集样本给了威尔逊实用的建议：“当你收集昆虫时，不要停留在小径上，”他告诉他：“你应该走一条直线，穿过森林。试着越过你遇到的任何障碍。这很难，但这是最好的收集方式。”

更根本的是，达林顿教授向威尔逊展示了什么是真正的职业。年轻时，达林顿曾攀登过内华达山脉的圣玛尔塔山，沿途收集昆虫。在海地，达林顿披荆斩棘，穿越1 000米长的原始森林，登上了该国最高峰的顶峰。39岁时，在南美洲的一个死水一般的丛林池塘里，达林顿抱着一根圆木漂浮，采集了一份水样，这有助于他的研究。一条巨型鳄鱼浮出水面，咬住达林顿，反复地甩他，并把他拖到池底。达林顿又踢又打，终于游出了池塘。他爬上岸边，鳄鱼再次袭击了他。达林顿再次被拖回水中，然后他又成功地挣脱了。鳄鱼的牙齿咬穿了他的双手。他双臂上的肌肉和韧带都被撕裂了，右臂的骨头被咬碎了。当他挣扎着爬回文明社会时，他才意识到自己因失血过多而变得虚弱不堪。

威尔逊后来痛苦地说，从鳄鱼嘴里逃脱，并不能证明达林顿教授的品格。但接下来发生的事情，给威尔逊留下了印记。达林顿打了几个月的石膏，因此，他想出了一个收集样本的办法。他用功能正常的左手收集样本，把标本罐绑在棍子上，把棍子插在地上，然后用左手把虫子扔进罐子里。

评论家莱斯利·菲德勒曾经写道：“老师，那个专业的业余爱好者，与其说教的是学生，不如说教的是他自己。”达林顿通过他的行为告诉威尔逊，博物学家的生活不是轻松惬意的，而是艰难困苦的。他教导威尔逊，探索关于我们这个世界的知识是一项重要的任务，那些做出这种努力的人，只是一个漫长的队伍的一部分，而这支队伍可以追溯到古代。他教会了威尔逊狂热地热爱科学是什么样子。正如华兹华斯在《序曲》中所说的："我们现在所爱的，也是别人将来所爱的。我们要教他们如何去爱。"

这是大多数年轻人，也许是我们所有人都希望被教导的东西。大多数人在生活中（尤其是年轻时）追求的不是幸福，而是一种深入灵魂的幸福。我们希望参与一些重要的追求，这些追求涉及艰辛，但这是值得付出的艰辛。我们真正铭记在心的导师，是那些对我们严苛的人，或者至少是对他们自己严苛并树立了正确榜样的人，而不是那些对我们宽容的人。他们是那些认真对待事情，并在无私的爱与高标准的、无情的要求之间取得平衡的人。我们认为，我们想要安逸和舒适。当然，我们时不时都会有这种想法，但我们内心有一种渴望，渴望某种召唤，并为之奉献和牺牲。

通过这种方式，导师所做的很多事情，就是日复一日地教我们什么是卓越。正如阿尔弗雷德·诺思·怀特海所说："没有伟大的习惯性愿景，道德教育就不可能实现。"或者，正如理查德·利文斯通爵士所说："人生旅途中最不可缺少的活力，就是存储足够的理想，而这些理想是通过一种非常简单的方式获得的，那就是与世界上最好的人或物同在，比如最好的照片、最好的建筑、最好的社会或政治秩序，以及最好的人。通过任何东西，从图片到建筑，从文学到人物，从葡萄酒到雪茄，获得相关良好品位的方式总是一样的，那就是熟悉每一个最好的样本。"

面对面的教导让我们变得更优秀，导师也会诱导我们培养出某种程度的谦逊。他们教会我们如何谦虚地服从任务。自然的倾向，就是把自己置于任何活动的中心。我做得怎么样？这个问题，只需问一次就可以了。如果一再追问，你就会变得麻木。一个正在考虑如何投球的投手，是投不好球的。他的重点应是自我，而不是任务。哲学家兼摩托车机械师马修·克劳福德写道："在任何艰难的学科中，无论是园艺、结构工程还是俄语，人们都会屈服于那些本身难以驾驭的东西。"

他引用艾丽丝·默多克的话来说明这一点："例如，如果我在学习俄语，那么我面对的是一种令我尊敬的权威结构。任务艰巨，目标遥远，也许永远不可能完全实现。我的工作，是对一些独立于我而存在的东西的渐进的揭示。对现实的了解，是对注意力的回报。对俄语的热爱，使我远离自我，转向一些对我来说陌生的东西，转向一些我的意识无法接管、接受、否认或使之失真的东西。"

导师也会教你如何处理错误。当你变得更有经验时，你就会更好地认识到自己的错误，并通过经验来了解如何纠正错误。导师教会我们如何做第二、第四和第十稿。在这个过程中，他们给了我们不必害怕失败的自由，给了我们继续前进的信心。例如，好的写作导师做的一件事，就是教你不要害怕写糟糕的东西。即使初稿很糟糕，也要把它拿出来。你的自尊心，并没有受到威胁。

导师教导我们如何拥抱奋斗——奋斗是美好的部分。

威廉·詹姆斯曾经参观过肖托夸。一如既往，肖托夸是位于纽约州北部的一个美妙的村庄，是围绕一个夏季创意项目和音乐节建设的。肖托夸有一种平静、高尚的气氛，有如公共电视网的听众在祈祷一般。起初，他对此感到非常高兴。"一天，我怀着好奇心去了那儿。我在那儿待了一个星期，”詹姆斯回忆道，“我被一切事物的魅力和安逸迷住了，被中产阶级的天堂迷住了。在这里，没有罪恶，没有伤害，没有污浊，没有眼泪。”然后，当他离开村庄回到现实世界时，他感到一种巨大的解脱。他写道，肖托夸的内部秩序“太温顺了，这种文化太二流了，这种善意太乏味了”。

詹姆斯总结道，我们身上似乎有某种东西，它呼唤困难和克服困难，它要求光明与黑暗同在，它要求危险与解脱。“但是，我们人类的情感似乎需要的，”他写道，“是挣扎仍在继续的景象。若只是享受果实，事情就会变得不光彩了。汗水和努力，人性竭尽全力，疲惫不堪，却又勉强熬过；然后，背弃成功，去追求另一种更难得、更艰巨的挑战。这，正是因其存在而激励我们之物。”

詹姆斯认为，在巅峰时期，人类是构建理想的动物。当他们为理想服务的时候，他们的生活就会过得最好。正如他尖锐地指出的那样：“生命的坚实意义，永远都是永恒之物，那就是婚姻。婚姻是某种不同寻常的理想，无论多么特殊，都要有一定的忠诚、勇气和忍耐力，伴随着部分男人或女人的痛苦。”

当然，导师所做的最后一件事，就是把你送到外面的世界。从某种意义上说，这是在给你“断奶”。我职业生涯早期的导师，是小威廉·F.巴克利[1]。我在他的杂志社为他工作了18个月。在此期间，他教会了我什么是卓越。然后，他把我送走了，我再也没有真正和他亲近过。一些和

1 小威廉·F.巴克利：美国媒体人、作家、保守主义政治评论家，政论杂志《国家评论》创办人。——译者注

我做过同样工作并经历过这个过程的人，都受到了伤害。在接下来的几年里，我想念他，我仍然认为巴克利做了正确的事情。在某种意义上，你必须让受保护的成年人和孩子们离开。

最终，每个人都会被“断奶”；你得独自面对重大决定。也许，你曾有过最清晰的传报时刻。也许，你曾有过最好的导师。但是，你仍然需要做出一些重大的、令人费解的决定。我是接受这份工作，还是接受那份工作？我是以这样的方式，还是那样的方式使用我的才华？我要搬到这个城市，还是搬到那个城市？

如何做出人生中重大的、变革性的决定？且听下回分解。

第十二章

吸血鬼问题

比方说，你有机会成为吸血鬼。只要咬上一口，你就会获得永生、超人的力量和充满魔力的生命。你会拥有各种各样的新技能。你可以在晚上飞来飞去。你甚至不需要喝人血；你可以得到一些捐赠的牛血。亲身经历过的朋友们说，这种经历简直令人难以置信。他们声称，作为吸血鬼，他们以一种新的方式体验世界，而这在他们还是人的时候，是无法想象的。

你会这么做吗？如果你知道一旦改变就再也回不去了，那么你还会同意接受这改变人生的一口吗？

选择的困难在于，你必须用你的人类自我来猜测你是否喜欢吸血鬼自我。成为吸血鬼，是哲学家 L.A. 保罗所说的“变革性的选择”。这种选择会改变你的身份。

生活中充满了吸血鬼问题。婚姻，会让你变成另一个人。孩子，也会改变你的身份和你的追求。移民到一个新的国家、皈依不同的宗教、上医学院、加入海军陆战队、转行，以及决定在哪儿安家，都是如此。每当你承诺做大事，你都是在做变革性的选择。

所有的决定，都涉及对未来的很大程度上的不确定性。在变幻莫测的生活开始产生影响后，你并不知道转变后的自我会是什么样子或者想要什么，这会让变革性的选择变得特别困难。现在看起来甜蜜的东西，可能会让全新的你觉得恶心。到目前为止你还没有经历过的新的类型的痛苦和快乐，可能是你未来生活中的肉食和土豆。要了解你现在的自我，真的很困难，但要知道未来转变后的自我会是什么样子，则几乎是不可能的。你无法理性地思考这个问题，因为你没有关于被改造的你的欲望的相关数据。

此外，你也意识到这是一种会给人留下挥之不去的阴影的选择。每一项选择，都是一次放弃，或者说是无限的放弃。在选择了一条路之后，你将永远遗憾，如果选择了另一条路，那么你会是什么样子。你可能会让自己承受终生的遗憾。

环顾四周，你会看到人们面临着这种变革性的选择，并且搞砸了。超过 1/3 的婚姻以离婚告终。我们都认识这样一些人，他们浪费多年时间走自己并不满意的职业道路。在所有的企业合并案例中，有 83% 未能为股东创造任何价值，尽管这些合并是在经过数月甚至数年的分析之后才进行的。正如 L. A. 保罗所说，在生活中做出重大选择时，“你不应该自欺欺人——你根本不知道自己会陷入什么境地”。

难怪这么多人有承诺恐惧症。难怪有些人被这些重大选择吓得手足无措，以至于他们只是梦游其中。生活的矛盾之处在于，人们似乎更仔细地考虑小的选择，而不是大的选择。在买车之前，他们会阅读所有的评价，在互联网上查看转售价格，等等。但当涉及选择职业时，他们只是在某种程度上不由自主，而不是做出决定。他们逐渐进入职业生涯，因为有人给了他们一份工作。她们嫁给碰巧和她们住在一起的那个人。对于许多人来说，生活中的重大选择往往不是真正的选择，而是流沙。你只是沉入你恰巧所在之处。

德国神学家朋霍费尔曾经承认："值得注意的是，我从来都不太清楚我做出任何决定的动机。"丹尼尔·卡尼曼和阿莫斯·特沃斯基是两位伟大的心理学家，他们的整个职业生涯都在研究决策。但如果你问他们，是什么因素让他们一开始就决定进入心理学研究的，他们几乎是不会回答你的。特沃斯基曾经说过："很难知道人们是如何选择人生道路的。""我们做出的重大选择，几乎都是随机的。"

那么，你是如何做出这些重大决定的呢？你是如何决定从事什么职业，嫁给什么人，在哪儿安家，或如何度过退休生活的呢？

有些人依赖于"你就知道"模式。当正确的事情出现时，你会有一种感觉，然后你就会知道该怎么做。T. D. 杰克斯说："生活就像一大串钥匙，只有一把锁是你最好的生活。你试了几把钥匙，最终找到了一把感觉不一样的钥匙。一旦你把它插进钥匙孔，甚至在你转动它之前，你就会感觉到'嗖'的一声，你就知道它是对的。"

这种方法有一定的智慧。在某些情况下，当人们思考的时间较少时，他们会做出更好的决定。但是，其中并没有足够的智慧。你真的要把生活押在瞬间的感觉上吗？你真的要凭直觉进行选择吗？

首先，直觉是不稳定的。感觉通常是转瞬即逝的。有时，在你产生感觉之后的几天甚至几分钟内，你会觉得莫名其妙。我最近申请了一份工作，主要职责是筹款和行政管理。在竞聘中，我编造了各种各样的理由，说服自己喜欢这份工作。然后，当我没有得到这份工作时，我松了一口气：我当时是怎么想的呢？我是个中年男人，但显然，我对自己的真实身份一无所知。

其次，我们的直觉经常把我们引向歧途。在卡尼曼和特沃斯基以及许多行为经济学家的著述中，充斥着我们的直觉可能背叛我们的所有方式——损失厌恶、启动效应、光环效应、乐观偏见等。我有一些朋友，他们在6个月中认定某个人就是他们一生的挚爱。然后，在接下来的40年里，他们认为这个人是彻头彻尾的灾难。正如乔治·艾略特曾经说过的那样，“男人和女人，都会对自己的症状犯可悲的错误。对于模糊而不安的渴望，他们有时误以为是天赋，有时误以为是宗教信仰，更多的时候误以为是伟大的爱。”

最后，直觉只有在某些类型的决定中才是可靠的。“直觉”是模式识别中的花哨词汇，它只有在你有大量经验的领域中才值得信赖。在这些领域中，你的大脑有时间掌握各种模式。但当你做出变革性的选择时，你就跳进了一个未知的领域。你并不知道未知领域中的模式。直觉无法告诉你。这只是猜测。

理性的神话

看似更好的方法，尤其是在我们的文化中，是后退一步，“理性地”做出决定。把你的情绪放在一边，采取一个客观的、科学的观点。寻找一种工程方法，设计模型或某种技术，可以让你与自我保持距离。拿一本便签簿，在左右两边列出成本清单和收益清单。

通过理性地、科学地对待决策，你可以将决策明确地分解成多个阶段。决策专家的著述中满是明确的决策步骤：准备（识别问题；确定目标）、搜索（列出可能帮助你实现目标的工作或人员）、评估（制作一张图表，并根据不同的特点对选项依 10 分制打分）、对抗（提出不确定的问题；制造建设性的分歧以挑战现有前提）、选择（统计分数；建立一个后果表，以帮助你想象每一个选择的未来结果）。

如果你遵循这种正式的方法，你就一定能够应用一些有用的规则。例如，当你考虑辞去工作时，你可以应用 10—10—10 规则——这个决定在 10 分钟、10 个月和 10 年后会给你带来什么感觉？这将帮助你把任何决定所带来的短期情感痛苦置于长期后果的背景之下进行考量。

买房子的时候，先看市场上的 18 套房子，但不做任何决定。然后，接受比前 18 套房子更好的另一套房子。这将确保你在做出任何选择之前都有一个公平的样本。

理性的技巧，都是用来抵消我们的认知偏差的。例如，人们倾向于“窄框架”。正如管理专家奇普和丹·希思所说，人们试图把每个开放式问题变成一个“要不要”的问题，或者变成一个“非此即彼”的问题。人们会下意识地认为，决策就是在两个选项之间做出选择。我该不该接受这份工作？我该不该分手？在大多数关键的决策时刻，实际上有更多的选择被这种选项过滤掉了。每次你发现自己在说“要不要”时，希思夫妇会声称，退一步并寻找更多的选择是个好主意。也许，问题不在于是否分手，而在于寻找一种新的方式来改善你们的关系。

守护神

理性的选择过程，似乎是如此的万无一失。不幸的是，当涉及生活中的重大决定时，这仍然是不够的。第一个问题，就是本章开头描述的问题。你不可能拥有关于转变后的自我想要什么的数据，所以你无法通过统计证据来理性地思考。第二个问题是，当你做出重大承诺时，你就是在决定你生命的终极道德目标和意义。

对于这些终极问题，逻辑帮不了什么忙。当你用一套定义好的规则来玩游戏时，当决策目的明确时，逻辑是有用的。当你买烤面包机时，你想要的就是一台能加热面包的机器。但承诺并非如此。在做出承诺时，明确你的生活目标是问题的主要部分。这是一个终极地平线的问题。问题是，我的终极利益是什么？这个问题，与我如何在大富翁游戏中获胜的问题相同吗？

你如果去职业咨询专家那里寻求职业咨询，就会发现，很多人都会把这个问题放在你探寻的中心："你的才华是什么？"职业咨询界的核心要务之一，就是帮助人们识别优势，然后帮助他们利用这些优势。这其中的一个含义是，在选择职业道路时，才华应该凌驾于兴趣之上。如果你真的对艺术感兴趣，但实际上你并不擅长艺术，你最终就会在一家你并不在意的公司工作，做一些枯燥乏味的设计，处于这一职业的底层。在做职业选择的时候，我们依然需要问自己："我有什么天赋？"

如果你愿意满足于一些微不足道的事情，比如工作，那可能就不构成问题。但是，如果你试图认清你的职业，那么正确的问题不是"我擅长什么"。更难的问题是：我行动的动力是什么？我真正热爱的、在接下来的几十年里我会一直努力做得更好的是什么？我如此渴望的、在我内心深处俘获了我的是什么？在选择职业时，认为才华凌驾于兴趣，是完全错误的。兴趣使才华倍增，在大多数情况下它比才华更重要。在任何职业搜索中需要探索的关键领域，是你的心灵和灵魂的领域，是你的长期动机。知识是丰富的，动力则是稀缺的。

罗伯特·格林在他的《简洁掌握》（*Mastery*）一书中谈到了核心真理："你对正在做的事情的情感承诺，将直接转化为你的工作。如果你三心二意地工作，结果就会平淡无奇，你就会在最后落后于他人。"

希腊人有一个概念，即守护神。后来，这一概念被歌德接受。守护神是一种召唤，一种痴迷的、持久的，有时甚至是狂热的能量来源。守护神是潜意识深处的神秘能量簇，经由一些我们在童年时不完全理解的神秘事件，或者一些遭遇创伤的经历，或者我们在余生中试图重新获得的伟大的爱、喜悦或渴望而获得能量。守护神将自己定义为一种痴迷的兴趣，一种宾至如归的感觉，用于在某些地方做某种活动——如站在教室前，帮助病人起床，或在酒店招待客人。

如果你看到一个人的力量达到顶峰，那是因为她已经接触到了她的守护神。那是某个伤口，某种向往，某种内心深处无法缓解的紧张。这一点，在作家和学者中尤为明显。经常有一些核心问题困扰着他们，他们一生都纠结于此。例如，一位杰出的儿童精神病学学者 W. 托马斯·博伊斯就是如此。他最出名的是他的兰花和蒲公英理论。有些孩子反应强烈（属于兰花型），根据他们所处的环境，他们要么飞到特别高的地方，要么坠入深渊。其他孩子的反应较弱（属于蒲公英型），即使是恶劣的环境，也不会让他们倒下。

他在《兰花和蒲公英》(*The Orchid and the Dandelion*) 一书中写道，这种学术兴趣并非偶然。他有一个叫玛丽的姐姐，才华横溢，美丽迷人，很有魅力。当玛丽还是个孩子的时候，她总是做一些大胆的事情。有一次午睡时间，她兴致勃勃地把一小盒葡萄干一颗接一颗地塞进鼻孔里，这导致了一次去医生办公室的旅行。但是，随着年龄的增长，混乱的童年对她的影响开始变得更加明显。她获得了斯坦福大学的学士学位和哈佛大学的研究生学位，但她的精神健康问题变得越来越严重。最后，她在 53 岁生日前结束了自己的生命。博伊斯一生都在担心他的姐姐，痴迷于那个核心的对比：两个孩子，同样的家庭，同样的背景。一个反应强烈但具有悲剧性，而另一个则没有这种情况。正是这种强烈的情感，促成了他的大部分作品的问世。

如果你看到一座处于文艺复兴之中的城市，比如 15—16 世纪的佛罗伦萨，这是因为那里的人们被他们文化深处的某种激烈的价值观冲突困扰，他们正在努力改变这种紧张局势，而这种努力通常是徒劳的。在佛罗伦萨的案例中，古典道德生态和基督教道德生态之间的冲突，引发了巨大的能量。佛罗伦萨人为此使出了一千种方法，但始终徒劳无功。

当一个人或一个社区接触它独特的守护神时，当它面临某种无法改变的紧张局势时，爆发的创造力可能会令人惊叹，就像某种意义上的核爆炸一样。当一个人或一种文化不在它的守护范畴之内时，一切都会受影响，变得多愁善感。人或文化一旦与其守护神失去联系，就与生活失去了联系。仅仅一个世纪之后的佛罗伦萨艺术，就是如此。

灵魂的小宇宙

当你在寻找职业时，你正在寻找的是一个守护神。你正在试图演绎本书的核心主题——跌倒在以自我为中心的欲望中，一头扎进秘密形成你的欲望的内心深处。你正在努力寻找能激起道德、精神和关系能量巨浪的矛盾或问题。这意味着，你正在观察理性无法穿透的心灵和灵魂的无意识区域。你正试图触摸“灵魂的小宇宙”，它就像一片凌乱的灌木丛，坐落在意识之外的某个地方。

根据一项计算，大脑每秒可以接收 1 100 万比特的信息，而有意识的大脑则能意识到其中的 40 比特。其余的信息，都储存在灵魂的小宇宙里。正如弗吉尼亚大学的蒂莫西·威尔逊所说，“意识就像冰山上的一颗雪球。”换句话说，引导我们行动的，大多不是我们有意识的合理化，而是我们无意识的领域。关于这一现象，尽管没有取得现代认知科学的优势，马修·阿诺德[1]说得最好：

水面之下，是清浅而轻盈的溪流。
我们所说的感受，就在溪流之下，
我们的所想所感，在那里轻盈地流动。
无声的水流，强劲、朦胧而深沉，
这才是我们真正的感受之所在。

---

1 马修·阿诺德：英国近代诗人、教育家、评论家。——译者注

当你抚养孩子时，你会注意到他们的守护神很多时候都是完全清醒的。他们可以直接进入内心深处。道德意识是我们的第一意识，但作为成年人，我们有一种遮掩内心的倾向，与守护神失去了联系，让它入睡了。有时，我们通过对每件事情的过度分析来做到这一点。我从小就喜欢电影。大学二年级的时候，我几乎每晚都去看一部经典的老电影。后来，作为一个成年人，我成了一名影评人。我会坐在放映室里，手里拿着笔记本。我不再看电影，我只是在分析电影。笔记本，成了我和我理应经历的故事之间的一堵墙。我已经失去了辨别我喜欢什么和不喜欢什么的能力。因为太善于分析，我已经失去了产生真实反应的能力。

有时，我们会因为过于节俭的人生观而与守护神失去联系。这是一个有趣的现象。当你完全从经济的角度来看待生活时，它往往会取代道德的角度。例如，几年前，以色列海法市的 6 个日托中心意识到有问题。家长们在接孩子的时候总是迟到，所以老师们不得不多待一个小时左右，直到孩子们全部离开。为了解决这个问题，日托中心开始对迟到的父母进行罚款。这个计划适得其反，迟到的父母的比例翻了一番。此前，准时接孩子是对老师的一种考虑——一种道德责任。后来，这变成了经济交易：你帮我照看孩子，我付钱给你。在前一种情形中，人们思考的是对与错，是体贴与不体贴。在后一种情况下，人们开始进行成本效益的计算。哪种处理方式对我最有利？那些终生只从经济角度思考的人，往往会失去访问守护神和触摸灵魂的小宇宙的机会。任何物质主义的东西，都被认为是真实的；而任何非物质的东西，都是不存在的。

有时，整个资产阶级生活笼罩了内心深处。我们只是在生活中，做平淡无奇的事情，比如购物和通勤。一部思想死气沉沉和充满陈词滥调的电影，便涵盖了一切。最终，你会习惯于在自己周围建立的缓冲区，你会觉得过一种平淡的生活比过一种向往的生活更安逸。结果不是很好，C.S. 刘易斯以一段著名的文字对此进行了生动的描述：

没有安全的投资。真正的爱是脆弱的。爱任何东西，你的心都肯定会扭曲，甚至可能会心碎。如果你想确保它完好无损，就不能把你的心交给任何人，甚至不能交给动物。用爱好和小奢侈品，小心翼翼地把它包裹起来；避免一切纠缠；把它安全地锁在你自私的百宝箱或棺材里。但是，在这个棺材里，安全、黑暗、静止、没有空气，它将会改变。它不会被打破，它将变得牢不可破、无懈可击、冥顽不化。悲剧的另一种选择，或者至少是悲剧的风险，就是诅咒。天堂之外，唯一一个可以绝对安全地避免爱的所有危险和干扰的地方，就是地狱。

没有人会有意识地决定埋葬心脏，麻醉灵魂；在某种程度上，这都是发生在几十年来谨慎而专业的生活之后的。最终，人们会对自己的欲望变得陌生。何塞·奥尔特加·加塞特认为，大多数人都致力于避免真实的自我，让守护神保持沉默，并拒绝倾听。我们将内心火焰微弱的爆裂声，掩埋在其他更安全的噪声之下，以满足我们虚假的生活。

重新唤醒灵魂

如果你真的想做一个明智的职业决定，你就得过那种每天让你的心和灵魂保持清醒的生活。有一些活动具有过多的分析性、经济性、谨慎的专业性，遮蔽了我们的心灵。有一些活动，如音乐、戏剧、艺术、友谊、与孩子在一起、与美同在，以及看似矛盾的与不公正同处，能唤醒心灵并投入灵魂。能够做出最明智的职业决定的人，是那些每天带着清醒和鲜活的欲望生活的人。他们走出枯燥的办公室，在问题所在之处展开工作。他们看到自己的欲望，直面自己的欲望，明白自己真正的欲望是什么。

有时，艺术家可以唤醒心灵和灵魂。詹姆斯·穆勒把他的儿子约翰·斯图尔特·穆勒培养成一台会思考的机器。他在斯图尔特两岁时教他希腊语。在 8 岁到 12 岁之间，斯图尔特在学习物理、化学、天文学和数学的同时，还阅读了希罗多德、荷马和色诺芬的所有著作；6 部柏拉图的《对话录》，以及维吉尔和奥维德的拉丁文著述。斯图尔特没有假期。一切都非常顺利——约翰·斯图尔特·穆勒是个令人震惊的神童，直到他 20 岁时患上严重的忧郁症。

约翰·斯图尔特·穆勒意识到，对数据和非虚构作品的不断研究对他造成了影响，“分析的习惯往往会磨灭感情”。但后来，他侥幸摆脱了这种影响。这不是顿悟，而是某种新的洞察力，得益于诗歌，得益于威廉·华兹华斯的诗歌。“是什么使华兹华斯的诗歌对我的精神状态起到了治疗作用？这些诗歌，不仅表达了外在的美，而且表达了在美的刺激下被感觉染上色彩的情感状态和思想状态……我似乎从内心的快乐、同情的快乐和想象的快乐中汲取了某种力量源泉，这种快乐可以为全人类所共享，与奋斗或不完美无关，但会因人类身体或社会状况的每一次改善而变得更加丰富。”

当感到自己的欲望变得不温不火时，斯图尔特变得沮丧起来。当他发现存在着无限的欲望时，他就退出了。无限的欲望，是精神上和道德上的，而不是世俗的欲望。此后，他写道："情感的培养，成为我的伦理和哲学信条中的基点之一。"

有时候，简单的欢乐就能唤醒我们的灵魂，帮助我们找到我们的守护神。汤姆·克兰西出版《猎杀"红十月"号》后不久，我应邀与他共进晚餐。克兰西刚刚参观了一艘美国海军战舰，他在那里看到了某种新的武器系统。他脸色红润，眼睛闪闪发光。在用餐的前半段，他带着孩子气的喜悦，兴高采烈地描述着那个新系统，激动得差点从他的椅子上跳起来。在我看来，他以令人麻木的细致介绍了这项技术的每一个部分。我记得我当时在想：哦，这正是他所爱。除非你真心觉得你所写的东西是地球上最酷的，否则你不可能撰写出军事畅销书。除非你发自内心地流露出孩子般的热情，否则这是无法想象的。你无法假装。

有时，你看到你真正钦佩的人，就会激起你成为这样的人的强烈愿望。玛丽·凯瑟琳·贝特森在《谱写生活》（*Composing a Life*）一书中，描述了一位名叫琼的女子。当时，琼正在为成为一名体育教师而学习。琼喜欢跳舞，但从来没有想过自己会成为一名舞者，因为她体格粗壮，而舞者大都很娇小。这时，一位舞蹈老师走进了她的学校，她身材粗壮，和琼一样高大，但脚步轻盈。"我看着她四处走动，我想，好吧，我并不比她块头大，也许我已经具备了所需的条件。"琼回忆道，"所以，我开始认真对待我的舞蹈训练。过了一段时间，我开始受到表扬，我的意思是我做得很好。我想，在那一年快结束的时候，我真的明白了。我说，孩子，就是这样！这就是我的故事。我是一名舞蹈家。我知道的就是这样。在那之后，我不得不做的一切，都是纯粹的幸福。"

有时候，悲剧会让我们从虚假的欲望中惊醒，并帮助我们看到真实的欲望。艾米丽・埃斯法哈尼・史密斯在她的书《意义的力量》（*The Power of Meaning*）中，描述了一个名叫克里斯汀的女人，她从小就和母亲非常亲近。有一天，当她在密歇根大学学习工程学并计划成为一名工程师时，她的母亲在过街时被一辆卡车撞死了。“她是被一个白痴杀死的。一个不负责任的、愚蠢的白痴，”克里斯汀说，“事后，我觉得没什么希望了；一切都没有意义了。她现在已经走了。怎么办？我在这种愤怒和想要放手过自己的生活之间左右为难。生活还得继续……我太讨厌人类了。同时，你也得过好你自己的生活。”

最终，克里斯汀放弃了工程学，成了一名糕点师。“在经历这样的事件之后，你会思考你的生活，你是谁，你想做什么，等等。我现在做的95%的决定，都受到她去世这一事实的影响。所以，是的，我选择了做一名糕点师。”

有时，这是一个让你的良心感到痛苦的问题。如果你在一个普通的办公室工作，做一些有组织的工作，那么你可能不会被推到面临巨大的社会问题的窘境。但是，如果你在印第安人保留地的一所学校找到了一份教师的工作，你就会亲眼看见不公正。你的灵魂，就会因渴望把事情做好而燃烧。你的人生道路，将会变得清晰。

我认识一个叫弗雷德・韦特海默的人，他一生都在努力地在政治竞选的筹资方式方面进行改革。弗雷德痛恨金钱腐化政治的方式，但他喜欢他关注的问题。每天，我都会收到他发来的很多电子邮件，邮件中的链接是一些关于竞选资金改革的新闻故事。我想取消对他的电子邮件的订阅，因为它堵塞了我的收件箱。但是我不想伤害他的感情，因为，告诉他我不太关心他的问题，就如同告诉他我不太关心他的孩子一样。

“个人的头脑，必须是一颗善于探索的头脑。”托马斯·伯恩哈德在谈到寻找召唤的人时写道，“要有一颗寻找错误的心灵，要有一颗寻找人类错误的心灵，要有一颗寻找失败的心灵。”

随着时间的推移，对解决问题的承诺往往会压倒最初推动某人解决问题的热情。例如，在许多工作中，人们会面临一个选择：是为少数人提供很多的帮助，还是为大量人提供一点点帮助。一位妇女进入教育界，可能是因为她热爱教学。但在她的职业生涯中途，会有人询问她是否愿意当校长或管理员。这些职位会让她离开她珍视的课堂，面对她不喜欢的许多枯燥的行政工作和艰难的人事工作。

有些人会拒绝这种“升职”。他们宁愿做生产线工人而不是经理，宁愿做教师而不是校长，宁愿当作家而不是编辑。其他人称之为“影响力”或“规模化工作”的说法，被高估了。但在我遇到的大多数情况下，人们都会选择升职。他们的新工作（校长、编辑、经理等）将不那么有趣，但会更有价值。他们开始从事自己的职业，是为了从某些活动中获得立竿见影的审美愉悦。但随着时间的推移，他们意识到，当他们成为帮助解决问题的服务机构的工具时，他们最有成就感。他们已经找到了他们的天职。

至此，一种确定的感觉扑面而来。当这种情况发生时，你不会再问“我该怎么过我的生活”。取而代之的是，某天，你一觉醒来，意识到这个问题已经消失了。

义务时刻

对于寻找职业的人来说，我听到的最好的建议，就是对所有事情都说“是”。对出现的每一个机会说“是”，因为你永远不知道会发生什么。请偏向行动，把自己想象成一条希望被抓到的鱼，到外面找鱼钩去吧。

简单的问题，可以帮助你找到自己的快乐。我喜欢谈论什么？如果你喜欢谈论的是摩托车，那么你的工作也许是机械师。我什么时候觉得最被需要？如果你想像战士一样保家卫国，那么你的职业也许可以是一名法官。我愿意忍受什么样的痛苦？如果你愿意忍受被拒绝的痛苦，那么你还得有足够的戏剧爱好才能从事表演。或者，还有凯西·杰拉德提出的问题：如果你不害怕，你会怎么做？恐惧是一个相当好的 GPS（全球定位系统）；它会告诉你，你真正的愿望在哪里，即便你的愿望遭到了社会的反对。

我有一个朋友，他叫弗雷德·斯瓦尼克。他于 1976 年出生在加纳，父亲是一名律师和地方法官。小时候，斯瓦尼克在 4 个非洲国家生活过。在他十几岁的时候，他的父亲去世了，他的母亲在博茨瓦纳开了一所学校，最初只有 5 名学生。她想让她的儿子将来当校长。

高中毕业后，斯瓦尼克获得了明尼苏达州玛卡莱斯特学院的奖学金。然后，他在麦肯锡找到了一份工作，并在斯坦福商学院获得了学位。在所有这一切中，他一直被这样一个事实困扰，即他得到了这类机会，但多达数亿的像他这样的非洲年轻人永远无法得到这类机会。

他想过回到非洲，开一家连锁医疗诊所。但在他生命中的关键时刻，他得出结论：非洲进步的最大障碍是缺乏训练有素的领导者。因此，他从硅谷的朋友那里筹集了一些资金，并回到南非创办了非洲领导力学校，目标是在 50 年内培养 6 000 名领导者。如今，非洲领导力学院从整个非洲大陆招收最有才华的学生，为他们提供免费教育，并将他们送到国外的大学学习，只要他们承诺回到非洲生活。

2006 年，斯瓦尼克被提名并获得“呼应绿色奖金”。当时，这项奖金每年颁发给世界上最有前途的 16 位社会企业家。在访谈过程中，斯瓦尼克被要求描述他的“义务时刻”，也就是他意识到自己必须辞去工作并追求某个使命的时刻。正如斯瓦尼克后来在 Medium（一个内容发布网站）上写的那样，“被问到的这个问题，促使我明确了我为何来到这个世界”。

斯瓦尼克认为，我们是由这些义务时刻来定义的，而这些义务时刻“通常是由我们在社会上看到的一些不公正、错误或不公平的愤怒情绪引发的”。但他继续辩称，“你应该忽略 99% 的义务时刻”，不管这让你感到多么内疚。这个世界充满了问题，但很少有问题是应该由你去解决的。

斯瓦尼克建议，当你感受到这种时刻的牵引时，应问自己三个大问题：

首先，问题够大吗？那些有幸接受良好教育、身体健康、有丰富工作经验的人，不应该去解决小的问题。你如果天生幸运，就应该能解决大的问题。

第二，“只有我……才能解决这个问题吗？”回顾一下你的经历。你的经历让你为这次特别任务做好准备了吗？

第三，“我真的充满激情吗？”这个问题会产生强迫性思维吗？会让你晚上睡不着吗？

斯瓦尼克建议，如果你对每个问题的回答都不是响亮的“是”，你就应该忽略这个想法。斯瓦尼克的生活符合他自己的程式。他在非洲各地长大，所以有一个泛非洲的视角。他是由一位老师抚养成人的，他看到自己的生活因奖学金而改变，所以他觉得自己适合教育领域。他选择了一个大胆的大问题——教育整个非洲大陆的精英学生，这足够占用他的整个一生。

但斯瓦尼克真正令人印象深刻的时刻，出现在他生命的晚些时候。他已经创办了非洲领导力学校。他发起了一个名为非洲领导力网络的组织，这是一个由来自非洲大陆的大约 2 000 名有前途的年轻专业人士组成的协会。30 多岁的时候，斯瓦尼克看到了一个新的大问题：非洲大学短缺。他认为，应该有人创建一所非洲领导力大学，目标是在整个非洲大陆建立一个由 25 所新大学组成的网络。每个校区将有一万名学生。在 50 年的时间里，它将产生 300 万名领导者。

他敦促他的朋友们开始建设大学。开始时并无人响应，但他不能让这个想法停滞不前。这是一个大问题，这是他非常关心的事情，也是他唯一准备去做的事情。有多少人在 18 岁时就当上了校长，并在整个非洲大陆建立了由 5 000 所高中组成的支持系统和年轻企业家的领导网络？“当我把这些点连起来的时候，我意识到，在过去的 15 年里，我一直在用我的专业知识、诀窍和人际关系做准备，以完成这一更大的壮举。筹集 1 亿美元，一直是我筹集 50 亿美元所需的‘练习’。”

非洲领导力大学在毛里求斯开设了第一所分校，在卢旺达开设了第二所分校；第三所分校很快将在尼日利亚开设。非洲领导力大学在成立当天就收到了 6 000 份申请，竞争 180 个名额。要建成斯瓦尼克认为需要建设的所有分校，需要 25~30 年。

斯瓦尼克的故事，犹如史诗一般。他正在建立的机构的规模，比我们大多数人要做的任何事情都大。但他仍然是一个很好的榜样，他倾听他的生活，探寻他的欲望，询问身边存在的问题。我的生活给我准备了什么？这两件事怎么能融为一体呢？

他的故事说明了职业决定的两个最终特征。第一，这与开创一条职业道路无关。什么问题会触动我最深的欲望？什么活动能给我最深的满足感？第二，这与匹配性有关。职业决定并不是要找出世界上最大或最吸引人的问题，相反，它是美妙的活动和社交需求之间的匹配。这与前文所述的心路历程是一样的：深入自己的内心，然后再向外拓展。在自我中寻找那个被驱使与他人联系的地方，就像小说家弗雷德里克·比克纳所说的那样："在那里，你深深的喜悦邂逅世界深深的饥渴。"

第十三章

精　通

失去密苏里大学的教职工作后，威廉·雷斯特·法伊–莫恩决定休个长假，环游美国，重走兰德·麦克纳利当年在地图上标注的蓝色小路。在加利福尼亚州的哈特–克里克镇附近，他遇到了一位正在遛狗的老人。

“如果一个人一文不值，他就永远不会失业，”老人沉吟道，“只是有时候他没有拿到工资。我没有拿到我的那份工资，但我拿到了我的那份报酬。这和工作无关。一个人的工作，就是做他应该做的事情，这就是为什么他时不时地需要一场灾难来告诉他，坏的转折并不意味着结束。因为，一个坏的转折永远不会阻止一个好人的工作。”

这是一个有益的差异。干活是一种谋生方式，但工作是一种特殊的被需要的方式，是履行生活置于你面前的责任的一种特殊方式。马丁·路德·金曾建议，你的工作应该有长度——这是你一生都赖以变得更好的东西。你的工作应该有广度——它应该触动很多其他人。你的工作还应该有高度——它应该让你为某种理想服务，并满足灵魂对正义的渴望。

我们都认识一些人，他们的真正工作是接待，他们在许多不同的工作中都进行接待。贝尔登·莱恩的作品试图写下并描述他偶尔在自然界中经历的精神超越。他不能只是在晚宴上告诉人们，他是一个在树林里徘徊并寻求超越的人。“我自己的特别身份是一位大学教授。”他写道，“这是一种让人看起来有责任感的方式，同时还能专注于更重要的事情。”作为一名教授，他似乎“致力于信誉卓著的努力，锁定于可以接受的范畴之内。我设法满足了我的雇主，满足了社会的期望，满足了签署支票的需要”。但他真正的工作是在山上，潜行在看不见的永恒之中。

锲而不舍

一个已经找到职业的人，就已经从不确定的焦虑中解脱出来了。但工作本身的难度，仍然是存在的。所有的职业工作，无论它对你的触动有多深，都包含着你必须面对艰巨任务的时刻。有时候，如果你想成为一名专业人士，你只需锲而不舍。

所有真正的工作，都有考验的门槛，尤其是当世界和命运在你前进的道路上放一些石头的时候。一切真正的工作，都需要纪律。子曰：“恭而无礼则劳，慎而无礼则葸，勇而无礼则乱，直而无礼则绞。”

所有真正的工作，都需要持之以恒地练习，都需要为了掌握一项技能而一遍又一遍地做枯燥乏味的事情。为了自学写作，本杰明·富兰克林把他那个时代的主要杂志《旁观者》上的散文翻译成诗歌。然后，他又把这些诗歌翻译成散文。然后，他再分析他的最终作品在哪些方面不如《旁观者》上的原文。

比尔·布拉德利（前美国职业篮球运动员）在自学打篮球时，给自己制订了一个时间表。每天放学后和星期日，练习三个半小时；星期六，练习 8 个小时。他在脚踝上戴上 10 磅[1]的重物，以增强腿部的力量。他最大的弱点是运球，因此他把几块硬纸板粘在眼镜底部，这样他运球的时候就看不到球了。当他和家人乘船去欧洲旅行时，布拉德利在甲板下发现了两条又长又窄的走廊，在那里他可以日复一日、一小时接一小时地快速运球。

刻意练习会减慢自觉化的进程。当我们学习一项技能时，大脑将新知识储存在无意识的层面（学习骑自行车就是这样）。但大脑满足于“足够就好”。如果你想达到精通的程度，那么你必须刻意学习这项技能，这样你的相关知识储存才会是完美无缺的。

一些音乐学院教钢琴学习者练习的曲子太慢，练习者如果能识别出曲调，就会弹得很快。一些高尔夫学校放慢了学生的挥杆速度，所以他们需要 90 秒才可以完成一次挥杆（有空可以试试）。玛莎·格雷厄姆在练习舞蹈时用粗麻布遮住了镜子。如果舞者想要检查他们的练习情况，就必须通过专注于自己身体的运动来感受。

活动越有创意，日常工作可能就越有条理。玛雅·安杰卢在写作的时候，每天早上 5 点 30 分起床喝咖啡。6 点 30 分，她会前往她在旅馆预订的一个房间——一间简陋的房间，除了一张床、一张桌子、一本《圣经》、一本字典、一副纸牌和一瓶雪利酒，里面什么都没有。她会在每天早上 7 点到达，一直写到晚上 12 点 30 分。

---

1 1 磅 =0.453 6 千克。——编者注

起床后，约翰·契弗穿上他唯一的西装，乘公寓电梯到达地下的储藏室。然后，他会脱下西装，穿着平角内裤写作，一直写到中午。然后，他会穿上西装，乘自动扶梯上楼吃午饭。

安东尼·特罗洛普则是一个极端的例子。每天早上 5 点 30 分，他就已经坐在他的写字台旁。此时，仆人会给他送来一杯咖啡。他每天写作两个半小时，每刻钟写 250 个字。所以，他每天撰写的字数正好是 2 500 字。如果他写完了一部小说，但没有完成当天的工作量，他就会立即开始写一部新的小说，以达到既定的工作量。

H.A. 多夫曼是伟大的棒球心理学家之一。他在他的杰作《投球心理 ABC》（*The Mental ABC's of Pitching*）中说，如果你想摆脱分散思维的控制，那么结构化的纪律是必要的。"自律，是自由的一种形式，"他写道，"自律使你从懒惰和懒散中解脱出来，从期望和别人的要求中解脱出来，从软弱和恐惧中解脱出来，从怀疑中解脱出来。"

多夫曼建议投手们在一场又一场的比赛中采用相同的赛前仪式。从更衣室走到长凳上的相同位置，把水瓶放在完全相同的位置，以同样的方式热身。他告诉投手们，要构建关于他们工作场所的地理结构。投手的世界里，只有两个地点——投手丘上和投手丘外。当投手在投手丘上时，他应该只考虑两件事，投球选择和投球位置。如果他发现自己在想别的事情，他就应该离开。

多夫曼认为，沿着直线前进时，大脑可集中精力。纪律，就是把任务置于中心位置。投手的个性，并非核心之所在。投手的才华和焦虑，也不在中心位置。任务，才处于中心位置。大师有能力与他正在做的事情保持自我距离。他能够对他觉得最有激情的事情保持冷静。

如果这样做的时间足够长，你就会开始了解你自己的长处和局限性，你就会发展出你自己的方法。在写作的头几年里，我逐渐意识到自己的记忆力有多差，我很难按顺序组织自己的想法。它们总是以某种随机的顺序出现在我最意想不到的时候。所以，我开始在口袋里随身携带一些小笔记本，以便随时做笔记。当我研究一件作品时，我会收集数百页的打印文件。当我阅读一本书时，我会复印所有重要的页面。

事实证明，我的思维是理性的。我如果想要了解我所拥有的东西，就会把所有相关笔记和页面摆在我面前。所以，我开发了一套适合我自己的系统。我把所有的相关文件分成几堆，放在书房或起居室的地毯上。每一堆都是我撰写的专栏或图书中的片段。我的报纸专栏只有 850 字，但可能需要 14 堆这种片段。我的写作过程，并不是坐在键盘前打字，而是在堆满了各种片段的地毯上爬来爬去。一旦完成写作，我就从地板上捡起每一堆片段，拿到我写作的大桌子上。然后，我把片段堆划分成句子堆。在键盘上输入我的想法后，我就扔掉一堆，然后转到下一堆。写作，实际上是关于结构和秩序的管理。如果你的结构不正确，其他也就无从谈起了。对我来说，在地板上爬来爬去整理片段堆，是我工作中最美好的时刻。

职业造就人

工作，是让我们对同事有用的方式。“爱你的邻居，”蒂姆·凯勒说，“不管你是在写停车罚单，还是在开发软件或写书，可能没有比工作更好的方式了。但是，只有熟练、称职的工作才是最好的方式。”

职业可以治愈以自我为中心的心态，因为要想把工作做好，你必须关注任务本身。

职业可以治愈焦躁不安。掌握一项职业，更像是挖一口井。你日复一日地做着同样的事情。渐渐地，渐渐地，你的工作就会变得更深入、更优秀。“在沉默中，在坚定中，在严肃的沉思中，让他独处，”爱默生写道，“在观察中加上观察、对忽视的耐心、对责备的耐心；如果他真的能自我满足的话，那么他会很快乐，因为今天他看到了某些真实的东西。”

爱默生强调了承诺决定的关键要素之一。一开始，承诺涉及一个选择——选择这个职业或那个职业。但在99.9%的时间里，这都只意味着选择之前已经选择的东西。就像所有的写作都是真正的重写一样，所有的承诺都是真正的再承诺。承诺，只是对你已经说“好”的事情再次说“好”。

迈克·毕比在一间柏油小屋里长大，是一位年轻的单身母亲之子。他从阿肯色州的高中毕业，在阿肯色州立大学获得大学学位，在阿肯色大学获得法律学位。1982年，他被选入州立法机构，2007年他当选为阿肯色州州长。他成为该州历史上最受欢迎的州长之一，也是全美最受欢迎的州长之一。2010年，共和党人在全美各地击败民主党人，但在阿肯色州，民主党人毕比在连任之路上横扫了该州的所有75个县。

他的秘诀是什么？一个关键因素是他没有全国性的野心。阿肯色州是他的故乡，也是他集中精力工作的地方。纽约的一位牧师加伦·京格里希读到了毕比的故事，并得出了正确的结论。京格里希观察到，有时向前看并尝试一些新的东西，是正确的。

但我们也需要学习保持不变和保持真实的美德，学会重新选择我们以前选择的东西。在我看来，这是我们去教堂的主要原因之一。

我们去教堂，并不是为了每个星期都在灵性上取得进步，尽管灵性进步确实是很好的事情。相反，我们主要是为了一致性而来——为了每个星期都保持不变的东西：礼拜仪式的舒适，音乐的慰藉，熟悉面孔的安抚，古老仪式和永恒象征的持久存在。在此，我们提醒自己，要统一我们的价值观，并承诺朝着正确方向前进。在此，我们再次选择我们以前选择的东西。

你如果在漫长的职业生涯中观察人们，就会注意到人们在一些精神任务上变得更好，而在另一些方面变得更差。有人说，大脑在生命的早期——即在20多岁的时候达到顶峰。在那之后，脑细胞开始死亡，记忆力开始衰退。但经验教训对此有所弥补。我们在识别模式方面做得更好，并且可以更省力地做出决定。神经心理学家埃尔克霍农·戈德伯格研究大脑的工作模式。在他职业生涯的后期，他这样描述自己的能力："在我的脑海里，发生了一些过去未曾发生过的相当有趣的事情。通常，当我面对表面上看起来具有挑战性的问题时，令人费解的心智计算不知何故被绕过了，就像变魔术一样，心智计算已变得不再必要了。解决方案毫不费力地、顺利地不请自来。随着年龄的增长，我失去了努力工作的能力，但我似乎获得了瞬间的、几乎不公平的轻易洞察的能力。"

掌握了棋艺的人，不再只看到个别棋子，他们看到的是整体，他们能感知到实际推动比赛的力场。音乐家们谈论的，是一段音乐的整个结构，而不仅仅只是某些音符。

成为老板

布鲁斯·斯普林斯汀的生活，巧妙地涵盖了从缺乏经验到精通的道路，并说明了当一个人献身于自己的职业时会发生的事情。在7岁的时候，斯普林斯汀就遇到了他的传报时刻。他正在看综艺节目《埃德·沙利文秀》，突然猫王出现了。这是令人震惊的，正如斯普林斯汀在他的回忆录中所说："一种现代的新类型的人，模糊了种族和性别界限，拥有……好玩！……有趣！……真正的好玩！（这是一种）更自由、更解放的生活带来的祝福，摧毁桎梏、转变心灵、打开心扉的喜悦。"

小布鲁斯·斯普林斯汀看着猫王，有一种发自肺腑的感觉——猫王就是他梦想成为的人。詹姆斯·霍利斯观察到："所有的关系，都是从投射开始的。"斯普林斯汀把他的母亲拖到乐器店，因为几乎身无分文，母亲只能给他租一把吉他。斯普林斯汀把吉他带回家，练习了几个星期，然后很快就放弃了。这太难了。

斯普林斯汀来自这样的家庭，这种家庭似乎经常产生童年的痛苦、终生的思辨和非凡的成功。也就是说，他有一个慈爱、溺爱的母亲和一个冷淡、冷漠的父亲。他们太穷了，房子摇摇欲坠。他们不得不把热水从厨房抬到浴缸里。当他还是个孩子的时候，由于他有过一分钟眨眼数百次的紧张抽搐，因此他被戏称为"瞎子"。他是个害羞、笨拙的少年。

但随后，闪电再次来袭。1964年，披头士乐队出现在《埃德·沙利文秀》上。斯普林斯汀感受到了和猫王一样的召唤，以及同样贪婪的好奇心。他去了当地的廉价品商店，走到后面的小唱片区，找到了他后来所说的"有史以来最伟大的专辑封面"。上面简单地写着"见见披头士乐队”，以及 4 张半明半暗的脸。“这正是我想要做的事情。”

当我们事后谈到这些时刻时，我们往往会强调其中的低抱负，而在谈到高抱负时则会害羞，因为我们不想听起来让人觉得自命不凡。当你问音乐家为什么进入音乐领域时，他们总是说，他们这样做是为了吸引女孩，或者是为了被爱，或者是为了赚钱，但这类低调的动机往往是通过故事讲出来的，因为他们不想表现出对自己崇高而强大的理想主义的认真——这需要自身表达一些情感，探索一些经历。

对年轻人最好的忠告之一，是快点振作起来。如果你知道你想做什么，那就开始做吧。不要因为你认为这份工作或那个学位会有利于你最终想做的事情而拖延。开始做吧。斯普林斯汀没有备选计划，也没有分心，很快就行动起来了。

他买了一把破旧的吉他，试着自学弹奏。5 个月后，他的手指已经长满了老茧，变硬了。他加入了一支乐队，在自己的高中举行了一场演唱会，表现非常糟糕，因而被踢出了乐队。

当天晚上，他拿出一张滚石乐队的专辑，听了基思 · 理查兹的吉他独奏，然后通宵模仿。斯普林斯汀每个周末都参加基督教青年会或高中舞会。他没有去跳舞。他只是站在一旁，研究首席吉他手的演奏。然后，他独自冲回自己的房间，弹奏他所听到的一切。正如奥斯瓦尔德 · 钱伯斯曾经指出的：“苦差是品格的试金石。”

斯普林斯汀加入了更多的乐队。20 岁时，他已经在每一个可以想象到的小地方演奏过，包括基督教青年会、比萨店、加油站、婚礼现场、成人礼现场、消防员大会现场，以及万宝路精神病院。慢慢地，他的演奏开始好起来了。在新泽西州的阿斯伯里公园，他不认识任何人，但那里有一家酒吧，并有一套扬声器。音乐家们只需签半个小时的合约，插上电源，就可以演奏了。斯普林斯汀走进没有人认识他的房间，放手一搏。正如他在回忆录《为跑而生》中所写的那样："我看到人们坐起来，走近一些，并开始认真聆听。"他回忆说，接下来是"30 分钟酷热的吉他世界末日，然后我就走了"。镇上来了一个新的吉他手。

斯普林斯汀聚集了他能找到的最好的音乐家。他们坚持不懈，走遍了泽西岛。他们去了 90 分钟路程外的纽约格林尼治村，并被一个残酷的事实震撼，那就是那里的大多数乐队都比他们好。（至少）有两种失败的情况。在第一种情况下，你很好，但是别人不能理解你有多好。麦尔维尔的《白鲸》，在上架的头 18 个月里只卖出了 2 300 册，上架头 50 年也只卖出了 5 500 册。《白鲸》遭到了评论家的猛烈抨击。一些艺术家必须创造品位，以便评判他们。在第二种情况下，失败是因为你并没有你所认为的那么好，而其他人也看到了这一点。

我们都把我们的失败想象成第一种，但人们怀疑大约 95% 的失败属于第二种。通向精通之路上的性格测试之一，就是认识到这一事实。

你可以用别人的知识做学问，但无法用别人的智慧做个聪明人。斯普林斯汀早年的挣扎，教会他注意工作中那些并不有趣但必须顾及的东西，只有这样才能让事情运转起来。他花了越来越多的时间思考如何打造一支乐队。他解雇了一名经理，还解雇了一名鼓手，这名鼓手偶尔灵光乍现，但常常状态不稳定。他考虑的是管理结构。乐队不是一个民主国家。他会经营好它的。

在所有的人中，我们可能会认为摇滚明星就是努力工作，努力聚会。但是，大师几乎从来不会摇摆不定。精通需要太多的纪律，通常还包括某种形式的禁欲主义。布鲁斯·斯普林斯汀在他职业生涯的早期一直在酒吧工作，但他从来没有喝过酒。他一生都在歌唱工厂，但他从未真正踏足一个正在运转的工厂。他唱了一首又一首关于汽车的歌，但作为一个年轻人，他不会开车。摇滚乐是关于狂野和快乐的，但在演唱会之后，斯普林斯汀会有一个小小的仪式。他独自待在酒店房间里——那里有炸鸡、炸薯条、一本书、一台电视和一张床。

正如斯普林斯汀所说，艺术是一种有点儿欺骗性的工作。它关乎摇滚明星形象的投射，即使你并没有真正体验过。

有些人融入了社交流。他们和一群朋友出去吃饭或参加聚会，或者和帮派一起跳舞，自我意识就此消失了。但是，许多艺术家很难自然地消失在他们的生活中。他们感到与他人隔绝，并希望以某种方式联系在一起。正是缺乏社交和情感流动才能推动创造力。正如诗人克里斯蒂安·威曼所说："艺术家意识到自己总是与生活格格不入，其结果之一可能是，你开始强烈地感受到你此前没有感受到的东西：一个人生活中的某种情感储备，会成为他作品中巨大力量的源泉。"

1972 年，22 岁的斯普林斯汀终于被发现了。他的前两张唱片在商业上并不成功，所以他职业生涯的命运取决于第三张唱片。这就是《为跑而生》(*Born to Run*)。斯普林斯汀在一星期内同时登上了《时代周刊》和《新闻周刊》的封面。当时，这是意义重大的事情。

他突然成了明星。下一个明显的步骤，就是将他提升一个档次，以进一步扩大吸引力。当然，这是唱片公司和他周围的每个人都想要的结果。这也是自然发展的过程。如果你是初学者，你就会成长为明星；如果你是明星，你就会成长为超级明星。

随之而来的，是斯普林斯汀迈向成功的关键时刻。他没有走出国门，而是接上了地气，走上了本地化的道路。他的下一张专辑将更深入地探究他自己所在的群体，新泽西州中部小镇的边缘人群。他会削减音乐，使其反映出他所谱写的孤独的人物。在许多成功的职业生涯中，都会有这样一个时刻，成功的前景会试图把你从你的源头，从最初激励你工作的守护进程中剥离出来。无视周围所有的声音，选择你以前的选择，这是一种纯粹的道德勇气行为。看起来，你正在放弃成为明星的机会，但你实际上正在与让你成为明星的人保持联系。

“这就是我想以音乐的方式站稳脚跟，寻找我自己的问题和答案的地方。”斯普林斯汀写道，“我不想退出。我想加入。我不想抹去，不想逃跑，不想忘记，不想拒绝。我想要明白，是什么社会力量控制了我父母的生活？为什么他们的生活如此艰难？”

这里有一个悖论：斯普林斯汀成长于“自由地做自我”的鼎盛时期。摇滚乐正是这种精神的经典表达。斯普林斯汀本人，也唱着关于逃跑和逃亡以获得完全自由的歌曲。但就个人而言，他从来没有上过这种虚假诱惑的当。他回到了他的根基中，回到了他未被选择的责任中。时至今日，他的住所距离他成长的地方仅有10分钟的路程。

“我感觉到个人自由和真正的自由有很大的区别。在我们之前的许多团体，许多我心目中的英雄，把其中一个误认为是另一个，结果当然是糟糕的。我觉得个人自由之于自由，就像手淫之于性爱一样。感觉还不错，但它不是真正的性爱。”斯普林斯汀觉得自己对与他一起长大的人负有责任，这些人几乎都没有上过大学，大多数人都在苦苦挣扎。所以，他又回到了故里，并把自己安顿在了那片土地上。

几十年后，我在马德里看到斯普林斯汀向6.5万名尖叫着的年轻歌迷表演。他们的T恤上印着他自己的歌曲和节奏中突然出现的所有泽西中部的景物——9号高速公路、石质小马，以及油腻之湖。事实证明，他并不是真的需要出去寻找他的粉丝。如果他围绕自己特定的家创作一幅风景画，粉丝就会按图索骥。这些景物，会让你领略到特殊事物的巨大力量。如果在遥远的冷漠的网络中长大，从一个地方流浪到另一个地方，尝试一种又一种风格，你的身份就是由软性承诺形成的，或者根本没有身份。如果你的身份是由硬性边界形成的，如果你来自一个特定的地方，如果你体现了某种独特的传统，如果你的担忧是通过某个特定的想象景观来表达的，那么你将更富深度，更具魅力。

我的一个学生——乔恩·恩丁，曾经和我说到他在莱斯大学的一位名叫迈克尔·爱默生的教授。爱默生是个白人，是一位教授种族正义的社会学家。为了展示身份的力量，他为班上的每个学生都发明了一个标签，如“肯塔基小子”“炸泡菜的女孩”。他称自己为“普通人”，或者仅仅是“凡人”。他带领他们进行了一系列练习，以展示标签是如何塑造生活的。例如，他们创建了黑白在线约会档案，这样他们就可以观察人们反应的不同。恩丁告诉我，爱默生是他遇到过的最好的老师之一，他在种族、宗教和城市生活方面的工作表现突出。

爱默生不仅教授种族正义，他和他的妻子乔妮买的每一栋房子都位于黑人社区。结果，随着居住时间的推移，这些房子中的每一栋都贬值了。爱默生和乔妮也把他们的孩子送到几乎全是黑人的学校。当孩子们五六岁的时候，他们自认为是黑人。对他们来说，种族认同不在于某种肤色，而是在于他们所有的朋友是何种肤色。

莱斯大学的社会学系有一笔研究资金，每年平均分配给教职员工。已经有了终身教职的爱默生把自己的钱转给了初级教员，认为他们更需要这笔钱以获得终身教职。他最终放弃了在莱斯大学的教职，前往芝加哥的北帕克大学工作。他放弃了一所名校的体面工作，转而去一所默默无闻的学校工作。因为，他认为北帕克大学的学生可以得到与莱斯大学的学生不同的服务方式。

恩丁是在多年前和我谈到的爱默生，但他一直留在了我的脑海中。爱默生找到了完整的承诺，将职业发展到了最充分的程度，并将一切联系在一起，融为一体，遮蔽了自我，服务于至善。

第三部分

婚　姻

第十四章

无上的婚姻

杰克·吉尔伯特于1925年出生于匹兹堡。高中毕业后，他从事体力劳动。在确立自己的诗人和教师身份之前，吉尔伯特曾游历欧洲各地。他的大部分作品都是关于爱情的，特别是他对比他小21岁的妻子野上美智子的爱。美智子死于癌症，享年36岁。她去世后不久，吉尔伯特写了一首题为“已婚”的诗：

我从葬礼回来，爬了回来，
绕着公寓号哭，
寻找妻子的秀发。
花了两个月的时间把它们找出来，从排水沟里，
从吸尘器里，从冰箱下面，
从衣柜里的衣服上。
但是，在其他日本女人来过之后，
没有办法确定哪些是她的，

我就停了下来。一年后，
把美智子的鳄梨重新装盆时，我发现，
一绺长长的黑发缠绕在泥土里。

我用一首关于死亡的诗，开启了关于婚姻的一章。因为，婚姻不屑于逸事。有时，在它消失后感觉才是最强烈的。美好的婚姻，并不是戏剧性的。婚姻很难用小说和歌曲来描述，因为定义它的行为太小、太恒定、太特别了。婚姻就是知道她喜欢早点赶到机场。婚姻就是花时间整理床铺，即使你知道如果你不整理，她很可能也会整理。在大的层面上，婚姻意味着给予爱、尊重和安全，但每天都有没完没了的机智和体贴的小动作。通过这些动作，你理解她的情绪，你珍惜她的存在。这个人，就是你的世界中心之所在。在一天结束的时候，会有一种残酷的磨炼，需要把自我交给婚姻的祭坛，需要放弃自我的一部分，为了更大的结合而放弃你所拥有的欲望。

婚姻是跌宕起伏的。有私底下的欢声笑语，有对关于爱情诞生的"圣地"故事的复述，有晚宴上关于他的逸事。不可避免地，还有无穷无尽的计划。

在婚礼上，很多人都会读到《哥林多前书》中的那段经文，它确实定义了婚姻之爱："爱是恒久忍耐，又有恩慈。爱是不嫉妒。爱是不自夸。不张狂。不做害羞的事。不求自己的益处。不轻易发怒。不计算人的恶。不喜欢不义。只喜欢真理。凡事包容。凡事相信。凡事盼望。凡事忍耐。"

与谁结婚，是你做过的最重要的决定。婚姻给你的生活和生活中的每一件事都染上了色彩。乔治·华盛顿的生活相当有趣，但他的结论仍然是："我一直认为，婚姻是人一生中最有趣的事情，婚姻是幸福或痛苦的基础。"

我有一个朋友，娶了一个和他年龄相仿的漂亮且有才华的女人。7年后，在经历了不孕的困扰后，他们终于有了一个孩子，但产房里出了点儿状况。他的妻子羊水栓塞，失血过多。在危机最严重的时候，医生告诉他，她很可能会失去生命——50%~80% 的患有这种疾病的母亲，都会失去生命。如果能活着，那么她极有可能会受到严重的永久性脑损伤。我的朋友坐在候诊室里，接受了这样一个事实，即他的余生可能会花在照顾一个不再认识他的女人上。"那时，你会意识到你对婚姻誓言的承诺。"事情发生几年之后，他如是说。当时，他坐在奇迹般完全康复了的妻子和他们的女儿身边。

婚姻是一场革命。从个体生活突然变成二人世界——这是一种入侵。不过，还是有奖品的。拥有长久幸福婚姻的人，赢得了人生的彩票。他们是幸福的人，是受祝福的人。这就是引诱我们前进的婚姻结合的梦想。乔治·艾略特在《亚当·比德》中写道："对于两个人来说，彼此终身相连，在所有的劳动中相互帮助，在所有的悲伤中相互依靠，在所有的痛苦中相互慰藉，在最后离别的那一刻悄无声息，在无法言说的记忆中相依为命，还有什么比这更伟大吗？"

激情在年轻时达到顶峰，但婚姻是在老年时达到顶峰。真正定义幸福婚姻的，是在一起几十年的完美夫妇。加布里埃尔·加西亚·马尔克斯在《霍乱时期的爱情》中描述一对老夫妇时捕捉到了这一点：

最后，他们彼此非常了解。结婚30年后，他们就像一个分裂的个体，他们对猜测对方的想法感到不自在……这是他们彼此最相爱的时候，没有匆忙，也没有过分，这是他们对自己战胜逆境的难以置信的胜利最有意识和最感激的时候。当然，生活仍然会给他们带来其他致命的考验，但这已经不再重要了：他们已经身在彼岸。

我们都遇到过这样的情侣，他们看起来很像，笑起来也很像。我认识一对夫妇，吉姆和黛布·法洛斯，他们因拥有最幸福的婚姻而出名。他们散发着单纯的智慧和真诚的善良。有一天，另一位作家和他们共进午餐，目睹了幸福婚姻的模样，并立即决定向他的女朋友求婚。

朱迪思·沃勒斯坦和桑德拉·布莱克斯利在他们的《美满姻缘》（*The Good Marriage*）一书中估计，在大约15%的婚姻中，激情永不消退。他们写道，在这些婚姻中的女性的原生家庭中，往往父亲有着更有教养的父母，而母亲有点冷漠。妇女们把她们对父亲的理想化转嫁给了她们的丈夫。这些婚姻中的男性，经常有着孤独的童年，并遭受过伤害。“这些男人在成年时怀着强烈的、拖延已久的对爱和亲密的需求。”

他们研究的其中一对夫妇是马特和萨拉·特纳。“总是觉得这很神奇。32年后，这种感觉依然如故。”萨拉说，“在我们相遇的第一个小时内，我们都感受到了魔力。我们当时谈过这件事，我们现在还在谈这件事。”

另一对夫妇是弗雷德和玛丽·费里尼。“我努力回想我们之间最糟糕的一场争吵，”弗雷德说，“但我记不起来了。但我们真的吵过架。我就是不记得我们为什么吵架了。我们中的一个会向另一个发火，然后忘掉它。现在，这些都不重要了。”

这就是最完美的婚姻。婚姻，是一项长达数十年的承诺，是两个人变成了一体。

对无上婚姻的攻击

看看当代关于婚姻的文章，你会发现人们普遍在努力缩小婚姻，把它缩小到可管理的（也应该是更现实的）规模。激情是暂时的，当前的想法是流动的。所以，不必当真。灵魂伴侣是一种幻觉；不要以为你会找到真爱。阿兰·德-波顿为《纽约时报》撰写了一篇颇受欢迎且意味深长的文章，题为“为什么你会嫁给错误的人”。在这篇文章中，他淡化了我们应该找到那个带我们坐上魔毯的人的想法。“我们需要把浪漫主义的观点换成一种悲剧性的（有时是喜剧性的）意识，那就是每个人都会让我们沮丧、愤怒、恼火、疯狂并让我们失望……我们的空虚感和不完美感是永无止境的。”

许多现代书籍，都采用了现实主义的反浪漫的主题。劳拉·基普尼斯写了《反对爱：一场论战》(*Against Love: A Polemic*)。2013 年，帕斯卡尔·布鲁克纳写了极富挑衅性的《为爱结婚失败了吗？》(*Has Marriage for Love Failed?*)。2008 年，洛里·戈特利布在《大西洋月刊》上刊发了一篇备受争议的文章。后来，她把这篇文章拓展成了一本题为《嫁给他！满足于好好先生》(*Marry Him! The Case for Settling for Mr. Good Enough*）的书。不要担心激情和深厚的联系，她建议道：“根据我的观察，事实上，从长远来看，结婚可能会让你更幸福。因为，结婚后，许多抱有很高期望的人，其幻想逐年破灭。”

对无上婚姻的攻击主要来自三个方向。首先，在离婚很普遍，而且影响往往很严重的文化中，许多人采取安全第一的态度。别把鸡蛋放在婚姻这一只篮子里。不要伸手去摘星星，只要些许明智的、东拼西凑的东西就行了。许多因离婚而受伤的人认为，自我保护比完全脆弱更重要。

第二，许多人发现自己处于不那么美好的婚姻中，他们接受了凑合的婚姻。用沃勒斯坦和布莱克斯利的话说，他们拥有的是“伴侣婚姻”。这类夫妇相处融洽。他们一起为人父母，但激情已经消退。他们可能发生性行为，也可能没有性行为。即使他们发生性行为，也是很罕见的。工作和养育子女，成为配偶生活中最重要的部分，婚姻则排在第三、第四或第五位。最近，我的一位学界的朋友在午餐时说：“我真的不知道有多少人的婚姻是幸福的。我知道很多父母因孩子的婚姻而心疼孩子。”在这样的婚姻中，你学会了生活在一种真正不占用你的兴趣或精力的安排之中。

有些人更喜欢这种低调的婚姻。沃勒斯坦和布莱克斯利引用一位女性的话说：“我认为最令人耳目一新的是，这段关系不必像我之前所有的恋情那样，耗尽我生活中的所有能量。我有了更多的空闲时间和朋友在一起，也有了更多的乐趣。”

第三，个人主义文化破坏了婚姻的最高定义。美国西北大学社会学家伊莱·芬克尔观察到，我们生活在自我需求优先于所有其他需求这样一种文化中。生活的目的是自我实现，表达自己的自主性和个性，攀登马斯洛的需求层次阶梯。正如芬克尔所写的：“富有表现力的个人主义的特点，是坚信个人的特殊性；自我发现之旅，被视为是崇高的。”在个人主义文化中，婚姻不是融合，而是联盟。心理学家奥托·兰克将婚姻关系重新定义为一种社会关系。在这种关系中，“一个人帮助另一个人发展和成长，而不会太多地侵犯另一个人的人格”。

芬克尔写道，从 1965 年左右起，“我们一直生活在自我表达的婚姻时代。如今，美国人越来越多地将婚姻视为自我发现、自尊和个人成长的目标”。用著名心理学家卡尔·罗杰斯的话说，配偶已成为“我们各自独立但相互交织的成长道路上的伴侣”。

如果婚姻的最高定义是肉体的结合，那么个人主义对爱的定义就是自主但相互支持。如果说契约主义的婚姻观将关系的需求置于个人的需求之上，那么个人主义的婚姻观则将个人的需求置于关系的需求之上。

年轻时，波琳娜·阿隆森从俄罗斯移居美国，发现自己进入了一个基于个人选择的浪漫体系。她阅读美国的杂志，发现它们赞美“精明的、自主的选择者。人们很清楚自己的需要，并以自身利益为基础行事”。她继续说道，也许这一选择制度最大的问题“源于它将成熟误解为绝对自我满足。依恋是幼稚的。对认可的渴望被描述为‘不需要’。亲密关系绝不能挑战‘个人界线’”。

绝大多数人仍然想结婚。但社会学家观察到，婚姻更多地被视为顶峰，而不是基石。过去，人们结婚后，婚姻将他们塑造成那种自律的、有秩序的人，有能力建立良好的职业生涯。现在，越来越多的人希望先确立自己的地位，然后结婚。社会剧本已经翻转了。

歌唱无上的婚姻

个人主义观点一如既往地存在一个问题，那就是它把人们困在自我的小监狱里。如果你走进婚姻，寻求自我实现，那么你总是会感到沮丧。因为，婚姻，尤其是养育子女，会不断地把你拖离自我的目标。

个人主义观点的另一个问题是，它没有给我们一个实现最深层次渴望的剧本。心灵渴望与他人融为一体。这只能通过共同妥协的行为来实现，而不能通过共同自治来实现。灵魂渴望追逐某种理想，追求快乐。只有超越自我，为婚姻服务，才能做到这一点。

在承诺的生活中，无上的婚姻被神话学者约瑟夫·坎贝尔视为一种英勇的追求。在这种追求中，人们为了一段关系而牺牲了自我。在承诺的风气中，婚姻是生活的道德缩影，每个人都自由地选择为他人承担责任，并变得依赖他人，以做好更大的事情。在对婚姻的这种理解中，人们不会因为爱自己而变得可爱；他们是因为爱别人，通过向别人宣誓、承担他人的负担、履行这些誓言而变得可爱的。生命的所有尊严和庄严，都体现在这种妥协中。

“我们必须回到完全放弃的态度，”迈克·梅森在《婚姻之谜》（*The Mystery of Marriage*）中写道，“把我们所有天生的谨慎和防御抛诸脑后，通过意志行为把自己完全交到爱的手中。与其说坠入爱河，不如说我们现在可能不得不步入爱河。”

人们会谈到“安顿下来”。但是，事实上，婚姻是两个人共同进行的一场充满希望的革命，对未来是什么没有任何真正的概念。它涉及一系列影响深远的个人改革，这样你会成为可能与之共同生活的人。梅森继续说道，没有意识到婚姻的危机性质，是一件很危险的事情。“这最终是一场健康的、具有挑战性和建设性的危机，还是一场灾难性的噩梦，在很大程度上取决于更换合作伙伴的意愿有多大。”

婚姻是终极道德教育

正如沙夫茨伯里勋爵曾经说过的那样，婚姻就像一个宝石玻璃杯。它把两个人放在一起，让其日复一日地互相碰撞。所以，他们在一系列的“友好碰撞”中不断地相互攻击，直到变得明智。它创造了所有的情况，在这些情况下，你会或多或少地被迫做一个与以前相比不那么自私的人。

在《婚姻的意义》一书中，蒂姆和凯西·凯勒描述了进步和提升的过程是如何发生的。首先，你嫁给了一个看起来非常棒，而且大体上是完美的人。然后，过了一段时间——也许是一两个月，也许是一两年——你就会意识到，你认为很棒的那个人其实并不完美或无私，而且在很多方面都有缺陷。当你发现你配偶的这些问题时，你的配偶也对你有了完全相同的发现。

在这种情况下，自然的倾向是承认你当然有点儿自私和有缺陷。但事实上，此时，你配偶的自私才是主要的问题之所在。夫妻双方，也会在几乎同一时间得出这一结论。

然后，就是一个岔路口。一些夫妻会决定，他们不想要所有的压力和冲突，这些压力和冲突来自他们发现的关于对方和自己的真相。“他们将休战。”凯勒夫妇说。有些话题将不会被谈论，只要她同意不提你的缺点，你也同意不提你配偶的一些缺点。其结果是“休战婚姻”，它是静态的，至少在短期内是静态的，但随着时间的推移会逐渐恶化。

“休战婚姻的另一种选择，是决心将自己的自私视为一个根本性问题，并用比对待配偶的问题更严肃的态度对待它。为什么呢？只有你才能完全了解自己的自私，也只有你才能对此完全负责。”凯勒夫妇写道，“如果夫妻双方都说，‘我要把以自我为中心视为婚姻中存在的主要问题’，那你就有可能拥有一段真正美满的婚姻。”

正如阿兰·德–波顿指出的那样，在结婚之前，你可以生活在你很好相处的错觉之中。但是，结婚就是自愿参加人类已知的最彻底的监视计划。已婚的人，或多或少一直都受到监视。更糟糕的是，意识到你正在被监视，就会迫使你关注自己。这种新的自我意识迫使你重新认识自己，你做的所有愚蠢的事情，从忘记关上橱柜，到你早上的沉默和暴躁的脾气，再到你感觉受到伤害时避免任何艰难的对话或采用消极的攻击方式，仿佛生活是一场精心设计的受害者游戏。在这场游戏中，如果你能让你的配偶为伤害你感到内疚，那么最后你会得到一块樱桃蛋糕。

婚姻包括斗争和恢复、大大小小的背叛行为，以及道歉。“婚姻还有一个很大的问题，”凯勒夫妇写道，“全世界仅有一个人把你的心握在他/她的手中，你最渴望和最需要他/她的认可和肯定，但他/她是这个星球上受你伤害最深的人。”

当深爱你的配偶想要帮助你成为一个更好的人时，事情就会变得更加困难。你的配偶想为你服务，但是我们不想接受服务！我们想要独立，照顾好我们自己的生活。当我们还是单身的时候，没有人给我们礼物，至少没有那种需要羞耻地承认我们对另一个人的依赖的礼物。但在婚姻中，最大的耻辱就是你需要别人的帮助。

接受和赠送礼物，是婚姻的日常事务。要想让婚姻顺利进行，你必须足够了解你的配偶，以能激发她爱的方式去爱她。一段成功的婚姻需要并滋养人们在婚前甚至没有想过的爱的类型。“我们可以突破婚姻，走向婚姻。”诗人杰克·吉尔伯特写道，“我们只有通过了解心灵之所知，才能找到心灵。”

美满的婚姻，是以配偶能从彼此的成就中获得多少快乐来衡量的。衡量他们的标准，还包括他们纠正彼此的恶习的方式有多温和。“我永远不会喜欢这么温柔地责怪别人；这是一个丈夫应该考虑到的。”乔治·艾略特写道。我的一位朋友观察到，当你吵架时，会有这种持续不断的内心斗争。小我想让你说些刻薄的话，这会让争吵越来越激烈。心灵想让你说“我爱你，亲爱的”。小我回答：“管他呢！我很生气！”你必须做出抉择。

这就是为什么当婚姻达到最高境界时效果最好。它几乎索取所有的东西，也几乎给予所有的东西。克尔恺郭尔写下了在爱的胜利旗帜下战斗的故事。“我偷偷地在胸前戴上我订购的丝带，和爱情的玫瑰项链。相信我，这些玫瑰永不凋谢。即使随着岁月而变，它也不会褪色；即使玫瑰不再那么红，那也是因为它变成了白玫瑰——它并没有褪色……我在她眼中，她在我眼中；我们都已不是自己，我们已经融为一体。”

婚姻，是那种全力以赴更安全、三心二意更危险的事情。在遥远的尽头，当婚姻美满的时候，你会看到人们在享受着你在这个地球上能找到的最深沉、最恒定的快乐。

第十五章

亲密关系：阶段一

两个陌生人，是怎么走到谈婚论嫁的程度的呢？嗯，他们遵循亲密关系的各个阶段。任何两桩婚姻都是不一样的，但我们可以观察到一些普遍的模式。在接下来的几章里，我将描述情侣们是如何经历亲密关系的各个阶段的。这样做，不仅是为了解释婚姻是如何发生的，也是为了展示亲密关系是如何跨越式发展起来的。

婚姻，始于在人群中多看了你一眼。只是因为在人群中看了你一眼——就像你每天瞥见无数人中的任何一个，但是，这一次，出乎意料的是，擦出了火花，燃起了火焰，激起了兴趣。一些已经在你内心某处的火种，以一种令人惊讶的方式被点燃。你瞥见的这个人，看起来很新鲜，但也似曾相识。爱，始于瞥见。爱，是一种关注的品质。在某些情况下，也许是在年龄稍大时，你在那一瞥中会有一种预感——“瞧！我的喜悦出现了！”以及“哇哦，麻烦来了”。

大多数情况下，第一眼看不出任何东西，但有时它会带来很多东西。我们都认识邂逅于酒吧或聚会的情侣。一个人，听到房间对面传来笑声。

一个人，用三秒钟的眼神把另一个人拉了过来，这是所有社交手势中最有力的。你锁定一个陌生人的眼睛，简单地凝视他三秒钟，然后微笑。一些相互承认的小闪电，就被发送和接收了。

你永远不知道你的心何时会打开。20 年前，一位住在休斯敦的钢琴家打算搬到旧金山，与她的未婚夫团聚。就在她离开之前，她想去做头发。她去了一家她以前从未去过的叫作巴黎练习曲的沙龙，一进门，就看到一个男人在给别人理发。她怦然心动。

她回到更衣室，披上睡衣，然后打电话给她母亲。“我刚刚看到了我实际上想嫁的那个男人。”她说。她出去拿了洗发水，然后坐在她注意到的那个男人面前。原来，那个男人的名字是戴维。他们聊这聊那，东拉西扯。最后，戴维问起了她的故事。她提到她是一名钢琴家，即将搬去与她在旧金山的未婚夫团聚。“但是，”她补充道，“如果你愿意娶我，我就不去了。”

时间凝滞了。

戴维低头看着他的剪刀，就像他后来回忆的那样。“我一生中从未感觉到如此自由。”他回应，“一言为定。”

他们在那一刻订婚了，然后认识了，最终结婚了。

“爱情的袭击，总是令人吃惊的。”约翰·奥多诺霍在他所著的《美》（*Beauty*）一书中写道。“没有哪一种背景是不受爱情影响的，没有哪一种惯例或承诺是不受爱情影响的。即使是在一种完全与世隔绝的生活方式当中，个性也是受到控制的，所有的日子也都是有序的，所有的行动也都是按部就班的，这种生活方式本身也会惊愕地发现，一个意想不到的火花已经落地；它开始阴燃，直到再也无法熄灭。爱神星的力量总是带来干扰，在人们内心的隐秘地带，爱神星仍然在沉睡。”

我不知道你怎么看，但对我来说，意味深长的一瞥从来不会伴随着第一眼而来。它通常发生在 100 万次注视之后。出于某种原因，我必须在非浪漫的情况下很好地了解一个人，然后才能产生任何有意义的火花。我在八年级时认识了一个女孩。在接下来的 5 年里，我们作为同一个圈子的成员，经常一起出去玩。然后，在高中毕业前夕，我们一群人围坐在篝火旁。她和我交换了一种全新的目光，她的手滑进了我的手中，小火苗就此点燃。不到 3 个月，它就演变成了青春期爱情的熊熊烈火。

爱始于关注的聚焦。爱的对立面不是恨，而是冷漠。

好奇心

亲密关系的第二个阶段是好奇心，也就是一种“想知道”的欲望。兴致勃勃的你，心思正在朝着某件事情靠拢。你希望这个人和她看起来一样伟大。

好奇心的方方面面，都可以与早期亲密关系和早期爱情阶段相媲美。有快乐的探索，也有更多地了解这个人的愿望。还有一种全神贯注的感觉。在整个房间里，你只看到这个人，看不到其他任何人。如果你有机会和这个人在一起，你会有舒畅的感觉，愿意在新的情况下工作。有些心理学家称之为剥夺敏感度。当你没有和这个人在一起时，就会有一种空虚的感觉。

这就是专家们所说的侵入性思维：她一直在你的脑海中浮现。当你看着火车站里的人群时，你会认为你在人群中看到了她，而实际上那只是一个看起来隐约像她的人。当你跑步时，你会与她进行想象中的对话——大胆的对话，就像你在锻炼时的想法总是大胆的一样。

如果你们还在学校，你们会一起学习。你可能连话都不会说那么多了。你只是想让另一个人在你身边。正如 C.S. 刘易斯指出的那样，在这个阶段，你们甚至可能对彼此没有性吸引力，你们只是被这种好奇心淹没，“这个阶段的男人真的没有空闲去思考做爱。他太忙了，忙着想一个人。她是个女人这一事实，远不如她就是她自己这一事实那么重要。他充满了欲望，但这种欲望可能没有性的意味。如果你问他想要什么，真正的回答往往是‘继续想她’”。

对话

对话是亲密关系的第三个阶段。这是相互揭幕的舞蹈。当情侣共进晚餐或约会时，他们表现得最好，希望能从中有所收获。当他们说话时，他们的呼吸开始同步，说话的速度也大致相当。它们无意识地吸收了彼此的信息素。嗅觉，是一种令人惊讶的强大的认知方式。不久，他们就笑了。人们在不知不觉中学会并善于辨别真诚的微笑和虚假的微笑，或仅仅只是礼貌性微笑。所谓杜胥内微笑（真诚的微笑），包括我们不能有意识地控制眼眉处肌肉的运动。所以，当一个人给你一个杜胥内微笑时，你会感觉如沐春风。然后，你们一起大笑。我们认为，笑是我们回应玩笑的方式，但在引发笑声的话语中，只有 15% 是有趣的。相反，笑是人们用来建立联系的一种语言。它出现在一些社会不和谐得到解决时，或者是人们对一些积极的情绪环境做出同样的反应时。笑，是分享和理解的回报。

在对话的早期阶段，情侣们正在寻找相似之处。当亲密关系发生时，夫妻会找到命中注定的共同点。你不喜欢鹅肝吗？我也不喜欢！这真是个奇迹！你觉得那些6美元的纸杯蛋糕很可笑吗？我也一样！我们是灵魂伴侣！他们不断地重复甜言蜜语，你也是吗？我以为我是唯一一个！我们是一样的！哇！

相似的一个关键基础是你们的幽默感；最好是对同样的事情发笑。随着时间的推移，对话会越来越深入。情侣们开始调情，开起了小小的私密玩笑，偷偷地瞥对方一眼。然后，开始分享他们的生活目标。他们开始微妙地感受对方的婚姻观念，以及他们对孩子的感觉。人们开始寻找对方的脆弱性，这是一个缓慢的、逐步揭开面纱的过程。这是努力了解一个人的脆弱之处不可避免的一部分。但是，这也是道德测试的阶段。如果我揭开面纱，你会保护我吗？如果我谨慎行事，你会理解我，跟随我的步伐吗？如果我停下来，你会尊重我，停下来等我吗？如果我展示我最可怕的“黑暗怪物”，你会抱着我吗？你会展示你的“黑暗怪物”吗？礼貌是道德的核心。

我们都去过餐厅，那里只有一张桌子，一场可怕的约会正在进行。大多数时候，女人为了建立亲密感和相似性而进行激烈的对话，而男人则一心想要建立支配地位。他滔滔不绝地讲着他所有的所谓知识，讲着他自己心目中的英雄故事。她的眼睛呆滞，但他滔滔不绝，口若悬河。你想拿起你的叉子刺向那个人的脖子，然后大吼：“看在上帝的份儿上！问她一个问题吧！”

对话阶段最大的问题是恐惧。当某人分享一些情感上有意义的东西，而另一个人收到并回馈分享时，亲密关系就产生了。一种明显的恐惧是，你会暴露你的软肋，而另一个人会践踏它，然后扬长而去。另一种明显的恐惧是，你会发现对方在寻找你无法提供的未来。更深层次和更强烈的恐惧是，把自己暴露在别人面前后，你会真正了解自己。

“我们当中那些希望以独立自主、白手起家的生活和选择自由为荣的人，往往会因为意识到陈旧的模式在我们身上发挥作用而感到谦卑。如果掌管我们的生活的不是我们自己，那么是谁呢？”詹姆斯·霍利斯写道。在我们大脑中的无意识层面上，有一些情结和创伤，导致我们一次又一次地以同样的自我毁灭的方式行事。你的个性，就是爱进入你的生活或从你的生活中抽离的隐秘历史。这是由你父母爱你或不爱你的方式塑造的。我们每个人，都有某种深深扎根于我们脑海中的依恋模式。有些人挑起危机，是因为他们害怕亲密。有些人则在事情接近完成的时候，悄然退去。

大多数时候，相互揭开面纱的舞蹈停留在一定的浅层次上。有些人觉得自己倾向于回避 100 段不涉及亲密关系的关系。他们还没有苏醒过来，也不想苏醒过来。他们与自己的内心生活疏远了。“我的朋友们告诉我，我面临亲密问题，但他们并不真正了解我。”加里·尚德林过去常常这样开玩笑。

在西方文化中，大约有 1/5 的成年人害怕亲密关系，害怕承诺。他们害怕自己被抛弃，并采取行动确保熟悉的事情确实发生。你会看到害怕亲密关系的人，因为就在你以为接近了对方的时候，他们突然消失了一段时间。他们不喜欢“男朋友”“女朋友”或任何其他暗示正式关系的词语。他们倾向于躲在一堵问题之墙后面；他们把话题转向你，以避免暴露任何关于他们自己的事情。他们倾向于表达强烈的观点或说些下流的笑话，以此作为赶走对话者的一种策略。他们通常是积极的、开朗的、乐于助人的，但他们自己从来不会显得脆弱。

但每隔一段时间，让所有人都大吃一惊的是，对话还在继续，越谈越深。你一直期待它会在所有其他对话停止的地方停止，但是它并未停止。她还在你身边，他还在你身边。大门一直是开着的，所以你径直走了过去。治疗恐惧的唯一方法，是直接采取行动。你推开了下一扇门。

推开大门

两个人之间的对话，以网球聚会的形式进行。一个舞伴深吸了一口气，然后说："这就是我喜欢的。"她分享了她最喜欢的电影，他用自己的凌空抽射反击。她分享她手机上的播放列表，他用自己的播放列表反击。他在深夜分享了一些喜欢的视频，她发了一个视频来回应。

然后，这些是我生命中重要的时刻：故事不断深化，从童年到成年，逐渐地，勇敢地，涵盖了过去的关系和遭遇。

一步一步地，风险变得更大、更明显。只有当两个人最终揭示出他们生活的中心时，爱情才有可能发生。如果爱要绽放，他们就得疯狂。正如阿兰·德－波顿所指出的那样，在某种程度上，我们都疯了。在任何一段关系中，关键的问题不都是"他疯了"吗？问题是你发疯的方式是什么？你的生活中有哪些部分是被恐惧阻挡的？你到底是怎样自我毁灭的？你在哪些方面从未被爱过？

我和我的妻子是通过电子邮件认识的。自我表露的步骤是渐进的，这一过程就像看着一个湖慢慢地蒸发。但每一封电子邮件都经过了仔细的考虑，以免把事情推得太远。我会带着一种恐惧的心情点击“发送和等待”，担心我已经越过了某条禁线。有一次，我给她发了一封电子邮件，谈论一些完全无害的话题，这是相互了解的一小步。然后，我登上了一架没有无线网络的跨国航班。整个飞行过程，我都处于不确定的焦虑中，都在想语气会不会显得我们太熟悉了。我仍然记得，当我落地时，发现我的凌空抽射得到了回应，我感到非常欣慰。在任何一次求爱的过程中，你都会以稳妥的前进表现出你值得信赖的一面。

还有你耳朵的敏感度。说和听是同等重要的。因为，当你认为你在被动地听别人说话的时候，你实际上是在教他们了解你自己。

“好人会反映出我们内心的善良，这就是我们如此爱他们的原因。”理查德·罗尔写道，“不太成熟的人，会把他们自己不为人知的生活映射到我们身上。”因此，思想的汇合并不总是温和的。当诗人泰德·休斯第一次见到西尔维娅·普拉斯时，他大胆地亲吻了她的脖子。她踮起脚，狠狠地咬了他的脸颊，把他的皮肤都咬破了。她说，我理解你。我们棋逢对手。

当你要选择与某人结婚时，你最好选择一个你会喜欢与之共度余生的人。除非两个人能进入一种流畅的对话状态，否则彼此就不是合适的选择。比如，可以连续几个小时打电话，可以每天在一起待上 14 个小时，而且不断地说话，最终可以无话不说。“我”变成了“我们”，这就是马丁·布伯所说的“纯粹关系”。这就是被人了解的感觉。

第十六章

亲密关系：阶段二

乔治·华盛顿是一个看起来并不浪漫的人，但在1795年，他给他的继孙女写了一封信。在信中，他写道："在人体框架的组成中，存在大量的可燃物质，尽管它可能休眠了一段时间……一旦被点燃，你的内心一定会燃起熊熊大火。"

这就是燃烧。这就像你通过放大镜将光线折射到纸巾上一样。纸巾变得越来越热。它开始变成棕色，然后突然燃烧起来。它处于一种不同的状态。

在这种状态下，会有亲吻。在这个吻里嵌入的是第一个承诺——我会守护你。亲密的下一个阶段已经开始：燃烧。我们还没有完全相爱。我们正处于亲密关系中最阳光、最无忧无虑的阶段。这是一个阳光明媚的春天，欢乐达到顶峰。尚未出现任何紧要关头，但紧要关头会随之而来。

现在，他们一起活动，骑自行车，徒步旅行，也许还有一场篮球比赛。人们约会时会去看电影，因为性唤醒是草率的、会传染的。如果你在看动作片或《红磨坊》时心跳加速，那么当你走出电影院时，能量就会转移到你的约会对象身上。你们一起划皮划艇，莫名其妙地就会感觉彼此更贴近了。

在这个阶段，这对情侣开始了关乎一生的汇报。在聚会、电影或晚餐后，他们会退缩到酒吧或咖啡厅，并将自己的反应与刚刚经历的情况进行比较。他们简单而朴实地面对彼此的想法，就像一个孩子面对现实一样。一个人进行观察，另一个人同意并全盘接受。能够如此自由地交谈而不担心被误解，让人完全松了一口气。J. B. 普里斯特利曾经说过，可能没有比这样两个人之间的谈话更令人愉快的了：他们还没有相爱，但可能会坠入爱河，而且他们都知道彼此都还有所隐瞒，都还有待发掘。

在这个阶段，人们表现最好。处于这一阶段的伙伴，希望看到的是其他人是如何养育孩子的，是如何为人父母的。在卢梭的《爱弥儿》中，主人公爱弥儿被一位年轻女子苏菲迷住了。起初，他们不说话，只是隔着一张家庭餐桌互相凝视对方。艾伦·布鲁姆写道，他们的求爱“分为一系列阶段，一直渴望的爱弥儿，狂喜于苏菲表面上的接受，痛苦于苏菲表面上的拒绝，熬过了这一系列阶段”。

爱弥儿和一位朋友时不时地到苏菲家看望她和她的家人。一天晚上，他们受到邀请并被期待着，但他们没有去。起初，苏菲是痛苦的。为什么爱弥儿还没到呢？也许他已经死了。第二天早上，爱弥儿和他的朋友来了。她的痛苦变成了愤怒。他没出什么状况。他放了她的鸽子。“她宁愿不被爱，也不愿被适度地爱。她有一种基于美德的高尚自豪感，即自觉性、自尊心和荣耀。”

然后，这些年轻人告诉她前一晚发生的事情。在去拜访苏菲的路上，他们碰见一位农民，他从马上摔下来，摔断了腿。他们没有置之不理，而是把他抬回了家。苏菲的表情立即就变了。她想去拜访这位农民，看看能为他做些什么。当他们到达农民简陋的家后，她立即行动起来。"有人会说，一切尽在意料之中。这个非常娇弱的女孩，不会被肮脏和难闻的气味拒之门外，她知道如何让这两样东西消失。她不需要命令任何人，也不会折磨病人。"她给断腿的农民翻了个身，毫无顾忌地给他换了衣服和绷带。"农民夫妇一起祝福这位可爱的女孩。她为他们服务，怜悯他们，安慰他们。"

燃烧，也是最高峰的理想化阶段。司汤达在他伟大的《论爱情》一书中描述了奥地利萨尔茨堡附近的一个盐矿。矿工们会把没有叶子的小树枝插到盐矿里，然后放置一段时间。当他们取回树枝时，树枝上会覆盖着一层闪闪发光的钻石状晶体。司汤达说，被施了魔法的恋人以这种方式彼此结晶，他们崇拜的眼神，将钻石撒在了心爱的人的每一种美德之上。

在这个阶段，他们越把对方理想化，他们的婚姻在未来的几十年里就可能持续得越久。爱情有点儿依赖于慷慨的理想化。婚姻顾问朱迪思·沃勒斯坦观察到，"我见过的许多离婚的夫妇，似乎从未将对方理想化。我学会自己问自己关于正在离婚的夫妇的问题：婚姻，曾经存在过吗？这段关系中有没有爱、快乐、希望或理想化？通常，我很难找到这些东西。离婚，并不总是意味着爱情的侵蚀或期望值过高；在很多情况下，期望值并不是太高。把对方理想化，则是每一段幸福婚姻的一个部分。"

最终，燃烧改变了一切。

约翰·奥多诺霍写道："随吸引力而来的，是一种可爱的混乱。"

当你发现自己深深地被某人吸引时，你就会逐渐失去对自身生活的安排与掌控。事实上，当你的目标变得更清晰时，你的生活就会变得更模糊。一块无情的磁铁，将你所有的思想引向它。无论你身在何处，你都会发现自己在思念对方。当你们在一起的时候，时间总是无情地飞逝。约会，总是结束得太快。你们刚刚分开，就已经开始数着时间，设想下一次见面了。这种磁力吸引，使你不由自主地变愉快。一个你直到最近才认识的陌生人，侵入了你的心灵；你生命中的每一根纤维，都渴望与之亲近。

燃烧，是当你最终看到对方的全景时的阶段。这不是别人看待他的方式，而是你看待他的方式，只有你这样看待他。他正坐在桌子旁，付着家里的账单，你慈爱的眼神，温柔地停了下来，落在满是善良的他身上。她刚下班回家，走进起居室，头发有点儿乱，摆弄着十几个袋子和物品。她抬头看着门口，身后的光线勾勒出她的轮廓，她的嘴巴半张着，你就会想——我看到了你。我一路上都看到了你。

飞跃

在任何严肃的亲密之旅的某个时刻，总得有人迈出一步。W.H. 奥登完美地捕捉到了信仰的行为：

危机感绝对不能消失：
这条路既短又陡，
无论看起来多么艰难；

无论你是否愿意，你都得飞跃过去。

……

无边的孤寂，

支撑着我们的床，亲爱的：

虽然我爱你，但你不得不飞跃；

我们的安全梦，必定会消失。

最终，你看了看你面前的另一个人，你考虑了没有那个人的可能性，然后你实现了飞跃：你宣誓你的爱，进行定义关系的谈话。你们两个，已处在爱的深渊之中。

许多曾经由“我”做出的大大小小的决定，变成了“我们”的决定。甚至，这些只是很小的决定——去看什么电影，怎么度过周末。独立被依赖取代。

你也在接受一个角色——男朋友、女朋友、伴侣，不管你怎么称呼，这都伴随着责任。首要责任，是关心他人胜过关心自己。这种亲密关系，不是关于温暖的感觉的，而是关于无私的行为的。当美国作家谢尔登·范奥勤爱上了后来成为他妻子的女人戴维时，他们采用了相敬如宾的准则。“礼貌”这个词，已经失去了意义，特别是作为爱的日常媒介时，但对于范奥勤夫妇来说，它意味着无论一个人要求另一个人做什么，另一个人都会照做。“因此，一个人可能会在夜里叫醒另一个人，要一杯水喝，而另一个人则会平静地（而且昏昏欲睡地）去倒水。事实上，我们把礼貌定义为‘夜里的一杯水’。我们认为既要一只杯子又要一杯水是非常有礼貌的。”

危机

显然，现在是吵架的时候了。

对于一场巨大的危机来说，这一阶段的亲密关系是完美的时刻。你们在彼此身边的时间已经足够长了，可以展示出你们自然的自我了。最初的预期，已经开始淡出。

最重要的是，一种消费欲望已经诞生。你想要的东西，比你以前想要的任何东西（如对方的爱）都要糟糕，哪怕是最轻微的干扰都会引起最极端的情绪反应。你敞开了你的心扉，不仅走向了欢乐和团结，还走向了嫉妒、不安全感、害怕失去和背叛。在这一点上，你并非一个稳定的系统。

“所有的爱情故事，都是令人沮丧的故事。”亚当·菲利普斯在《错失》（*Missing Out*）一书中写道，“坠入爱河，就是让你想起一种你不知道自己曾经有过的挫折感。”你快乐地继续过着你的生活，并没有真正意识到你错过了什么。然后，突然地，这个人出现了。现在，没有他的生活就像绝对的地狱。

有时，危机源于纯粹的自私行为。有时，它来自应由谁来承担权力角色的困惑。在生活的每个领域，夫妻中的一位将起带头作用，另一位将成为合作伙伴。但是，他们需要花时间来弄清楚，谁将在哪个领域发挥领导作用。

有时，随着核心的分歧浮出水面，这场斗争也随之而来了。每段关系中都有一个核心分歧，这种分歧永远不会消失，双方都将不得不接受。但夫妻双方只有身临其境，才会意识到他们的核心分歧何在。有时，分歧是深刻的、道德的或哲学的。一些最麻烦的问题，可能是表面上的，却是毁灭性的。有时是时间（他守时，她迟到），或者金钱（她节俭，他挥霍），或者整洁（她整洁，他马虎），或者性（他喜欢一天一次，她喜欢一星期一次），或者交流（他是装瓶工，她是泼水工）。但它们总会浮出水面，而当它们浮出水面时，鲜血就会开始流淌。

有趣的是，当你处于危机中时，浪漫的痛苦感觉就像是肉体的痛苦一样。当你和心爱的人吵架时，当你错过你最想要的东西时，你的感觉就像你的躯干疼痛或灼热一样。你会想去跑步或做些剧烈运动，以缓解身体上的折磨。对这种痛苦的有力描述，出自 1896 年由当地语言转录而成的一首佚名的夸丘特尔印第安人情诗："火焰——爱你的痛苦——穿过我的身体。痛苦，伴随着我对你的爱，穿过我的身体；疾病，带着我对你的爱，在我的身体里游荡；疼痛，就像我对你的爱，即将爆发般地沸腾。带着对你的爱，我被大火吞噬。我记得你对我说过的话，我在想你对我的爱。你对我的爱，让我心碎。痛苦，以及更多的痛苦。"

有些人太迟钝了，你不得不在他们意识到他们有多需要你之前和他们分手。有些人非常厌恶依恋，他们不得不品尝被遗弃的滋味，才能克服对融合的恐惧。

宽恕

吵架过后，宽恕就来了。宽恕，通常用感性的词语来形容——取之不竭的宽恕。但真正的宽恕，是严格的。它是责任与仁慈和同情心之间的平衡。

严格宽恕的过程，始于被冤枉的人的一个手势。马丁·路德·金认为，宽恕不是一种行为，而是一种态度。我们都是罪人。因此，持宽恕态度的人期待罪过，同情罪孽，却迟迟不会认为他或她自己比犯错的人更优越。

宽容的人，可能会对冤枉她的人表现出愤怒和怨恨，但也足够坚强，能够放下愤怒和怨恨。宽容的人很强大，甚至在犯错者提出要求之前就迈出了第一步。宽容的人抑制了复仇的自然冲动，为犯错者提供了一个友好的环境，让犯错者可以在其中忏悔。马丁·路德·金写道："没有宽恕能力的人，就没有爱的能力。"

一旦受害者创造了宽恕的背景，犯错者就有义务迈出一步，去自省，去忏悔。在这个阶段，完全诚实是最难得的。我们都想为自己的错误辩解。我的倾向是让过错以一种渐进的方式暴露出来，这样，它们看起来就不会那么离谱，也不会惊吓到其他人。但这一行为涉及深入调查错误的根源，并提供比预期更完整的供词。这涉及一种纯粹的顺从行为。

这就到了判断的时刻了。错误，是重新评估的机会。这个人的性格是什么样的？难道一时的愚蠢，就能盖过他整体的正面记录吗？或者，这是一种永久的性格特征吗？双方都会问这些问题，然后互相妥协。

正如马丁·路德·金所说："信任不会立即恢复。"罪不必被忽视。但是，错误的行为不再是一段关系的障碍。犯错的人忍受着他的耻辱期，并因此而变得更好。被冒犯的人，当她提供恩典时，就会从复仇等情绪中解脱出来，振作起来。通过重新团结，这种关系变得更加牢固。

"苦难，使不成熟的爱情成长为成熟的爱情。"沃尔特·特罗比施写道，"未经学习的未成熟的爱情，是自私的。这就是孩子们所拥有的那种爱，既要求又渴望——而且是瞬间的渴望。”但是，宽恕之后的爱，是以同理心、同情心、理解和莫名的关心为标志的。正如桑顿·怀尔德曾经说过的那样：“在爱的服务中，只有受伤的士兵才能服役。”

聚变

现在，我们来谈谈事情本身。以“爱”的全神贯注，走上亲密之路的高潮阶段。我们看过那么多关于爱情的电影，听过那么多关于爱情的歌曲。有时，我们都忘了，爱是一种多么奇怪的现象。爱，既是一种自私的愿望，又是一份无私的礼物。它使我们充盈，也提醒我们自己的不完美。爱，打开了我们人格的硬壳，露出了下面的沃土。爱，使自我堕落。爱告诉我们，我们的财富在于另一个人。爱告诉我们，我们无法给自己真正需要的东西，那就是别人的爱。爱击碎了自我的壁垒，只留下了一堆杂乱的石头。

艾伦·布鲁姆在《爱与友谊》(*Love & Friendship*)一书的结尾，用一段优美的文字论述了爱的悖论本质——它是一切，也是一切的对立面。布鲁姆写道：

爱，是一种使人有自我意识的自我忘却，是一种非理性，是对自我进行推理的条件。爱所产生的痛苦，与最令人欣喜若狂的快乐联系在一起，它提供了对美和生活甜蜜的主要体验。它包含了强大的幻觉元素，它可能被认为是完全的幻觉，但它的效果并不是虚幻的。爱可以以最直接的方式产生最伟大的行为，而无须原则或职责的指导。情侣知道美的价值，也知道他们不可能独自活得很好，或者根本不能活得很好。他们知道自己不能自我满足。情侣，是人类天生的缺陷和对完美的追求的最清晰的表现。

当爱来袭时，很明显，在自我的影响下，我们一直生活在梦游中。爱唤醒了我们。它揭露了这样一个事实，即我们内心的裂缝，无法被自我渴望的东西填满。“没有相互关联的人缺乏完整性，”卡尔·荣格写道，“因为他只能通过灵魂来实现自我的完整，而灵魂不能离开它的另一面而存在，而另一面总是在‘你’身上才能找到的。”每个处于爱的痛苦中的情侣，都对此心知肚明。

激情的爱，是唯一强大到足以推翻自我的力量。人们将其描述为疯狂、发烧、洪水、火灾或强烈的情绪。事实上，它不是一种情感，尽管它包含了很多情感。它实际上是一种动力，一种极端的激励状态。这是一种对与他人永恒结合的热切渴望。它会促使人们做一些荒唐的事情。比如：驱车 500 英里，只为与她共进晚餐；每次接她之前都要洗车，因为你想让她觉得她很特别；改变跑步路线，这样你就可以路过她所在的大楼，并凝视她的窗户。

当我订婚的时候，有一次，我发现自己和大约 15 个人围坐在一张会议桌旁，其中包括我的未婚妻。到那时，我们已经经历了亲密关系的许多阶段，如偷偷地相互了解，危机以及谅解。我坐在桌子旁，惊叹于一件事，那就是在周围所有人中，只有她对我来说是特别的。为什么会这样呢？其他人看起来也都很聪明，也都很和善。他们也都有头和躯干，胳膊和腿。然而，我被一种神奇的和弦系住了。这是一种改变了我的生活、房间里的其他人都看不到的神奇的和弦，但它塑造了整个房间，并使整个房间以她为中心。

人们说，爱情是盲目的，但正如 G.K. 切斯特顿所说，爱情绝对不是盲目的。爱情是盲目的反面。爱情是小心翼翼的。除非你爱他，否则你可能无法深入了解他的灵魂深处。

在咖啡厅里，所有热恋中的情侣，都凝视着对方的笔记本电脑。在那里工作很不方便，因为你们无法忍受分离。C.S. 刘易斯注意到，情侣们花了很多时间互相嘲笑，直到他们有了孩子，这给了他们一些新的可笑之物。诗人唐纳德·耶茨写道："对爱情敏感的人，也是对爱情无能为力的人。"尊严，不是爱情方程式的一部分；事实上，尊严很可能是一种可能会扼杀爱情的东西。

走到这一步的人，感觉就像在飞翔。首先，爱情总是在变。谢尔登·范奥勤在冬天的时候爱上了戴维。"我们说，'如果我们在紫丁香盛开时不再相爱，那么我们就完了。'但我们更相爱了，因为爱要么生长，要么消亡。每年的结婚纪念日，我们都会说，'如果明年我们不能更深地相爱，那么我们就遭到了失败。'但是我们遇到的现实是，更深的爱、更亲密和更亲切。"

爱，是寻找比幸福更大的猎物。爱，是灵魂的结合。当一对夫妇中的一个人患有阿尔茨海默病时，另一个人不会就此消失。相反，正如刘易斯所说，爱会说，"这总比分手好。和她在一起痛苦，总比失去她的快乐要好。让我们的心都碎掉吧，只要它们是一起碎的"。

《呼啸山庄》可能是对当某人压制这样的爱情时所发生的事情的最著名的渲染。这是某种意义上的凶杀案。他们分手时，希斯克利夫喊道："再吻我一次，但别让我看到你的眼睛！我原谅你对我所做的一切。我爱我的凶手——那就是你！我能怎么办呢？”他们紧紧地抱在一起，就像面对死亡一样，“他们脸贴着脸，彼此以泪洗面。”

那个场景中的悲剧，不仅在于悲伤，还在于隐藏。两个正在摧毁爱情的人，甚至无法直视对方的眼睛。

蒙田在描述他与人文主义诗人艾蒂安·德·拉·博埃西的友谊时捕捉到了某种融合。他们的友谊如此深厚，以至只能被称为爱情。“我们的灵魂如此完全地交融在一起，以至抹去了它们之间的缝隙，再也无隙可寻。如果你硬要我问我为什么爱他，那么我觉得这是无法用语言来表达的。我只能回答：因为那是他，因为那是我。”

自我已经被打败了。当你的伴侣受苦时，你会发现这比你自己受苦时还要更痛苦；当你所爱的人受到侮辱时，你会发现这比你自己受辱时还要更生气。你会注意到那些正在慢慢死于癌症或一些挥之不去的疾病的情侣。垂死的人是强大的，但他们的伴侣已经分崩离析。成为这种疾病的受害者，似乎比看着心爱的人受苦要轻松得多。

对此，诗人们巨笔如椽，如鱼得水。在《失乐园》中，弥尔顿借亚当之口对夏娃说：“我们本是一体的。失去了你，就是迷失了自我。”伊恩·托马斯说：“这是我的肌肤，很厚。这不是你的肌肤，但你的肌肤却在其下。”1 500 年前，罗马诗人保卢斯·西伦蒂利亚斯写道：“一对情侣躺在那儿，他们紧闭嘴唇 / 意乱情迷，无限渴望 / 每个人都想完全融入对方的身体。”斯特芳·马拉美[1]说：“在海浪中，你变成了 / 你赤裸的狂喜。”

1 斯特芳·马拉美：法国象征主义诗人和散文家。——译者注

第十七章

婚姻抉择

当然，爱想要永恒。因此，我们必须结婚。如此一来，心就需要坚定不移。你已经绕行得够久了，航空母舰就在下方。现在，是坚守阵地的时候了。

但现在，是再次后退一步，做出评估、给出合理理由的时候了。我在本书中非常强调心灵和灵魂，但在任何承诺决定中，理性的大脑都是平等的伙伴。就像我的一位熟人所说的那样，现在是时候说“我将在这里做出一个好的决定”了。我们可以结婚也可以分手，但这是我的生活。我对我的选择负责。我完全有能力做出正确的决定。

最明显的原因是，纵使时间已经推移至今，你也不是地球上第一个有这种感觉的人。据推测，大多数后来结婚了的情侣，都经历了和你一样的亲密阶段；他们都感受到了同样的爱的涌动，同样的融合感和命运——然后，他们结婚了；之后，他们离婚了。光有爱情和激情是不够的，你得设定一个更高的标准。

做这种更深层次的评估，是因为当你做出婚姻决策时，你是在逆水行舟。在美国，近 40% 的婚姻以离婚告终。另有 10% 或 15% 的夫妇分居而不离婚，还有 7% 左右的夫妇继续生活在一起，但长期不幸福。换句话说，大概是在激情之爱的驱使下，超过一半的决定结婚的人，最终以不幸福告终。对于在 25 岁之前结婚的夫妇来说，幸福的概率更低。

没有什么事情是比糟糕的婚姻更可怕的了。婚姻不美满，会使你生病的概率增加 35%，平均寿命缩短 4 年。没有什么事情比你们躺在床上时所感到的寂寞更寂寞的了。人们结婚时幻想着要一起远航，但当你们的婚姻如乔治 · 艾略特所说的那样糟糕时，你们就会被困在一个封闭的盆地中。

你退后一步去评估，是因为你已经意识到，在某种程度上，不可避免地，你并不知道自己在做什么。你永远不知道你在做什么，但你仍然想要尽可能地拍出最好的照片。戴维 · 怀特写道："婚姻的迷人之处在于，伴侣中一方想要的任何东西都不会出现；伴侣中另一方想要的东西也都不会出现，而婚姻中会出现的事情，就是最初的冲突，然后是双方的对话：一种一开始似乎都感觉陌生的对话；一种他们可能意识不到甚至认为自己想要的对话。"

那么，你是如何做出这个评价的呢？既然这是你一生中最重要的决定，那么你会以为，社会会让你为这一刻做好准备。你可能会认为，学校会给你提供一门又一门的关于婚姻决策、婚姻心理学、婚姻神经科学、婚姻文学的课程。但事实并非如此，社会是一个巨大的阴谋，目的是帮助你专注于不重要的选择，从而分散你对生活中重要选择的注意力。

三种视角

这是该向自己提出尖锐问题的时候。每个人在做婚姻决策时，都会花太多的时间来评估另一个人。但真正能把事情搞砸的人，就是你自己。这些问题包括：

你到了真正可以做这件事的地步了吗？D.H. 劳伦斯曾写道：“你不能把爱和个性相提并论。”对你自己来说，最终的问题是，无论发生什么，你是否已经准备好失去控制权，并被婚姻可能的变数压垮。

你喜欢在他身边的自己吗？我们都有多种个性投射到这个世界上，这取决于我们周围的人。这个人投射出的你，是粗鲁的你、向上攀升的你，还是服务自我的你呢？

我的核心问题是什么？这个人能填补这个问题吗？我们倾向于嫁给填补我们最大的未决精神问题的人。也许你渴望情感上的可靠，而这个人就是你稳扎稳打的巧手。也许你渴望强烈的情感，而这个人就是你爱的源泉。

我们的门槛有多高？有人说，永远不要安顿下来。拥有这个人，你最好感到无比幸运。其他人说，要现实一点：你永远找不到完美的人，拥有一段体面的关系比独自一人要好。简·奥斯汀认为和解是“邪恶的”，我同意她的观点。如果你结婚时没有完全的钦佩和狂喜，最初就不会有足够的激情将你们融合在一起。当生活变得艰难时，你们就会分道扬镳。此外，和解是不道德的，因为这牵涉另一个人。另一个人，不会想成为你生活中的第四个最好的选择。你会告诉对方你想“安顿”下来，和他在一起吗？如果你诚实地告诉他这一点，你马上就会在你们的关系中引入致命的不平等。如果你不告诉他这一点，你就是在对全世界中与你最亲近的人撒谎。安顿看似现实，但最终，只有建立在狂热奉献基础上的爱情才是务实的。

剩下的问题，都是关于对方和关系本身的。最重要的想法是：婚姻是一场长达50年的对话。当你考虑嫁给某人的时候，最重要的因素是，在我的余生里，我会喜欢和这个人交谈吗?

如果这个问题的答案是肯定的，那么人们在考量婚姻决策的其余部分时会使用三种视角：心理视角、情感视角和道德视角。

第一个是心理视角。简·奥斯汀和乔治·艾略特小说中的人物，花了很多时间评估对方的气质，或者我们所说的人格特征。这是有充分理由的。人格特征在整个成年期都相当稳定。正如泰·田代在《永远幸福的科学》中所说的那样："如果你选择了一个聪明、有趣、自信、善良、英俊、孝顺母亲的梦幻伴侣，那么好消息是，当你在结婚25年后重新评估你们的浪漫状况时，这个伴侣与你同龄的其他人相比，可能仍然是聪明、有趣、自信、善良和英俊的，而且还是一个好儿子或好女儿。"

那么，你如何辨别一个人的永久人格特征呢？1938年，研究人员刘易斯·特曼认为，你应该了解一个人的关系背景。特曼对应该寻求的东西进行了排名：

（1）父母的超凡幸福感；

（2）童年幸福；

（3）很少与母亲起冲突；

（4）家庭纪律是坚定的，而不是严厉的；

（5）对母亲的强烈依恋；

（6）对父亲的强烈依恋；

（7）很少与父亲起冲突；

（8）父母对于性问题的坦率；

（9）儿童期极少的惩罚和得到更多的温和；

（10）对于性问题，婚前没有厌恶或厌憎的态度。

其他人说，最能说明问题的是依恋风格。早在 18 个月大时就已经安全地依附于一个照顾者的人（约占所有人的 60%），在他们的头脑中会有一种如何建立和维持安全关系的模式。在他们所爱的人面前时，这些人的心率会减慢，呼吸也会减慢。他们放松，是因为他们觉得一切正常。

在婴儿时期经历过焦虑依恋模式的人，在恋爱关系中更容易遭遇放松问题。他们脑海中的模式告诉他们，他们所爱的人即将离开。他们的心率和呼吸会加快。那些幼时有回避依恋模式的人（他们向照顾者发出信号，但没有得到任何回应），已经先发制人地封闭自我了。他们的模式告诉他们，如果不靠近，那么无回应就不会有什么坏处。

根据一项权威的纵向研究，90% 的有安全感的人会结婚，而其中有 21% 的人会遭遇离婚；70% 的回避依恋的人会结婚，而其中会有 50% 的人遭遇离婚。对于有焦虑依恋的人来说，离婚率甚至更高。

你可能会认为，每个人都会试图嫁给有安全感的人。但事情并不是这样的。人们根据自己的依恋风格，不成比例地与人结婚。有安全感的人与有安全感的人结婚，回避依恋的人与回避依恋的人结婚，有焦虑依恋的人与有焦虑依恋的人结婚。童年早期的依恋模式，并不是命中注定的；人是可以改变的，但你如果在你的伴侣身上看到了回避依恋型或焦虑依恋型的标志，就值得在脑海中就此做个笔记。

还有一些人说，了解他人心理的最好方法是应用五大人格特征矩阵。这五大原则是乐于体验、尽职尽责、外向、和蔼可亲和神经质。当谈到恋爱伙伴时，最后两种品质是最重要的。泰·田代认为，从根本上说，你想要寻求的是和蔼可亲的特质，要避免的是神经质。

和蔼可亲（或是做一个好人）听起来不是最性感或最浪漫的特质。和蔼可亲，就是善良、深情、友好、顺从、理解、热情、敏感和信任。人们常说，一个和蔼可亲的男人很有男子气概，但又夹杂着一种女性气质。

泰·田代还认为，神经质是你想要避免的。乍一看，神经质似乎令人兴奋和具有戏剧性，但神经质的人是紧张的、喜怒无常的，容易陷入悲伤。神经质，是一种强烈体验愤怒和焦虑等负面情绪的倾向。“神经质的人，往往有与包括家人和朋友在内的其他人的关系动荡和不稳定的历史。他们往往看起来运气不好。随着时间的推移，人们经常会看到，他们的神经质会从他们的环境中唤起不幸的事件。”他写道，“认为神经质将会消失，只是一厢情愿。消除这种错觉是如此重要。因为，神经质有着一生保持不变的趋势，对此有非常一致的观察，这一点我再怎么强调都不为过。”

第二个是情感视角。这意味着问一些关于爱的性质的问题。希腊人把爱分成三种类型：友谊、激情和无私奉献。你有时会对一个人有激情，但没有友谊，也没有为对方无私奉献。在这种情况下，你所拥有的只是一种迷恋。或者，你会在没有友谊和激情的情况下为对方无私奉献。在这种情况下，你所拥有的只是钦佩。或者，更有可能的是，你只是经历了些许友谊，但没有激情。这个人会让你开心，但不知何故，无私的爱的爆炸性，永远都未能爆发。这是一段美好的友谊，但不是终生奉献的基础。如果一种魔力将成为你的生活承诺之一，那么它就已经具备了这三种元素：亲密、欲望和自我牺牲的爱。

有些关系，只是停留在漂亮朋友的层面上。两个人都很钦佩对方，但不知何故，他们从未真正触及对方的灵魂深处。他们也不知道这是为何，尽管彼此都觉得这段关系太有意义了。他们可能会告诉对方他们彼此相爱，他们可能会感受到真正的爱，但不知何故，这不是那种让人痛苦的爱，不是那种会激起人们对另一个人可能会离开的恐惧的爱，不是那种当你们两个在一起无所事事时会产生魅力和深深幸福的爱，也不是那种唤起婚姻所需的日常服务和持续关怀的爱。

中等深度的关系最难被打破，因为友谊和钦佩是存在的，但不管是什么原因，它们并不存在于心灵深处，而在婚姻中，会有一些未被挖掘的层面，让人感觉到孤独和彼此分离。

第三个是道德视角。这是一个很重要的视角，因为对另一个人的钦佩会帮助你度过情感之井的干涸时期；当你对另一个人的个性怪癖感到有点儿恼火的时候，钦佩会帮助你度过这段时期。良好的品格，能帮助你挺过这类不顺利的时期。所以，最重要的问题是：这个人诚实吗？正直吗？

分歧是不可避免的，但婚姻仍然会幸存下来。蔑视是致命的，总是会扼杀婚姻的纽带。所以，一个关键的问题是，我是否深深地钦佩这个人？当你做出婚姻承诺的时候，你就是在发出誓言，做出承诺。因此，另一个关键问题是，这个人是否信守诺言？当你选择配偶时，你就是在为你的孩子选择父亲或母亲。所以，问题是，这个人有没有你想要传给你的孩子的品质？在任何婚姻中，或早或晚，疾病、不幸或其他事情都会使你精疲力竭。所以，问题在于，在剔除了教育、技能、成就和品牌之后，这个人的核心何在？当你进行相关决策的时候，你会发现，婚姻涉及无数个决定。所以，问题是，我是否经常事后猜测他或她的判断？日常生活的现实，会消磨婚姻。所以，问题就变成了，这个人有没有吹嘘过他应该感到羞耻的行为——欺骗别人以获得成功，残忍地对待下属以建立统治地位，操纵他人以获得他想要的东西？显然，另一个人不会是完美的。每个人在某种程度上都是自私的。所以，你应当问自己，这个人的自私，是我可以忍受的吗？

完美

糟糕的是，杰瑞·马奎尔已就此有丰富的叙述。好在，婚姻之爱真的感觉像是完美的。感觉就像柏拉图《会饮篇》里的老故事，两个分开的半个灵魂，发现他们在一起组成了一个完整的灵魂。只有在一起，他们才能真正走完生命的全程。他们已经准备好过一种比他们单独考虑的任何事情都重要的生活。

陀思妥耶夫斯基是一个与自己的本性做斗争的人。由于赌博或自身的混乱，他会陷入债务，并不得不通过写作来偿还债务。有一次，随着债务最后期限的临近，他面临着在一个月内写完一整部小说的压力。此时，他遇到了一位名叫安娜·格里戈里耶夫娜的速记员。他们就《赌徒》的写作进行过合作。安娜后来回忆说："每天，他像朋友一样和我聊天，他会向我吐露他过去的一些不愉快的经历。听到他讲述的他从未摆脱的困难，我不禁被深深地打动了。他确实也无法摆脱这些困难。"

陀思妥耶夫斯基完成了这部小说，付给安娜 1 500 美元的速记费用，然后他们分道扬镳。安娜发现自己很想念他。"我已经习惯了与陀思妥耶夫斯基在一起，欢快忙碌地工作、愉快地会面和热闹地谈话。这些，对我来说都成了必需品。我对所有的活动都失去了兴趣，它们似乎都是空洞和徒劳的。"

他们保持着联系。有一天，在一次关于婚姻本质的理性讨论过程中，他们在嫁给作家或艺术家是否明智的问题上发生了分歧。陀思妥耶夫斯基相信，只有傻瓜才会嫁给这种人。任何理智的人，都不会接受这种反复无常的人的求婚。"想象一下，这位艺术家就是我，"他举例说，"我已经向你表白，并请你做我的妻子。告诉我，你会怎么回答？"

安娜意识到，这不再只是一场理论上的对话。"我会回答，我爱你，而且会爱你一辈子。"她回答。

她后来回忆道："我不会试图传达他当时对我说的充满温情和爱的话，它们对我来说是神圣的。我被巨大的幸福惊呆了，几乎被它压扁了。在很长一段时间里，我都难以置信。"

他们在婚姻中尝到了悲剧的滋味。他们失去了两个孩子。但最终的结果却是光彩夺目的。安娜管理着陀思妥耶夫斯基的事业，基本上就是为他开了一家出版社，使他在经济和文学上都取得了成功。对于在她灵魂中看到的东西，陀思妥耶夫斯基从未失去深深的敬意。"在我的一生中，”安娜在陀思妥耶夫斯基去世后写道，“对我来说，似乎一直是一个谜，我的好丈夫不仅像许多丈夫爱、尊重他们的妻子那样爱我、尊重我，而且几乎崇拜我，就好像我是专为他而创造的某种特殊人物一样。不仅在我们结婚之初是这样，而且在接下来的几年里，直到他去世，都是这样。”

第十八章

婚姻：共建的学校

婚姻，开始时是一种快乐，结束时是一种教育。一开始，婚姻是一种快乐，是因为你每天都能和世界上你最关心的人在一起，那个能让你最快乐的人就在你身边。但后来，婚姻变成了另外一种东西。当你同意结婚的时候，你就是同意完全被人认识，这是一个可怕的前景。以“我们”而不是“我”的身份生活，是日常生活的一种转变。你最钟情的对方身上的特点，恰恰会将你逼疯。她尖刻的机智，有时会让人觉得她愤世嫉俗。他的情感敏感度，可能会让你感觉到被需要。在婚姻中茁壮成长的唯一途径，就是成为一个更好的人——更有耐心、更睿智、更有同情心、更有毅力、更善于沟通，以及更谦逊。当我们做出承诺时，我们就是在把自己置于困境。我们必须更加无私，才能走出困境。

婚姻教育，是通过排除婚姻之路上的一系列困难来实现的。朱迪思·沃勒斯坦和桑德拉·布莱克斯利列出了其中一些最重要的例子：

- 与儿时的家庭在情感上分离；

- 建立亲密关系的同时也要有一定的自主性；
- 接受为人父母的角色，消化“女王陛下”“宝宝”到来的影响；
- 面对生活中不可避免的危机；
- 建立丰富的性生活；
- 为表达差异创造一个安全的避风港；
- 保持彼此早期理想化的形象。

当夫妻双方都承认自己对面前的挑战无能为力时，婚姻才能继续存在。如果双方同意一起学习终身课程，比如同理心、交流和再承诺，婚姻就会继续存在。好消息是，你不需要在任何一门课上都得 A+。如果得到了 B，你的成绩就相当不错了。

感同身受的智慧

婚姻破裂，是因为其中一方或双方感到不被理解和被误解。当人们感到不被理解或被误解时，他们会轻而易举地为自己的失败找到借口：“好吧，我搞砸了，但你无视我，也不理解我！”他们把责任转嫁到别人身上，并强化自己最糟糕的品质。

婚姻之爱，是一种看得见的爱。美国著名的婚姻关系专家约翰·戈特曼抓住了其中的精髓：“幸福的婚姻，是建立在深厚友谊的基础之上的。我的意思是，情侣相互尊重并享受彼此的陪伴。这些情侣，往往彼此非常了解——他们对彼此的喜好、厌恶、怪癖、希望和梦想都了如指掌。他们对彼此有着持久的尊重，不仅以宏大的方式表达这种喜爱，还日复一日地以细微的方式表达这种好感。”

婚姻之爱，是理解对方的模式。在《希望婚前了解的事情》（*Things I Wish I'd Known Before We Got Married*）一书中，盖瑞·查普曼描述了各种不同的性格类型，它们可以在婚姻中共存。其中，有画家型和指针型。在谈话中，画家精心描绘了一幅事件的详细画面，而指针正好指向画中的要害。有组织者型和自由精神型。组织者型对细节操之过急，而自由精神型的人认为细节会自动解决。有工程师型和舞者型。工程师型的人想有逻辑地考虑每一个决定，而舞者型的人则会用心感受。这些差异，可以引发冲突，也可以形成互补。这取决于合作伙伴对对方的理解和包容程度。

婚姻之爱，就是意识到婚姻中的过去是如何存在和延续的。心理学家开玩笑说，婚姻是一个战场，两个家庭都派出他们最优秀的战士来决定哪个家庭的文化将指导这对夫妇的生活。

在结婚之前，这些血统上的影响在很大程度上是无意识的；这只是你们做事的方式。但是在结婚的头几个月，你的做事方式会遇到另一种做事方式的撞击。这种新的意识，通常不是一种渐进的、学术性的意识。在这种意识中，你会平静地摸着下巴说，“嗯。有点儿意思。”它通常会以意想不到的爆发的形式出现。你对伴侣做的一些小事完全反应过度。在反应过度的过程中，你可能会默默地问自己：“见鬼，这是怎么回事？”

“我们经常按照很久以前的危机产生的剧本行事，尽管我们几乎都有意识地忘记了这些剧本。”阿兰·德–波顿写道，“我们按照一种古老的逻辑行事，而这一逻辑现在已经不再是我们所能理解的。”例如，在有条件的或批判性的爱中长大的人，可能会把“我希望你没有那样做”理解为“我要离开你了”。他们可能很难理解，愤怒并不会威胁到这段关系。

拥有同理心的夫妇，会退后一步，并了解彼此是如何应对压力的。婚姻破裂最常见的形式之一，是陷入“需求—退缩”循环。一位合伙人向另一位提出要求——打扫房间，准时出现，但要求中带有些许责备之意。另一方听到的要求，则是唠叨或抱怨。这位合作伙伴并没有完全投入，而是退出了。这会促使提出要求的人重复要求，更明确地指定责任，并加大批评力度。这会导致退出的合作伙伴更进一步地退出。如果退出的合作伙伴偶尔让步，就会给要求苛刻的合作伙伴一个强化的信息，即指责和批评是有效的。更多的指责接踵而至，直到退出的合伙人进入完全退出和分离的模式。一个人抨击得越猛烈，另一个人就越退缩。

关系健康的夫妇，会从这个循环中退一步，并互相帮助对方走出这个循环。“情侣关系的神奇之处在于，当两个人坠入爱河时，他们需要做的令情感增长的任何事情，往往都是伴侣需要做的事情。”阿亚娜·马拉奇·皮内丝在《坠入爱河》（*Falling in Love*）一书中写道，“与其变成一个被拒绝的小女孩，需要大力敲门才能得到回应，不如学会保持成年人的身份，以一种能增加得到回应的可能性的方式来要求她想要的东西。”

最终，在持久的婚姻中，人们实现了“墨提斯”。“墨提斯”源于希腊语，在古典希腊时期的哲学里，“墨提斯”是代表广大的智慧与深思的母神。

具备“墨提斯”的老师，可以感觉到课堂即将失控。具备“墨提斯”的工程师，根据隐约听到的隆隆声，就能感觉到发动机出了什么问题。婚姻中具备“墨提斯”的伴侣，知道什么时候该为对方腾出空间，什么时候该闯进来，什么时候该送令对方惊喜的礼物，什么时候不该讲戏谑的笑话。婚姻这所大学，在最好的情况下，会教授这种形式的情感意识，但它不能被简化为规则，也无法通过书本习得，而是表现为一种爱的灵活性。

沟通

言语，是婚姻的燃料。“其他的一切都是短暂的，”尼采写道，“但你们在一起的大部分时间，都会用来交谈。”

谈话的质量，就是婚姻的质量。好的谈话，会带来温暖与和平，而糟糕的谈话，会造成冷漠和停滞。沟通，是婚姻伴侣之间相互影响的方式。

当然，大部分的对话都是平淡无奇的——关于晚餐、油漆颜色，或者婴儿的肠胃状况。曾经有一段时间，整个礼仪观念都过时了。但是，礼仪是日常生活的道德规范。正如埃德蒙·伯克所说的：“就像我们呼吸的空气一样，礼仪通过持续、稳定、统一、无意识的操作，使我们烦恼或得到抚慰，被腐化或被净化，升华或被贬低，粗暴或精炼。礼仪为我们的生活赋予了全部的形式和色彩。根据其质量，礼仪协助道德，或者提供道德，或者完全摧毁道德。”

约翰·戈特曼所说的“投标和截击”模式，可塑造一场有礼貌的谈话。比如，你正坐在餐桌旁看报纸，你的伴侣走过来说：“看，窗外树上有一只漂亮的蓝色松鸦。”这是个对话式的投标。你可能会抬头惊呼，“哇哦，它太美了。谢谢你告诉我。”这是一个“互让投标”式的回应。你一边给出你的评论，一边朝着你的伴侣走去。或者，你可以回答：“我正在看报纸。请让我读完，好吗？”这是一个“反对投标”式的回应。或者，你只是咕哝着，忽略她的话；或者，你不按规则出牌，直接改变话题。这是一个“拒绝投标”式的回应。

戈特曼发现，在成功的婚姻中，夫妇经历了5次投标，每一次投标得到的反应都是反对或拒绝。被戈特曼称为“关系大师”的人，不厌其烦地在他们的情感银行账户里存钱。在接受《大西洋月刊》的艾米丽·埃斯法哈尼·史密斯的采访时，戈特曼说：“大师们有一个习惯，那就是：他们扫描社会环境，寻找他们能欣赏的东西，然后说谢谢……灾难制造者则扫描社会环境，寻找伴侣的错误。”

离婚，通常不会发生在冲突数量增加时，而是会发生在积极事物数量减少时。约翰·戈特曼的妻子朱莉·戈特曼指出，人际关系大师对他们的伴侣做得对的地方多加留意，他们很快就会表示称赞。根据戈特曼夫妇的说法，有4种不友善行为会导致夫妻分离：蔑视、批评、防御性和阻挠。他们的研究规则很简单：如果你累了，而你的伴侣投标，你就转向友善。如果你分心了，就转向友善。如果你感到压力很大，就转向友善。

人际关系大师还会学习如何在取得胜利和发生冲突的时候保持良好的沟通。胜利的时刻，似乎是一段关系中最轻松的部分。但加利福尼亚大学圣塔芭芭拉分校的心理学家雪莉·盖布尔发现，这些时刻往往会让人分道扬镳。一方回家后说在工作中获得了晋升，但另一方并未参与这种快乐，因为他太专注于自己。所以，他（a）把话题转移到了自己的成功上；（b）咕哝着承认对方的成功，然后又回到了自己的事业中；（c）贬低对方的成功，并诘问：“你确定你能胜任这份新工作吗？”

大师们也学会了永远不要闷闷不乐。闷闷不乐，是指对某事感到愤怒，却拒绝与人交流。“闷闷不乐的人，”阿兰·德-波顿写道，“既迫切需要对方的理解，又拒绝做任何事情来帮助对方做到这一点。对解释的需要，构成了侮辱的核心：如果伴侣需要解释，那么他或她显然不屑于解释。”这位闷闷不乐的人回到了童年，幻想着找到一位不用语言或解释就能理解他想法的母亲。

当受到指责和攻击时，没有人会变得更理智。没有人会因为他们的配偶在争吵中对他们尖叫“该长大了”而变得成熟！有一种建议提供了一个更好的程式，即使在生气时很难遵循它。首先，试着用中立的话语来陈述问题。然后，比画、立场和签约。提醒对方你听到了他的话并理解他（比画）；清楚地表明你的立场（立场）；双方的想法在中间碰撞（签约）。

再承诺的艺术

婚姻有两个典型的危机时刻——孩子刚出生时和中年的低迷时期。前一种危机时刻，是用你与孩子之间快乐而迷人的爱，来取代你与配偶之间复杂而艰难的关系。在后一种危机时刻，中年人被一种普遍的伤感和缺失的感觉困扰。有一种感觉，是生命正在溜走；有一种倾向，认为配偶及其所有的缺陷和消极，唠叨和不悦，是真正的问题之所在，是真正的障碍之所在，阻碍着你的充实。

在这些危急时刻，人们会有一种退缩的倾向，与伴侣保持距离。你开始离群索居，退缩。你与外界的兴趣和不同的朋友群体共同构建平行的生活。你会习惯于没有亲密感的婚姻，就像他们说的那样，在婚床上，配偶之间相隔一厘米，相距一百万英里。你用酒精、工作或照顾孩子来填补以前由婚姻填满的精神空间。

在卡梅隆大学的一项研究中，乔安妮·L. 赛勒采访了失恋的人。她收集的语录，有力地证明了熄火之后的恋爱是多么可怕："做爱时没有接吻。我记得，我只是渴望被吻，但不是被他吻。""这种痛苦，令人无法抗拒。""我想，我哭了一年。""是的，那是极度孤独造成的抑郁。""我的爱，正在消失；我的心，感觉到他的践踏，而他似乎并不在意。""我的个性，被否定了……他永久性改变了我……几年时间里，我完全没有个性。"

分手后，你会遇到婚姻中爱情似乎枯竭的可怕时刻。有时候，婚姻是真的死了。任何一方，都无法再伤害对方了，因为双方都已不在乎。在这种情况下，离婚就发生了。但在其他情况下，余烬仍然是温暖的，婚姻只是需要一次勇敢的重新承诺。这就是婚姻课程中的下一门课程：再承诺的艺术。

在这些低落的时刻，请记住，婚姻不仅仅是一种关系，它还是一种契约，这是很有帮助的。风雨同舟，坚定不移，这是道义上的承诺。两个人都发誓要创建婚姻这个项目或事业，这比个人的情感起伏更重要。当然，有些时候离婚是正确的，也是唯一的选择。但是，也有一些时候，曾经引导帕克·帕尔默的情绪派上了用场："你如果不能摆脱它，就拥抱它吧！"如果你不能轻易放弃某件事，那么唯一的出路就是加倍下注。

当爱情之井干涸时，人们需要意志的行动才能挖得更深。迈克·梅森写道："这是一种深思熟虑的选择，选择亲近而不是距离，选择陪伴而不是冷漠，选择关系而不是孤立，选择爱而不是冷漠，选择生而不是死。”

这不是自然而然的倾向。相信我，我知道婚姻失败是什么滋味。重新承诺包括与自己作对。但是，生活是由我们被要求与自己作对的时刻来定义的。婚姻，就像所有的承诺一样，不是为了让你快乐，而是为了让你成长。正如梅森所说，“自相矛盾的是，婚姻存活于那些几乎不可能存活的时刻。此时，双方都非常清楚，只有纯粹的牺牲之爱，才能将他们维系在一起。”

亚伯拉罕·林肯在第二次就职演说中，以一种奇异的方式，找到了一种婚姻再承诺的模式。林肯是在美国大崩溃的时候发表这次演讲的。在这一点上，很明显，北方将赢得南北战争。林肯本可以利用这一时刻为一个伟大的机遇拍胸膛：我们在正义的事业中获胜。我们为善而战；你们为恶而战。我们是对的，你们是错的。我们被证明是清白的，而你们南方人，手上沾满了我们的鲜血，是耻辱的。

林肯对整个美国的热爱，比他对自己一方（北方）的热爱更强烈。在第二次就职典礼上，关键词是关乎统一的词：“我们”“所有”“两者都是”。“所有的想法，都焦急地指向一场迫在眉睫的内战。所有的人都害怕内战，所有人都试图避免内战……南北双方都反对战争。”他把北方和南方放在同样卑微的地位上。

林肯并没有说奴隶制是南方的制度。他说这是一种美国的制度。清除罪恶的战争灾难，理所当然地落在南北双方身上。林肯把南北双方归为同一类——有罪和谬误。他实事求是地承认困扰这个国家的分歧和失望，但他不接受所谓国家分裂的必然性，并呼吁民众要彻底改变心态：

“对任何人都怀有恶意，对所有人都要仁慈。”

治愈一段破裂的婚姻，与治愈一个破碎的国家并没有太大的差异。一段关系中总会有差异和分歧，但大多数情况下，这些并不是破坏关系的原因。这是我们将分歧转化为优势的方式。这不是我是对的/你是错的，而是我更好/你更次要，我是正义的/你是可悲的，我是善良的/你是卑鄙的。这是一种快速进攻的倾向，以一种宣扬自己道德优越感的方式。当马歇尔·麦克卢汉做出“道德愤慨，是一种用来赋予白痴尊严的技术”的评论时，他虽然很严厉，但并没有错。

重新承诺，往往意味着把自己的罪过摆到桌面上。忍耐，意味着承认犯下的错误，甚至承认制造的愤怒，但忍耐把愤怒置于爱的背景之下。忠诚，只是重复“我爱你”。令人惊讶的是，需要说“我爱你”这句话的频率是如此之高。在意见不合和危急时刻，这句话的威力，也是如此之大。

当谈到如何重新承诺时，专家们意见一致：不要指望婚姻中的重大分歧会有最终的解决方案。通过增加积极因素，来压倒消极因素。以5种爱的语言来埋葬负面的互动：肯定的话语、服务的行为、礼物、优质时光和肌肤之亲。

重新承诺是“我们今天下午能出去走走吗”，还有“你放松点儿，我来用吸尘器吸尘”。这是亚伯拉罕·约书亚·海舍尔所说的“行为的狂喜”的时候。你举行了一次成人礼，做了一件好事，然后又做了另一件事。每一件事，都创造了“光明的时刻，在这些时刻，我们被超越自我意愿的压倒一切的行为唤醒。这些时刻，充满了即将离开的喜悦、强烈的喜悦”。行为变化先于态度变化，并导致态度变化，这是一条古老的人性法则。如果你善待一个人，你就会变得善良，你就会珍惜他。性爱可以治愈婚姻中的很多伤口，或者至少为它们的愈合提供了一个开始。“婚姻的伦理是享乐主义的，而不是修道主义的。”索洛维奇克拉比写道。婚姻过于灵性，是危险的。

几年前，莉迪亚·内策写了一篇博客文章，名为“保持15年婚姻的15种方式”。文章给出了一些好的、现实的建议，可帮助我们一起渡过婚姻中的危险，比如：

生气就去睡觉。每个人都说，你不应该因为你的愤怒而让太阳落山，这太愚蠢了。你太累了，去睡觉。睡一觉吧。第二天早上醒来做煎饼。再看看这场争吵有没有那么严重。

要骄傲，要吹嘘。当众吹嘘你配偶的成就，并让他无意中听到你对他/她的吹嘘。

对他的母亲抱怨，而不是对自己的母亲抱怨。如果你向他的母亲抱怨他，他母亲会原谅他的；如果你向你自己的母亲抱怨他，你的母亲永远都不会原谅他。

相信你嫁/娶的那个人。让别人帮助你。相信他们会知道什么是对的。

保持忠诚。“你和你的配偶，就是一个由两个人组成的团队，”内策写道，“团队中不允许其他任何人存在，而且永远不会有其他人理解团队的规则……有时，她是聚光灯下的人；有时，你是聚光灯下的人。归根结底，起起落落，都无关紧要，因为团队是坚不可摧的。”

内策的建议，抓住了婚姻的另一个悖论——它是用曲木建造的神圣机构。当你处理零碎的事情时，没有完美主义的余地，只有感情的困惑。婚姻开始于狂想曲，结束于凑合。

第二次恋爱

初恋是香槟。但是，在你们结婚后，你们经历了几十次争吵和修复，你会发现你们进入了第二次恋爱。这段爱情不那么热烈，但更持久。第二次恋爱，是人们在见过对方最糟糕的样子之后，在他们原谅了对方几次并被对方原谅了几次之后，在他们可以为在一起生活而感到自豪之后，在他们知道接下来会有些许慰藉之后，对彼此的爱。这就是你要共同生活的人。这就是你们的生活。第二次恋爱，是第二座山上的爱情——在经历了第一座山下刺激、痛苦的山谷之后，现在，你们又登上了更广阔、更无私的共同生活的新高峰。

你可能遇到过年纪较大的夫妇，他们彼此看起来很像，反应也很像，说话也很像。“你已经 82 岁了。”哲学家安德烈·高兹曾在给妻子的一封信中写道，“你矮了 6 厘米，你只有 45 千克重，但你仍然美丽、优雅、令人神往。我们已经在一起生活了 58 年，我比以往任何时候都更爱你。我再一次感觉到胸腔里有一种撕心裂肺的空虚，只有当你的身体紧贴着我的身体时，这种空虚才会被填满。”

这份爱，在死后依然存在。维克多·弗兰克尔曾有一位年迈的病人，他无法克服失去妻子的悲痛。她已经去世两年了，但他的伤痛依然剧烈。最后，弗兰克尔问道，如果他先死了，会发生什么。他的妻子会经历什么呢？

“对她来说，这太可怕了，她会多么痛苦！”那人回答说。

“你看，”弗兰克尔回答，“她没有遭受这样的痛苦，而正是你让她免受了这种痛苦——当然，代价是你现在必须活下来，为她哀悼。”那人拿起帽子，握了握弗兰克尔的手，离开了办公室。

达到这种最终的和谐状态的夫妻，不仅达到了知足常乐，还完成了净化。净化，既是一种道德状态，又是一种情感状态。在漫长的起伏之后，才会有净化。当你回首往事，更准确的说法是，你确实有过五六次不同的婚姻，你嫁给了五六个不同的人，这些人多年来碰巧住在同一个身体里。这发生在喜剧和悲剧的插曲之后，揭露了罪恶和欢乐。就像戏剧的结尾，人物都被曝光了，被原谅了，眼泪都流出来了，大家都在一起欢笑。

在净化中，贫穷之爱已经演变成给予之爱。每一位合伙人都为对方陷入了荒谬的境地，做出了毫无意义的牺牲。他们已经到达了一个平静的峡谷，经历了孩子生病，大学的焦虑，度假途中的航班延误，等等。我们为人们举行结婚 50 周年（金婚）纪念日鼓掌，因为我们知道这是一项成就，尽管对他们来说这只是一种喜悦。他们的生活还没有结束，但他们可以在冬日的夜晚停下脚步，把头靠拢在一起，凝视炉火。

第四部分
哲学与信仰

第十九章

智力的承诺

当我还是个年轻人的时候，我曾梦想着革命。身体上，我生活在 20 世纪 80 年代，即里根时代，但智力上，我回到了 1917 年的格林尼治村。我会坐在大学图书馆里，阅读一本名为《新大众》的旧杂志。这是一本设计华丽、印刷精美的杂志，面向受到俄国革命启发的激进分子。他们相信，一个新世界正从旧世界的灰烬中诞生，活着就是一种幸福。

当时的左翼知识分子感觉他们被卷进了历史的洪流，完全投身于似乎近在咫尺的天堂。卡尔·马克思和弗里德里希·恩格斯揭示了深刻的历史潮流。革命先锋队走在了前列。约翰·里德（美国无产阶级作家、哈佛大学 1910 届学生）去了俄国，参加了革命，并撰写了《震撼世界的十天》。几十年后，纽约城市学院的年轻犹太激进分子逃课，在学生自助餐厅闲逛，并就共产主义在美国的未来展开辩论。托洛茨基派坐在第一个壁龛里，斯大林派坐在第二个壁龛里，他们的一次争论可以持续 6~8 个小时。争论耗尽了他们的精力。当革命到来时，对马克思主义的哪种解释占上风就很重要了。

我不知道我是否真的致力于马克思主义——当时我称自己为民主社会主义者，但我致力于这种生活：为了正义和世界历史变革而进行充满激情的智力投入。

然后，在我大学二年级时，我被指定阅读一本由埃德蒙·伯克撰写的书，书名为《法国大革命反思录》。伯克反对我相信的一切，或者说，反对他以为我会相信的一切。伯克认为，革命性的变化是草率的——你永远不知道它会引发什么样的意外影响，理性的力量不足以理解世界的复杂性，我们应该尊重我们文化中的“公正的偏见”，我们应该尊重那些经受了时间考验的传统。伯克为体面的生活、礼仪、礼貌和骑士精神辩护。他说，这些要素使生活变得柔和，使社会变得有荣光。

我对这本书的厌恶，是无法诉诸言表的。我写了一篇又一篇的文章，对它嗤之以鼻。但是，即便在那时，我也隐约意识到伯克已经惹恼了我。

在我大学四年级的时候，小威廉·F. 巴克利来到校园。我当时是校报的幽默专栏作家，曾经写过一篇恶搞巴克利的文章，主要内容就是指责他是个名声败坏的吹牛大王。一位名叫内森·塔尔科夫的教授把这篇恶搞的文章转交给了巴克利。显然，巴克利认为这篇文章很有趣。因为，在他对学生团体的演讲结束时，他说：“戴维·布鲁克斯，如果你在观众席中，我想给你一份工作。”

我不在观众席中。当时，我被选中参加 PBS 的一个节目，与伟大的经济学家米尔顿·弗里德曼进行辩论。所以，我去了帕洛阿尔托，弗里德曼在当地的胡佛研究所工作。这场辩论的奇特之处在于弗里德曼与年轻人对话。这是我第一次在电视上露面，YouTube 视频网站上有当时的节目视频——我留着爆炸头，戴着巨大的圆框眼镜。在这期节目中，我一再强调我从一本左翼书籍中“剽窃”过来的观点，然后弗里德曼会击破我的观点。然后，镜头会在我绞尽脑汁、搜肠刮肚的时候锁定我的脸。

前后花了一个星期的时间，我们才录完那期节目的所有剧集。晚上，弗里德曼和他的妻子罗斯带我们出去吃饭，和我们谈论经济问题。我以前从未见过鲜活的自由主义者，所以，这对我来说就是一个全新的世界。我也从来没有遇到和亲眼见过这样一对夫妇，他们全身心地投入想法中，并通过想法相互交流。我的思想开阔了。无论是过去还是现在，我都受到他们这种有着共同智力使命的生活的鼓舞。

几年后，我在芝加哥的南区和西区做记者，部分报道涉及一些糟糕的住房项目，这些项目基本上已经不适合居住了。我突然想到，这些项目是由社会学家设计的，他们的意图是很好的——把旧公寓夷为平地，用闪闪发光的新公寓取而代之。他们没有意识到的是，当他们拆除旧公寓的时候，他们也在拆除人们营造的无形的支撑网络。正是这些网络，使得人们可以忍受他们的生活。在物质上，建筑商让社区在一段时间内变得更好，但社会状况却变得更糟了。他们缺乏认识论上的谦逊。

我突然想到，这正是伯克曾经警告过的事情。我重读《法国大革命反思录》，结果看得我目瞪口呆。我并不相信伯克兜售的所有东西，但我现在开始看到，这种叫作保守主义的东西是包含着一定智慧的。

我联系了巴克利，询问他给我的工作是否仍在考虑之列。他给予我确定的答复。不久，我就去《国家评论》杂志社工作了。突然间，我被一场致力于思想和革命性变革的运动包围了，就像当年我在大学里遇到的马克思主义者一样。事实上，这场运动中的许多人就是当年的马克思主义者。在很大程度上，现代保守主义运动是由饱受现实蹂躏的前马克思主义者发起的，这些人包括惠特克·钱伯斯、詹姆斯·伯纳姆、欧文·克里斯托尔、马克斯·伊斯曼等等。

他们早先的立场，仍有残余。正如克里斯托尔在他所著的《新保守主义》（*Neoconservatism*）一书中引用托洛茨基的话所说的那样："年轻时参加激进运动，就像年轻时坠入爱河一样。这个女孩可能最终只是粉黛骷髅，但爱情的经历是如此宝贵，永远不会因为最终的幻灭而完全瓦解。"

我花了几十年的时间，才弄清楚我是什么样的保守派。最终，我意识到我是一个伯克派保守派。我思想的核心内容，都包含在伯克的《法国大革命反思录》中。我从不怀疑思想的力量，因为这本书改变了我的生活。通过命名一种哲学，它唤起了一些潜藏在我心中的知识。它已经成为我看待世界的基础。思想是会有结果的。

当弗里德曼和巴克利年事已高，濒临死亡时，我曾询问他们是否感到满足。他们都以比最初预期的更深远的方式改变了历史。现在，他们觉得可以休息和享受安宁了吗？两人都不明白我在说什么。他们都还有很多事情要做呢。直到他们去世的那一天为止，他们一直在推动思想，为思想而活，并试图让世界朝着他们的思想的方向稍做调整。他们，就是智力承诺的典范。

他们曾经非常激进，至少在刚开始的时候就是这样。在当时的美国，几乎没有人赞同他们的观点。但最终，有数亿人赞同他们的观点。有些人逆水行舟，他们代表一些想法，并呼吁改革。在他们身上，有一种美在闪耀！

我回想起我的大学时光，非常感激这所大学——芝加哥大学——给了我一个开放的书架。在那里，我可以找到《新大众》；在那里，教授们会有胆量强迫我读一本当时我真的很讨厌的书。学校，可以改变生活。

人文理想

美国高等教育经历了数十年的发展。到19世纪下半叶和20世纪上半叶，大多数美国大学，都已信奉耶鲁大学法学院的安东尼·克朗曼所说的“人文理想”。这一理想认为，大学的宗旨是目的性的——帮助回答生命的终极问题。说得更直白点儿，那就是大学的目的是塑造学生的灵魂。

一个世纪前，蒙特霍利约克学院院长玛丽·伍利说：“品格是教育的主要目标。”20世纪20年代，当佛蒙特州斯托学校的校长J.F.罗克斯伯格被问到他的学校的宗旨时，他说，是培养出“在舞会上可被接受的年轻人，在海难中无价的年轻人”。

大学通过让学生接触到卓越来实现这一目标。“人们很容易认为道德失败是由于性格软弱。”英国教育家理查德·利文斯通爵士写道，“但更多的时候是因为不够富有理想。”因此，在这种教育模式下，教师的一项工作就是树立榜样。一位斯巴达教育家说：“我让孩子们喜欢可敬的东西。”当学生们从学校走出来时，他们至少会接触到人类所想和所做的最好的事情。

当然，从那时起，大学变得更加多样化和多元化。我们已经意识到生活不能只有单一的理想。引领潮流的大学逐渐放弃了人文理想，转而接受了克朗曼所说的“研究理想”。生物、文学、历史等知识体被分成各种专业和越来越小的子专业，学者们在各自的专业领域努力开拓知识前沿。

这种方法带来了很多发现，特别是在科学领域，但正如克朗曼所说，这种对专业化的强调“需要我们把注意力放在它们的某个小的方面上，从而把我们的注意力从我们生活的整个方面转移开”。人们可以调查主要的生活形式，或者问一些大的、含糊的问题，比如“是什么让生活有价值”。这显得不仅不切实际，而且不负责任和有害。克朗曼写道：“因为它让关于生命意义的问题显得不专业——从今以后，没有一个负责任的人文学科老师会认真对待这个问题。”研究理想为大学提供了很少的方法来让学生作为一个整体参与生活，而学生是充满渴望并追求意义的实体。研究理想似乎在微妙地说，忽略幕后的灵魂吧。

并不是学校积极排斥德育，而是整个教育事业变得尴尬，大家或多或少就忽略了。每个人都承认，道德发展非常重要，但这在某种程度上是你自己应做的事情。哈佛大学的史蒂文·平克总结了现代大学的研究精神：“我不知道如何让我的学生建立自我或成为一个灵魂。研究生院没有开设这门课程。在我参加过的数百次教职任命和晋升中，我们从来没有评估过任何一位候选人在这一点上能做到什么程度。”

学校教学生们用批判性思维思考，从而怀疑、疏远和解构，但学校几乎没有教他们如何依附，如何欣赏，如何宣誓与效忠，如何模仿和服务。大学和社会的其他部分一样，都是信息丰富而意义贫乏的。

幸运的是，我去了其中一所机构，一只脚踏入了研究理想，另一只脚仍然顽固地根植于人文理想，那所机构就是芝加哥大学。当我上大学的时候，对于大部头的研究至少占据了我们头两年的学习时间，甚至还要更长。我们的教授，不仅教授书本知识，还使书本有所依附和归属。当时，一些“二战”时期的德国老难民仍然健在，他们怀着一种宗教般的热情，相信打开理想王国的魔法钥匙就存在于这些书本中。读得好、想得深的人，抓住了生活的奥秘和如何活得更好的秘诀。

当我还是一名学生的时候，一位名叫卡尔·温特劳布的传奇教授正在教授西方文明课程。他集中体现了许多人在教学中投入的承诺和热情。几年后，他在临终前写信给我的同学卡罗尔·奎伦，谈到教授西方文明课程的困难：“有时候，我花了一个小时或更长时间，倾注了所有的热情和敏锐，努力将这些故事完整地讲述出来，我会感到声嘶力竭、筋疲力尽。我认为这对学生有益，但我不知道真实效果如何。”

有时，教授们倾注到课堂上的思想，超过了学生们在他们这个年龄阶段的接受能力。这是教学的悲剧。如此一来，好的教学方法就像播种一样。那些像温特劳布一样的老师正在植入种子，当成人生活的现实发出呼唤时，这些种子会在几年或几十年后在我们身上迸发出来。我不知道你们是怎么看的，但是比起我毕业那天，25 年后，大学教育让我更有成就感。

有一句老话说，如果你满腔热情地着火，人们会远道而来观看你被热情烧死。我接受的教育的一部分，就是看着我的教授们被热情烧死。散文家约瑟夫·爱泼斯坦上的也是芝加哥大学，但比我早 1/4 个世纪。他同样对教授们的博学记忆深刻。“在我青春期晚期的无知深渊中，”爱泼斯坦回忆道，“我从未想过我能效仿这样的博学之人。尽管如此，不知何故，我还是能感觉到他们身上的一些非常令人印象深刻的东西。我对这些教授和作家怀有极大的钦佩之情。”正如哲学家伊娃·布兰所说：

“当你知道自己的地位较低，但被爱束缚在更伟大的东西上时，你会有一种令人愉快的谦卑之感，你会认识到优越性，并从中受到启发。”

许多人说，西方文明和这种伟大的图书教育，是由已故的白人男性主导的精英事业。但西方文明过去是，现在仍然是激进主义——一种颠覆性的、革命性的反动文化，使人无法满足于现状。西方文明就是苏格拉底，而他是一个如此危险的人，以至他的城邦无法容忍他。西方文明提供了走出洞穴、看到现实的本来面目的方法，而不仅仅是令思想家们满足的所看到的阴影。西方文明把我带到了我那个时代的假设之外，脱离了现代精英统治的价值观和美国人对成功的崇拜。西方文明激励我一生追求一种哲学——花费几十年的时间，试图找到一种世界观，既能处理现实的复杂性，又能提供连贯的愿景，既可以框定我对事件的反应，又可以引导我度过沧桑。当我想为我对当前世界的不满寻求动力时，西方文明是我返回并求助的反叛基地。你一旦瞥见了人类经历的最高峰，就很难在它下面的平地上长久地苟活。在此后的生活中，你很难变得肤浅，不管你在这个方向上有多大的倾向。

知识分子的美德

和其他倡导者一样，芝加哥大学的教授们至少做了 6 件事。第一，他们欢迎我们进入学者的传统队伍。这是一大群致力于阅读、思考、激荡和更充分地生活的男男女女。他们让我们进入了一场漫长的对话，正如哲学家迈克尔·奥克肖特所写的那样，这是“一场无休止的未经预演的智力冒险。遨游于其中时，我们试图理解世界和自己的各种模式，我们不会为差异感到不安，也不会为所有的不确定感到沮丧”。在这个永恒的队伍中，我们只是新手，但我们仍然是其中的一部分。

第二，教授们向我们介绍了一系列历史的道德生态。我们所有人，都需要一种建设性的人生哲学，都需要一套价值判断的标准。幸运的是，几个世纪以来，人类在不同的时间和不同的地方提出了不同的价值体系，以及在世界上寻找意义的方式。例如，希腊传统强调荣誉和荣耀；希伯来传统强调服从法律和严格的良知；基督教传统强调谦逊、妥协和恩典；启蒙运动则基于理性、个体自由和个人自由。教授们向我们抛出了诸多道德生态，如斯多葛主义、德国浪漫主义、诺斯替主义、佛教、儒学、泛灵论、马克思主义、女权主义、解构主义等。他们并没有告诉我们应该依附于哪种道德生态，但给了我们尝试不同道德生态、寻找合适的道德生态的机会。

第三，教授们教会我们如何看事物。看清现实，似乎是一件直截了当的事情。你只需往外看，看看世界就行了。但任何对政治稍有了解的人都知道，我们中有很多人通过党派之争的扭曲视角来看待世界，有很多人只看到了自己想看的东西，有很多人通过恐惧、不安全感或自恋的过滤器看待世界。

看得很清楚，并非自然而然的事情。这是一种谦卑的行为。这意味着让你自己——你自己的需要和愿望——远离障碍。这样，你就可以看到你正在看的事物本身，而不仅仅是你自己利益的镜像。看得清楚，是从其他能看清现实的人那里学到的技能。这些人包括达·芬奇、乔治·艾略特、乔治·奥威尔、简·雅各布斯、詹姆斯·鲍德温、列夫·托尔斯泰等等。

约翰·拉斯金曾写道："人类灵魂在这个世界上所做的最伟大的事情，就是看到一些事物，并以平实的方式叙述所见所闻。数以百计的人可能会为一个会思考的人说话，但数以千计的人可能会为一个会观察的人思考。"

第四，教授们授予我们智慧的勇气。自我思考或孤立思考是不存在的。所有的思考，都是交流。你头脑中的所有概念，都是从几千年前的思想家那里继承而来的。人类是社会性的动物，我们的很多想法都是为了建立联系，而不是追求真理而产生的。我们的很多想法都是试图获得一些观点，帮助你赢得社会认可，并被合适的社交圈接纳。知识生活中最困难的部分，是区分真实的东西和让你欢喜的东西。

第五，教授们授予了我们情感知识。与惠特曼一起感受欣喜若狂，与安提戈涅[1]一起埋葬她的兄长，与伽利略一起遨游，与数学家帕斯卡一起感受上帝的直接存在，或者与西尔维娅·普拉斯[2]一起陷入深度疯狂。

罗杰·斯克鲁顿认为，情感知识就是知道在某些情况下的感受——这样，你就可以适度地厌恶不公正，在自我牺牲之前适度地虔诚，在友谊中适度地同情，在受到委屈时适度地宽容。这种情感知识，是一种技能。和任何其他技能一样，它也是一种必须获得的技能。我们生来就有某些基本的情感，但我们必须学习在我们没有直接经历过的环境中如何感受——拉尔夫·埃里森在面对种族主义时体验到的非人性的隐形感，以及萦绕在大屠杀幸存者心头的负罪感。我们必须学会优雅的情感。当

1 安提戈涅：古希腊悲剧作家索福克勒斯作品《安提戈涅》中的人物。——译者注

2 西尔维娅·普拉斯：美国最著名的女诗人之一，其诗篇富有激情和创造力。因恋情变故而在31岁时自杀。——译者注

一个好人因自己的缺点而崩溃时，我们应该适度地悲哀；圣女贞德面对大火时的顽强勇敢，影射为莫扎特的木星交响曲中克制的欢快。

第六，芝加哥大学让我们热爱新的事物。所有人生来就有求知的欲望。孩子们会被了解的热情驱使，目不转睛地看着轮子和杠杆。当我们在一本书中看到一段文字时，我们都会感到有点儿兴奋，尽管这段文字只是描述了我们模糊的直觉。当诗人完美地捕捉到某种情感时，他的文字看起来不仅真实，还很美。

柏拉图建议教师充分利用人们这种对美的本能渴望。把更漂亮更完美的东西呈现给学生，由此培养他们的想象力。随着年龄的增长，他们就会渴望更多更严肃的事物。首先，教师向学生展示一张漂亮的脸孔。一旦他们学会了欣赏身体之美，他们就会被一种更高层次的美吸引，那就是可爱的人格之美和心灵之美。当他们明白这一点时，他们就会领略到一种更高层次的美，那就是公正社会之美。当他们明白这一点时，他们就会渴望更高层次的美，那就是对真理和智慧的追求。当他们明白这一点时，他们就会渴望美的终极形式，那就是美本身，那是无所不包的超然之美的永恒形式。它既不会绽放，也不会褪色；它既不会增益，也不会减损。对柏拉图来说，这就是神本身。

芝加哥大学的老师们，只是把一些伟大的杰作摆在我们面前，并在杰作周围创造了只能被称为情欲的氛围，激起了学生们对更高层次之美的渴望。例如，有一天晚上，我在学校主图书馆的地下室做作业，这里可能是上帝创造的绿色地球上最丑陋的建筑中最鄙陋的一层。我被指定阅读尼采的《悲剧的诞生》中的一段话。我在 7 点钟左右到达地下室，开始看书。10 点 30 分左右，我抬起头来，既吃惊又震惊地意识到自己身处何方。在这中间的几个小时里发生了什么，我真的无法用言语表达。我想，我当时神情恍惚。也许是因为尼采“邪恶”的才华和文中飞扬的“咒语”，或者是因为他所涉猎的主题——数千年前原始的酒神舞蹈，推动了戏剧的诞生。我能告诉你的是，世界的其余部分悄悄溜走了，时间也悄悄溜走了。我已沉浸在书本之中，我已无我。

一旦你有过这样的经历，你就会很想再体验一次。我们中没有人像诗人里尔克思想那样深刻，但我们多少能理解他的意思：“我正在学习观察。我不知道为什么，但每件事都更深入地渗透到我的内心，而不是止步于眼前。我有一个一无所知的内在自我。现在，所有的东西都奔向了自我。我不知道那里发生了什么。”

进入一所大学时，我们中的大多数人都怀着一系列普通的愿望，其中大多数愿望都已经过深思熟虑。但是，如果大学做好了它的本职工作，它就会揭示我们内在的自我，或者至少提供可能性。“人是一种形而上学的存在，”雅克·马里坦曾经写道，“是一种在超越中滋养生命的动物。”通过把你提升到某种水平，大学唤醒了一组新的欲望——去理解某些领域，去理解某些永恒之物。

旧的欲望不会消失。你仍然想成为受欢迎的、美貌的、开心的人。但是很明显，欲望是有等级的。一次崇高的艺术体验，比吃一块士力架更值得期待。核心信息就是应该对你所爱的东西保持警惕，因为你会成为它。

戴维·福斯特·华莱士在凯尼恩学院著名的毕业典礼演讲中领悟到了向往美好的重要性：

在成人生活的日常场景中，实际上没有无神论这回事。没有不崇拜这回事。每个人都在崇拜。我们唯一的选择，就是崇拜什么。选择某种神或灵性的东西来崇拜的一个突出原因，在于你崇拜的几乎任何其他东西都会活生生地吞噬你，无论是基督教的耶稣还是伊斯兰教的安拉，无论是耶和华还是巫术女神，或者佛教四谛，或者一些无可辩驳的伦理原则。如果你崇拜金钱和物质——如果它们就是你所挖掘的生活的真正意义，那么你永远都不会得到满足，永远都不会觉得你所拥有的已经够多了。这是事实。崇拜你自己的身体、美丽和性诱惑，你会总是感觉到丑陋。当时间和年龄渐长时，你会在它们最终根治你之前轮回千万次……崇拜权力，你就会感到软弱和恐惧，你需要比别人更强大的力量来控制自我的恐惧。崇拜个人才智，就会被视为聪明人——你最终会觉得自己愚蠢，是个骗子，总是处于被揭发的边缘。

留下印记的人和机构，会为你提供更好的爱——新的知识领域，新的木工或汽车维修方式，或者新的社会变革愿景。彼得·德鲁克写道，领导力“就是将一个人的视野提升到更高的境界，就是将一个人的表现提高到更高的标准，就是建立一个超越正常限制的人格”。

我去求学的时候，芝加哥大学存在着一些问题。离开大学时，我们中的许多人并未受过关于工作和职业领域的任何教育。虽然我们对各种想法充满热情，但我们往往与其他人疏远。在那些日子里，机构文化导致了社交上的尴尬，并造成了人际关系中的羞怯和冷漠。我花了很多年才克服这些问题，而且我从来没有真正克服这些问题。但是，芝加哥大学确实让我们热切地触及了人类状况的理想愿景。这让我们意识到了人们的能力。它为我们提供了真正的盛宴，并使我们在以后的生活中更难对大排档感到满意。每个人都说，芝加哥大学是令人兴奋和使人聪明的地方。但这实际上与我的经历相反。芝加哥大学最成功的地方，在于训练我们的心灵。

当我回首往事，回想我们的课堂讨论，回想我们的论文主题，回想杂乱无章的餐厅以及酒吧凳子上的谈话时，我发现，我实际上是在试图弄清楚什么是值得追求的，什么愿望更好，什么愿望值得拥抱，什么愿望应该处于从属地位或应该被放弃。

在耶鲁大学，在课程的最后一天，我从自己的学生那里得到了最好的赞美："这门课程让我更加悲伤。"一位优秀的男生感慨道。他说得很好，我完全赞同。一旦你了解一些历史上最伟大的情侣，一旦你看到什么样的爱是可能的，你就很难感到完全满意，因为你得到的平均成绩是A。你总会受到某种不满的困扰。此外，这种不满永远都不会消失。因为，你在追求理想方面取得的进展越大，满足似乎就越会消失在遥远的远方。当艺术家们技艺精湛时，他们对自己能力的愿景就会变得更远大。

归根结底，快乐不在于满足欲望，而在于改变欲望，让自己拥有最好的欲望。受过教育的生活，是一段通往越来越高的爱的旅程。

第二十章

宗教的承诺

温德尔·贝里的小说《杰拜·克劳》(*Jayber Crow*)讲述的是年轻人杰拜·克劳在学校和工作中遭遇一系列失败，最终无所事事，无依无靠的故事。因此，在大萧条最严重的时候，杰拜·克劳把他的东西装进纸箱，开始走向他在肯塔基州威廉港的祖居。

他一边走，一边下着倾盆大雨，肯塔基河泛滥成灾，桥梁和房屋被冲毁。在风雨交加的夜晚，克劳发现有一座桥梁仍然屹立不倒，于是鲁莽地跨上了这座桥。他站在桥的拱顶，说道：

这条河，汹涌奔腾，有如一大群人在吼叫。在河水的喧嚣之上，我听到风雨交加的嘶嘶声。我感觉到河水冲击中桥梁的颤动。我不能说我不害怕，但恐惧似乎不是在我身上，而是在空气之中，犹如河水的咆哮般萦绕。似乎，我已置身其中，不能轻易或迅速地离开。

克劳看到木桶、原木、整棵的树，以及被水流冲走的房屋碎片。一段《圣经》经文突然出现在他的脑海里："地是空虚混沌。渊面黑暗。神的灵运行在水面上。"这就像回到了某种原初意识的时光旅行之中：

我无法确定我能不能告诉你当时在我身上发生了什么，或者说，直到现在，我也不知道发生了什么。当时，我肯定不想告诉自己。但是，我读《圣经》这么多年，我听《圣经》这么多年，无论信与不信，我似乎又回到了开始的地方——不仅是《圣经》的开篇，还包括世界的初始，以及所有其他还没有降临之物。我感到知识在我的肌肤之上蔓延。

克劳继续前进，试图前往威廉港，但不断地转错弯，迷路了。他的牙齿在寒冷和饥饿中咯咯作响，他的胃在刺痛。他终于来到了一个小镇，洪水中的难民跌跌撞撞地走进市政大厅，寻找食物和避难所。克劳加入了饥寒交迫、神情恍惚的难民行列，遇到了来自某个地方的爱心志愿者。志愿者不停地穿梭于人群中，为他们提供食物和咖啡。

克劳看到，大厅中的父母，温柔地将他们的孩子安置在临时避难所的床上睡觉。他筋疲力尽，闭上了眼睛，但并没有睡着。在他的脑海里，他再次看到了那条河。但这一次，他从内心看到了整条河，拥有完整长度的整条河。河水卷起了原木和一个谷仓，也许还有整座房子本身。世界，似乎在随波逐流。

我知道，那曾出世塑造世界，使世界生机勃勃的圣灵还活在里面。我毫不怀疑。我可以看到我生活在被它创造的世界里，而且世界还在被它创造。我永远只是其中的一部分。没有人可以逃脱。创造世界的灵魂就在其中，塑造它，重塑它。有时，它静静地躺着；有时，它站起来摇晃，就像一匹泥马，让泥土飞溅起来。

那天夜里，克劳突然有了更深层次的意识。用他的话说，一种精神上的知识，在他的肌肤之上蔓延。

正如我在本书前面提到的，我收集人们对欢乐的描述，我也收集人们对神秘经历的描述。这些时刻都是正常现实的外壳破裂的时刻，人们感受到一些来自某个地方的光，而不是闪耀的光芒。

不出所料，许多这样的经历都发生在自然界。在《宗教经验种种》中，威廉·詹姆斯引用了某个人的话。这人曾有一个像霹雳一样大胆的时刻：

我记得那个夜晚，几乎就在山顶上。在那里，我的灵魂敞开了，进入了无限世界，内外两个世界，并驾齐驱。这是对内心深处的深沉呼唤——我自己的奋斗就此展开，并得到深不可测的外部世界深处的回应，延伸到星辰之外。我独自与我的创造者站在一起，与世界上所有的美丽、情爱、悲伤，甚至诱惑站在一起。我没去寻找我的创造者，但感觉到了我的精神与他的精神的完美统一。

数量惊人的历史伟人，也曾在狱中有过神秘的经历。监禁的经历带走了其他一切——物质的追求，外部的自由，繁忙的日程安排。至少对一些人来说，内心体验和精神状态，成了他们所拥有的一切。他们开始意识到，这些内在状态实际上是生活中必不可少的，而其他一切都是次要的。

第二次世界大战期间，安瓦尔·萨达特因密谋反对英帝国主义而入狱。在个人回忆录《我的一生——对个性的探讨》中，他回忆道，在监狱里，“我能够超越时间和空间的限制。在空间上，我不是住在牢房里，而是住在整个宇宙里”。物质的东西被拿走了，但不知何故，他反而觉得自己变得更强大了。“我觉得我走进了一个更广阔、更美丽的世界，我的耐力也倍增了。我觉得我可以承受压力，不管问题有多大。”他情绪化的立场也改变了。“当我的个体实体合并成所有存在的更广阔的实体时，我的出发点变成了对家（埃及）的爱、对万物的爱、对上帝的爱。”

瓦茨拉夫·哈维尔在共产主义的捷克斯洛伐克长大。当时该国政府提出的马克思主义学说，是建立在物质决定论的基础之上的。物质决定论认为，一个人所做的工作和生活的物质条件会影响他的身份和思考模式。1977 年，哈维尔因持不同政见而入狱。哈维尔总结道，物质现实不是人类历史的根本驱动力，精神现实才是人类历史的根本驱动力。

哈维尔写道：“我正在谈论的具体经历，赋予了我某种确定性。”

人类世界的拯救无非在于人类的心灵，在于人类反思的力量，在于人类的谦逊，在于人类的责任。离开人类意识领域的全球革命，任何事情都不会变得更好。

哈维尔在监狱里病得很重，差点儿就死了。有一天，他透过监狱围栏往外看，看到了一棵树的顶端。当他凝视着那棵树时，他给妻子奥尔加写了一封信：

我被一种难以形容的感觉征服了：突然间，我似乎超越了我在这个世界上短暂存在的所有坐标,进入了一种超越时间的状态。在这种状态下，我所见过和经历的所有美好事物都完全“同时存在”；我有一种和解的感觉，实际上是对现在向我揭示的不可避免的事态的温和的认同，以及与面对所必须面对的一切的无忧无虑的决心的结合。

对存在的主权的深刻惊叹，变成了一种无休止地跌入其神秘深渊的令人眩晕的感觉；为活着而感到无限的喜悦，为有机会经历我所经历的一切而感到无限的喜悦，并为每件事都有深刻而明显的意义这一事实而感到无限的喜悦——这种喜悦在我心中形成了一种奇怪的联盟，让我对当时拥有“无限的边缘”的一切事物的不可理喻和遥不可及感到一种模糊的恐惧；我被一种终极的幸福的感觉淹没了，一种与世界、与我自己、与那一刻、与所有我能召唤的时刻，以及隐藏在背后、有意义的一切无形的东西和谐的感觉。甚至可以说，我不知何故“被爱打动了”，尽管我不知道是为了谁或为了什么。

维克多·弗兰克尔经历过纳粹集中营的生活。这种生活，一般认为是对一个人的尊严的持续攻击。弗兰克尔发现他无法控制自己的生活，但他可以控制自己对强加于他的事情的反应。他可以练习“内心控制”，这意味着以一种有尊严的方式忍受痛苦。生活不仅是一场肉体上的斗争，更是一场精神上的斗争，一场保护自己的人性不受周围非人性条件影响的斗争。弗兰克尔写道：“在现实世界中，既有机会，也有挑战。”

你可以把这些经历变成胜利，把生活变成内心的胜利，也可以无视挑战，任其自生自灭。

一个人接受命运和它所带来的所有痛苦的方式，一个人背起十字架的方式，赋予了他充分的机会——即使在最困难的情况下，并为他的生活增添更深的意义。

弗兰克尔发现，当身体依附于它所消耗之物而成长时，灵魂就会随着身体倾泻出来的爱而成长。

我们这些曾经生活在集中营里的人，依然记得那些走在棚屋里安慰别人、赠送掉自己最后一片面包的人。这些人的数量可能很少，但他们提供了充分的证据，证明一个人的一切都可以夺走，除了一样东西，那就是人类最后的自由——在任何给定的情况下选择自己的态度，选择自己的道路。

一个冬天的早晨，弗兰克尔和其他一群囚犯在冰冻的地面上挖沟。天空是灰蒙蒙的，他们穿的破烂衣裳是灰蒙蒙的，他们的面庞也是灰蒙蒙的。弗兰克尔开始在脑海中默默地与他心爱的妻子交谈，尽管她在营地外的某个地方，甚至可能已经死了。他刨了几个小时的地，同时在心里表白对妻子的爱。突然，一种奇怪的感觉涌上了他的心头：

我感觉我的精神穿透了笼罩的黑暗。我感觉它超越了那个毫无希望、毫无意义的世界。从某个地方，我听到一声胜利的回应——“是的”，回答的是我关于是否存在终极目标的问题。

就在此时，远处的农舍里亮起了一盏灯。

路过的卫兵羞辱我，我又一次在内心里和我心爱的人交谈。我越来越能感觉到她就在我身边。她就在我身边，我感觉我能够触摸到她，能够伸出我的手，抓住她的手。这种感觉非常强烈，她就在那儿！

一只鸟儿，静静地飞过来，停在他面前。他们互相凝视着对方。

我有生以来第一次看到了真理，尽管它被这么多诗人歌颂，尽管它被这么多思想家称为终极智慧。真理——爱，是人类所能追求的终极和最高目标。然后，我领会了人类诗歌、人类思想和信仰必须传达的最大秘密的含义：人类的救赎，是通过爱和依赖爱来实现的。我明白，一个在这个世界上一无所有的人，在他对所爱的人的沉思中，仍然会感到幸福，哪怕只是短暂的片刻。

弗兰克尔说，这是他第一次理解“天使睇视那无限的荣耀，竟至于浑然忘我”这句话。在漫长的余生中，弗兰克尔一直在争辩，人类的主要动机不是为了金钱，甚至不是为了幸福，而是为了意义。最重要的是，我们被驱使着去理解我们的生活目的。一旦理解了这一点，即便是最悲惨的情况，我们内心的平静也不会颠覆。

弗兰克尔逐渐意识到，即使他心爱的人离开了这个世界，也无关紧要。爱的倾泻，才是救命稻草。他在对集中营的研究的过程中发现，那些很快死于疾病或某种崩溃的囚犯，都是那些在他们被关押的集中营之外一无所有的人。但那些幸存下来的人，则有一些他们渴望并推动自身行为的外部承诺，无论是他们觉得被召唤去写书，还是他们被迫回到妻子的身边。

有一天，在集中营的医务室里，弗兰克尔遇到了一位年轻女子。她病得快要死了。“我很感激命运给了我如此沉重的打击，”她告诉他，“在我以前的生活中，我被宠坏了，从不把精神成就当回事。”

临终前，她很孤独，但她告诉他，她已经和她能看到的唯一活着的生物交上了朋友，那就是窗外的一棵栗树。“这棵树，是我孤独中唯一的朋友。”她告诉弗兰克尔。她说，她经常和树说话。弗兰克尔大吃一惊，不知道该怎么回答，但最终还是问那棵树有没有跟她顶嘴。她说，是这样的——栗树说：“我在这里——我在这里——我就是生命，永生。”这种与永生的超然联系，解释了这位年轻女子面对死亡时的宁静与喜悦。

“保佑你，监狱，”持不同政见者亚历山大·索尔仁尼琴在《古拉格群岛》一书中写道，“感谢你出现在我的生命中。因为，在监狱，躺在腐烂的稻草上，我开始意识到，生活的目标不是我们所相信的繁荣，而是人类灵魂的成熟。”

在他被监禁的过程中，索尔仁尼琴打量过那个对他最残忍的看守。他意识到，如果命运让他成为监狱看守，而不是囚犯，也许他也会变得残忍。他开始意识到，善与恶之间的界限不在于部落或国家之间，而是直通每一个人的心。监狱和它所代表的暴政，让索尔仁尼琴有一种参与到一个更大的故事中的感觉：“想到我不必为自己计划和管理一切，我只是一把磨得锋利的剑，一把劈开和驱散他们的魔法之剑，这让我更快乐、更安全。主啊，求你赐予我，使我在击打的时候不会折断！让我不要从你的手中坠落！”

许多人，都以难以置信的眼光看待这类精神体验：他们到底在说什么？许多人从来没有过这样的经历。所以，可以理解的是，他们很难相信这些实际上无法提供任何证据的所谓隐藏维度的存在。坦率地说，人们有充分的理由不相信这些经历。也许，这只是大脑化学物质、幻觉、疲倦或压力引起的状态改变的产物。在这种情况下，它们肯定也不会是你生活的基础。

另外，信徒对无神论者的看法，也同样让人难以置信。正如克里斯蒂安·威曼在《我的光明深渊》（*My Bright Abyss*）中所写的：

> 这是真的吗？你从来没有被你生活中的某次经历征服过？你从来没有感觉到自己身上有什么东西超越了你自己？或者一些无言的神秘正在通过语言传递给你？从来没有过吗？宗教，不是由这些时刻组成的；宗教，是让这些时刻成为你生活中一部分的手段，而不仅仅是激进的入侵。这些入侵如此陌生，甚至可能令人恐惧，以至于你事后甚至无法承认它们的存在。宗教，就是你在生活中的这些过度掌控的时刻所做的事情。

这些时刻告诉我们，宇宙是有生命的，是相互联系的。存在的维度，是你以前无法想象的。量子粒子莫名其妙地在一起翻转，尽管它们之间存在着巨大的时空差异。不知何故，这个世界是鲜活的，并且在与它自己交流。有一些相互关联的活动力量，我们被这种力量淹没了，我们用微不足道的词汇，称它为爱。

这些时刻的奇异之处在于，正如威曼所说的那样："我们突然感觉到了现实中我们以前并未意识到的东西，我们自己好像也被感知到了。"

第二十一章

意外的转折

有些人，会通过戏剧性的故事讲述他们是如何拥有自己的信仰的。一道耀眼的光出现了！一个声音喊道！喇叭吹响了……但我没有这种故事。我之所以告诉你们我信仰之旅的故事，是因为即使信仰的每一次飞跃在任何正常的逻辑看来都是神秘和荒谬的，它也可以是完全正常的。这可能发生在最普通的人身上。但是，你最终来到了一个令人震惊的地方，一个相信上帝的地方，用保罗·蒂里奇的话来说，上帝就是存在的基础。

我第一次听到圣经故事（挪亚和方舟，大卫和歌利亚，以斯帖和哈曼，亚伯拉罕和以撒）的时候，还是个孩子。这些故事，只是我童年记忆的一部分。在我的生活中，甚至在希伯来语学校中，它们都是神话，履行神话的功能——帮助我理解是非，帮助我处理情感，帮助我理解英雄主义和布鲁诺·贝特尔海姆[1]的所有其他理念。它们也帮助我了解我所

---

1 布鲁诺·贝特尔海姆：美国心理学家，认为童话通过象征性的语言传达出人类千百年来积累起来的经验和智慧，揭示了许多有关人生和人心的基本真理。——译者注

在的群体——犹太人。这些故事，从圣经故事开始，融合到光明节和大屠杀的历史故事中，成为关于我们民族和我们身份的故事。它们帮助我理解我的群体在广阔的时间范畴内的一致性。

然后，在大学和成年初期，我开始把它们当作智慧文学，作为理解和解决生活问题的工具。《圣经》中的人物是面临道德挑战的正常的、各种各样的人类。关键问题在于，他们是否以正确的内心姿态应对挑战——是否在需要的时候表达善意，在必要的时候表达宽恕，在善良面前表现出极大的谦逊。在歌利亚面前，大卫向我们展示了勇敢。在妇人和婴孩面前，所罗门显示了智慧。在路得面前，波阿斯展示了慈爱。在这一阶段，我与这些故事保持一定的距离，看看它们可能有哪些有用的信息。我很大，故事很小。《圣经》只是我手上的一本老书，供我用来过好我的生活。

几十年过去了，情况开始发生潜移默化的变化。生活中发生了很多事情，正如威曼所说："我的旧观念，不足以满足我所经历的极端的欢乐和悲伤。"这些故事不断重现，但它们发生了变化，就像被时间的炼金术重新塑造过一样。它们变得更宏大、更深刻、更奇幻、更令人惊叹。什么？上帝要求亚伯拉罕杀了自己的儿子？

我想，随着年龄的增长，这种情形会发生在我们大多数人身上：我们自己变得越来越小，我们的依赖变得越来越大。我们变得对自己不那么着迷，不再倾向于认为自己是一切的创造者。同时，我们也意识到我们是如何被塑造的——被历史、家庭和超越意识的力量塑造的人。我认为，以最渐进、最无聊的方式改变了的是，在某种程度上，我觉得这些故事并非发生在其他可能是虚构的人身上的虚构的故事：它们是现实的基本形态，它们是重复出现的生活模式的再现，它们是我们重复的脚本。

亚当和夏娃经历了试探与堕落的恩典，我们也经历了试探与堕落的恩典。摩西带领他的子民从奴役中漫步走向应许之地，我们也走上了类似的灵魂归属之旅。诗篇作者自省："灵魂，你为何如此沮丧？"我们现在也在自省。浪子回来了，充满了恩典和慈爱的父亲出去迎接他。有时，我们也会被离谱地宽恕。这些故事，不仅仅是关于发生在人们身上的普通事情，也是正在进行的道德生活的代表。我们活在自然界中，用科学来理解这个维度的生命。我们也活在另一个维度——精神和意义的维度，我们用《圣经》故事来理解这个维度的生命。

"我只能回答'我该怎么做'，"阿拉斯代尔·麦金太尔写道，"如果我能回答前面的问题'我发现自己是哪些故事的一部分'的话。"如果没有最重要的故事，那么生活就没有了意义。生活并不觉得没有意义。这些故事以其简单而又极其复杂的方式，提供了活生生的剧本。它们提供了我们生活意义的地平线——不仅是我们个人的生活，还有我们共同的生活。这些故事描述了一部伟大的道德剧，它不是一部个人的戏剧，而是一部共享的戏剧。正如杰拜·克劳所说，"我们仍然是这场戏剧的一部分，仍然是被创造的和正在被创造的事物。"

走向信仰的朝圣之旅

朝圣，是为了响应一个故事而进行的旅行。我在一个犹太家庭长大，这意味着我是在《出埃及记》神话中长大的。《出埃及记》的奇妙之处在于，正如伟大的律法学者阿维瓦赫·戈特利布·佐恩伯格观察到的那样，这是一个为了被讲述而发生的故事。上帝命令摩西在实际执行解放之前讲述解放的故事。

年轻的时候，我不知道埃及是否有过一个叫作摩西的人，也不知道有没有犹太人被奴役过。我倾向于怀疑这一点。我想，应有更多的考古证据。

但是，几千年来犹太人一直在讲述这个故事，并且这个故事在讲述中演变成了事实。在讲述和传承中,《出埃及记》已经成为塑造犹太人生活的现实，已经影响到犹太人对他们的生活的理解和塑造。犹太人，就是这样理解流放的。这就是为什么犹太人年复一年地继续梦想：明年在耶路撒冷！犹太人移民到美国，是最终的“出埃及”故事。回归，回到以色列，也是如此。在所有这些案例中,《出埃及记》都重演了。故事是一幅风景，一幅活生生的造物图景，犹太人在其中度过了他们的一生。

出埃及，是一次灵性形成之旅。作为埃及的奴隶，犹太人无力过自己的生活。他们甚至无法被别人拯救。他们被描述为绝望、沮丧、被动、冷漠和绝望的人。恐惧使他们把自己封闭起来，变得隐秘、惰性和软弱。由于受压迫，犹太人沦落到孩子气的状态，他们无力承担对自身的责任。

上帝，必须构建有能力遵守他的圣约、有能力行使职权并接受对自己生活负责任的子民。上帝把犹太人从埃及引导出来，即使他们想重新成为奴隶，上帝也会让他们继续前进。他强迫摩西披上领袖的外衣，尽管摩西试图逃避这一责任。他迫使不同的部落相互联系，迫使他们克服正常人类对被评判和拒绝的恐惧。他把他的子民送进了旷野。正如布雷斯洛夫（在今乌克兰）的纳赫曼拉比指出的那样，困难可能会产生矛盾的影响。它并不总是让一个民族变得更加被动，有时它会激起反击的欲望。困难可能唤起欲望。慢慢地，以色列人开始显示出生命的迹象。

穿越旷野的长途跋涉，不仅是给犹太人力量的磨难。他们生活在一种赋予他们身份的叙事中。不久，他们就开始歌唱了。他们正在横渡红海，米利暗（摩西的姐姐）与众妇女在带领他们歌唱。很快，他们就可以再次信任了。被背叛和被压迫的人不能信任，因此不能有信仰。但最终，犹太人，即使他们不断地吹毛求疵和抱怨，有时也确实学会了信守与上帝的诺言。他们成为有信心、有能力接受律法，遵守律法、坚守圣约的子民。

有趣的是，摩西从西奈半岛回到故国的时候，他的同胞正在崇拜金牛犊。他给他们带来了律法，使孩子气的他们表现得像成年人。

这提醒我们，当你做好准备的时候，进入成年人的道路和信仰的飞跃并不会发生。佐恩伯格说："当你还没有完全准备好的时候，这种情况就会发生。"这种飞跃，是由一个匆忙、不安、有点儿紧张但仍然欣喜若狂、精力充沛的人来完成的。《出埃及记》不只是描述了一群在沙漠中游荡的人。它描述的是人们是如何变得有韧性的。这是一个永恒的精神和道德形成的故事，并一次又一次地重演。

我的祖先生活在恐惧和躲藏的状态中，畏惧雷鸣般的哥萨克人带来的恐怖，畏惧大屠杀中的暴徒与暴力。他们必须通过穿越旷野的旅程和到达新大陆的坎坷旅程来唤醒自我，也是怀着欲望来到美国的。我的曾外祖父在曼哈顿的下东区开了一家犹太肉店，娶了一个德国犹太人，开始了伟大的向上攀登的旅程。肉店生意兴隆，这让我的外祖父伯纳德·利维得以进入纽约城市学院就读。这是一所免费的大学，年轻的犹太人在此开启他们的美国梦。

外祖父随后就读于哥伦比亚大学法学院，为了与其他犹太人区分开来，他在自己的名字中间加上了“贾斯蒂安”，并在伍尔沃斯大厦的一家犹太律师事务所找到了一份工作。伍尔沃斯大厦曾经是世界上最高的建筑。他在他的攀登之路上又往上爬了一步。他花了很多时间写简报，也曾经试图把他写给编辑的信发表在《纽约时报》上。

外祖父在其有生之年没有看到我成为《纽约时报》的专栏作家，但正是他让我走上了这条路。他向我展示了向上攀登的路线，这是我们的人民从布鲁克林、布朗克斯和下东区狭窄的公寓到麦迪逊大道、第五大道的闪闪发光的远景的漫长跋涉，这是我们的应许之地。他给我写了几封漂亮的信，讲述了他的家庭故事——他母亲冷峻的格言，他自己出人头地的诀窍（总是买你能买得起的最好的鞋子）。他对我的写作很感兴趣，并向我展示循序渐进的技巧。在我们这一代人中，我们不是用我们的脚步，而是用我们的智慧来完成“出埃及”的。外祖父和他的女儿，也就是我的母亲，巧妙地传达了这种移民心态——充当局外人，但比那些局内人更聪明，更努力。移民文化给犹太人灌输了一种强烈的渴望来实现这一目标。一旦被植入这一目标，渴望就会随着年龄的增长而保持不变，但寻找的目标会发生变化。成功，已经无法满足我们了。

我们每天都在背诵“你知道哪些是犹太人吗？”很多天才都是犹太人：爱因斯坦、弗洛伊德、马克思、莱昂内尔·特里林[1]。很多艺人都是犹太人：格什温夫妇、马克斯兄弟、劳伦·巴考尔、柯克·道格拉斯、桑迪·库法克斯和伍迪·艾伦。很多作家，包括很多剧作家，都是犹太

1 莱昂内尔·特里林：哥伦比亚大学英语系首位犹太裔教授。——译者注

人。是的，甚至还有令人惊讶的犹太人：玛丽莲·梦露、鲍勃·迪伦和小萨米·戴维斯。“出埃及”是从默默无闻到成就的旅程，是一次从被遗忘到卓越的旅程。我们用义人的长袍换取了诺贝尔奖的梦想。与其说以色列是圣地，不如说是小小的大卫打败了巨人歌利亚，赢得了六日战争（第三次中东战争）。在现代的“出埃及记”中，每一个小拉尔夫·利夫希茨都可以成为拉尔夫·劳伦[1]。

我有一个非常快乐的童年。我的父母给了我支持、关注、交谈和爱，尽管实际上他们从来没有用言语或拥抱来表达过。我知道被爱的滋味，但我不知道如何表达爱。例如，在我大约 22 岁的时候，我去医院看望我的外祖父。他的房间热得让人窒息，他穿着睡袍坐在椅子上。医生认为，他活不长了。

“我完蛋了。”我走进去时，他告诉我。我们聊了几个小时。然后，当我站起来准备离开时，外祖父抽泣着对我说：“哦，上帝，我太爱你了。”我的家人总是表现出并推测出爱，但我们不会谈论爱这件事。我僵住了，没有相关经验，不知道该说什么来回应。我猜，我当时是心脏凝滞了。我承认他的爱，但我太克制了，没有告诉他我也爱他。至死，他也没有听到我说爱他。

这就是我童年时的犹太精神。畅想更美好的未来，建设更美好的未来。别让未来毁了我们。一定要到达应许之地。这是一种世俗的精神，但它是从一种更深刻、更永恒的精神中成长起来的。我们受命共同创造世界。我们受命去完成神已经开始做的事情。我们共同的救赎，来自工

1 拉尔夫·劳伦：美国著名服装设计师，超级富豪，白俄罗斯裔犹太人。——译者注

作和善行。通过工作来实现拯救。通过智力来获得生存。正义，是我们作为一个民族共同实现的东西。然后，你们在餐桌上争论这件事。如果要我总结我作为犹太人经历的核心，那就是：18 个人围坐在安息日餐桌旁，所有人都在同时说话，所有人都在同时对话，所有人都纠正了刚刚说的 18 件错误的事情。

格雷斯教堂

我的《出埃及记》故事的另一个奇异之处，是它通向了教堂。纽约犹太人在 20 世纪中叶同化的方式之一就是英国崇拜。温文尔雅、紧抿上唇的英国贵族，似乎是乌克兰犹太人争论不休的遥远终点，而美国犹太人则正在逃离过去。

部分犹太人成了亲英派。他们的口号是“用意第绪语思考，以英国方式行动”。以赛亚·柏林[1]、格特鲁德·希梅尔法布[2]和莱昂内尔·特里林等犹太人对狄更斯、莎士比亚、伯克和简·奥斯汀趋之若鹜。犹太父母开始给他们的孩子起英文名字，希望没有人认出他们的孩子是犹太人。这些名字包括诺曼、欧文、米尔顿、西德尼和莱昂内尔等等。然而，这一招没有奏效。如今，每个人都认为这些都是犹太人的名字。

我父母学的是维多利亚时代的文学和历史。我的两只小乌龟取名为迪斯雷利和格拉德斯通，这本是两位维多利亚时代首相的名字。我们家

1　以赛亚·柏林：俄裔犹太人，英国哲学家和政治思想史家，20 世纪最著名的自由主义知识分子之一。——译者注

2　格特鲁德·希梅尔法布：美国著名女历史学家、纽约城市学院教授。——译者注

读的诗是奥登写的。我最终和圣公会教徒一起度过了我的童年。我的幼儿园叫圣乔治，我的小学是曼哈顿下百老汇的格雷斯教会学校。我参加了 15 年的夏令营，这是我童年生活的中心。夏令营是由麦迪逊大道的化身教会赞助的化身夏令营。

我们永远不知道童年早期的宝贵时刻是如何塑造人生的。影响产生了，并被掩藏得如此之深，我们很难察觉到它们行使权力的机制。但我的确记得，每天早上我都会参加格雷斯教会学校的礼拜，唱赞美诗，背祈祷词。最重要的是，仰望教堂高耸的哥特式拱门。我喜欢这些歌曲，但营造出一种崇高氛围的是建筑本身——交错的柱子，彩色玻璃上的圣经英雄向下俯瞰，黑色的木制长椅。我当时生活在童话故事里，这片土地上有永恒的人物、隐藏的力量、骑士的精神和无限的深度。

从建筑上来说，我第一次感受到信仰的曙光是在格雷斯教堂，然后是几年后在沙特尔大教堂。格雷斯教堂位于百老汇和第十街交会处，离斯特兰德书店不远。它位于曼哈顿一个普通而拥挤的地方。事实上，百老汇为了它而拐弯。但是，离开人行道，走进教堂，就走进了一个更深的故事。当你沉浸在门内的静默敬畏中时，世界已湮没无声；沿着教堂的过道缓缓前行，在两边的小教堂和窗户里瞥见信仰的英雄。阳光从四面八方涌入，然后转过身来，玫瑰色窗户光影闪烁。这就是曙光的时刻。这并不是一个大教堂，但在我看来它似乎是无限的。

我在格雷斯教堂学会了主祷文、赞美诗和礼拜仪式。当然，我也熟悉了耶稣的故事。我隐约感觉，他是属于另一派的。当时，格雷斯教堂有很多犹太人。当耶稣的名字出现在赞美诗中时，我们就略去他的名字。在我的记忆中，此时，教堂的音量就会下降。

就其梗概而言，耶稣的故事是一个非常熟悉的神话，可能会在所有文化中反复出现：这座城市被分裂、复仇和反复仇的循环撕裂。清除仇恨和分裂的唯一方法，是将社区的罪恶堆积在替罪羊身上。正是通过赶走替罪羊，社会的罪孽才得以外化和洗刷。正是通过杀死替罪羊，社区团结才得以实现。

耶稣是典型的替罪羊，一个无辜的局外人。所有的群体，都可以在他们的杀戮欲望中团结在一起，并倾泻他们的仇恨。耶稣故事唯一的不同之处——这是一个很大的不同，就是在这个故事中，耶稣来到人间是为了做替罪羊。他自愿做替罪羊，宽恕处决他的人，并心甘情愿地把世上的罪置于己身。他来到世上，正是为了屈服，为了受苦，为了救赎这个世界。他来到世上，不是要成为我们大多数人都想要的、令人敬畏的征服者弥赛亚（救世主），而是要成为羔羊，顺从并爱他的仇敌。他来到世上，不是要成为罪的牺牲品，而是要成为罪的解决之道。他的力量，是自我牺牲；他的武器，是爱。唯有如此，我们才能被拯救。

这是一个巧妙的转折。

两栖动物

在纽约犹太人这个半世俗的世界里，我们把人放在信仰之前。我们生活在大屠杀的阴影之下。所以，我们认为，生存并不是理所当然的。我们歌颂努力、工作、智慧、纪律、业绩、成就。在拉比传统中，弥赛亚与贫穷联系在一起，正义与穷人和悲惨的人联系在一起。但是，这不是美国文化中的犹太教。我们追求的是成就。

但是，耶稣的故事并不是关于世俗成就的。甚至，几乎是相反的。耶稣低头，是为了抬头；他选择赴死，是为了让别人活着。基督徒得救不是靠行为，而是靠信仰。事实上，你得不到救赎的恩赏，因为它已经由恩典赐予你了。

在基督教故事中，更接近上帝的是穷人，而不是成功者；更接近上帝的是孩子，而不是显贵。谦恭的人是有福的人——麻风病人、受伤者和受苦者。耶稣对富人和权贵不感兴趣，他们本可以为主行善，外面世界的一切都是围绕着至善的。耶稣俯首低眉——朝向妓女、被遗弃的人和寡妇。

在我童年的故事中，有进取心的人是有福气的，因为他们能吃苦耐劳。但是，基督教的方式是以小见大——用伟大的爱做一些激进的善举。在我的世界里，我命由我不由天。但是，在基督教的世界里，你甚至不是你自己的主人。你的才华只是流淌于你身；你把自己，献给了你的创造者。

在我童年的世界里，你把自己从别人的奴役中解救出来。耶稣，也会把人从奴役中解脱，但这是一种不同的奴役——对骄傲、对自我、对小我的奴役。在我的世界里，智慧是受人尊敬的。但是，在基督教的世界里，上帝以世上最愚蠢之物来迷惑智者，他以弱者来羞辱强者。谦恭的人将继承大地。

我过去是，现在仍然是两栖动物。一半生活在水中，另一半生活在陆地上。我被两个不同的故事弄糊涂了。这两个不同的故事，在我脑海里嗡嗡作响。我是在二元论中长大的。

犹太教是通过我的家人和我们的人民的宝贵血统来到我这里的，特别是所有操意第绪语的叔伯阿姨。他们有着古怪的名字（如阿吉和法格尔），他们可以在餐桌上连续几个小时大吵大闹。基督教来到我身边，就像一只手臂搭在我肩上，就像一个拥抱，就像一场篮球比赛中汗流浃背的接触。

从六岁开始，我的暑假就是在化身夏令营度过的。夏令营占据了一年中的两个月，并让其余10个月黯然失色。夏令营进步的主线是圣公会式的——我们高歌“噗夫，这一条妖龙”、“如果我有一只锤子”和“舞王”。我们总是站起来，闪耀着，把我们的荣耀献给上帝。唯一明确信教的是上帝方队，他们是基督教嬉皮士，弹吉他，抽大麻，并通过他们的发型表达他们对耶稣的爱。其他人，都是含蓄的基督徒。有很多传教士的孩子，他们伴随着福音长大，而且，很多时候，他们还是福音的例证。在化身夏令营，没有成功或失败，甚至没有太多的地位或地位缺失的观念。在那里只有爱，自由流动，毫不掩饰。

我们住在帐篷里，用明火做饭，在湖里游泳和划船，亲密无间。化身夏令营，是我经历过的最成功的融合社区。一半的露营者来自曼哈顿的韦斯特切斯特或其他高档私立学校，另一半来自布鲁克林和布朗克斯最贫穷的地区。我们学会了勇气——从悬崖上跳入湖泊中，在独木舟之旅中激荡，在午夜偷偷穿过营地与女朋友幽会。青春期的每一个重要仪式都发生在此——除草、第一杯酒、初吻、第二次亲吻和第三次亲吻。早期的每一种形而上学的感觉，也都发生在此——在黎明的独木舟之旅中看到一座山的感觉；一块普通的岩石也可以被赋予魔力，当你在青少年爱恋的第一次狂热中坐在它旁边的时候。我高中或大学时剩下的朋友很少，但我在夏令营里有大约四五十个终生的朋友。几十年来，他们都叫我布鲁克西（布鲁克斯的昵称），甚至没有意识到我有个名字（戴维）。

有很多人在化身夏令营留下了印记，但我只想挑出其中一人。这是一位名叫韦斯·乌本霍斯特的辅导员兼小组领队。他是个身材高大、健壮、忠厚的男孩子。他的谈话总是洋溢着热情，夹杂着口哨声、吼叫、怪异的感叹声、突如其来的笑声和愉快的欢呼声。他总是说着说着就跑题了，因为他会想起另一件让他高兴的事情。他活到了60多岁，走过世界上最黑暗的地方，但我认为他从未学会像成年人那样严肃地说话。在某种程度上，他始终是个圣童。

我能辨认出那些参加过夏令营的人来，他们往往拥有韦斯所拥有的特征：激昂的热情、灿烂的光芒、以旧运动鞋为主的衣柜、破旧的短裤和撕破的T恤。韦斯后来成为一名圣公会牧师。他帮助洪都拉斯的穷人，安慰家庭暴力的受害者。他的上帝是爱的上帝，他在营地的生活是为他无私的爱的使命而准备的。正如谚语所说，他是一个为别人着想的人：早上热情地叫醒你，晚上唱歌让你入睡，他还是我在篮球场上遇到的最好的传球手。当有人做了非常愚蠢的事时，他只会微笑着感叹生活的脆弱。

当我还是一名17岁的辅导员时，他大概25岁。我们走过一个运动场时，他告诉我有一天我会扬名立万。当时，我只是把这句话当作一种恭维。但几十年后，在他去世的那天，我去安纳波利斯看望他。韦斯已经无法说话了，只是打着手势，发出一些古怪的声音。我真的不知道他是否听懂了我对他说的任何一句话。我的话语，关乎我曲折的信仰之旅，关乎我生命中的爱情。当我驱车离开时，我突然想到，也许，他当年在对我会功成名就的预测中嵌入了某种警告。当年的韦斯，处于一个相当有利的位置，只是我当时无法理解。

宗教，并不会像你想象的那样产生很多真正的好人，比如韦斯。宗教人士大谈圣洁、善良和爱，使得你认为他们比无神论者和不可知论者更为高尚。在我的经验中，并非如此。一些宗教人士，比如凌虐幼儿的天主教牧师，过着非常虔诚的生活，但品行非常糟糕。

但我确实认为，宗教将人们引向某些美好的愿景。在我的成长过程中，我经历了一种刻板印象中的犹太式的善良。这是有把握的、充满爱心的善意。这是一位睿智的拉比透过胡须向你闪耀的微笑；这是祖母在安息日餐点上给你的温暖；这是一个为信仰而放弃一切好处的社区；这是一个男人的愚蠢与善良；这是一个犹太人被谋杀时整个民族像灯塔一样转向的好处。这是一种朴实无华的善，是一种民间的善，也是一家人聚在一起吃节日大餐的充盈的、包罗万象的善。

善良的韦斯所拥有的，是一种不同的善。它是简单、真诚、欢快、纯净、洋溢的喜悦，是在爱的礼物中抹去自我。韦斯就是不太为自己着想。也许因为我从小就耳濡目染，犹太式的善，对我来说是有意义的。基督教的善，对我来说是有震撼力的。正如多萝西·戴伊曾经说过的那样：“基督徒被命令以一种没有意义的方式生活，除非有上帝的存在。”

有时，基督教的善很难出现在身边。它不属于这个世界，而属于平行的世界。例如，让·瓦尼尔从1942年开始在英国海军服役7年。在后来的生活中，他注意到智障人士受到虐待，被社会抛弃到悲惨的精神病院。他参观了精神病院，注意到没有人在哭泣。“当他们意识到没有人关心，没有人会回应他们时，孩子们就不会再哭泣了。哭泣耗费了太多的精力。只有当希望有人听到他们的声音时，他们才会大声呼喊。”他在巴黎附近买了一栋小房子，并为智障人士开办了一个社区。不久，在全世界 35 个国家有了 134 个这样的社区。

瓦尼尔表现出一种近乎令人惊恐的无私。他很少为自己着想，也很少关心自己。他的生活依赖于近乎纯粹的天性。见过他的人说，这可能会令人不安。瓦尼尔走出了一个颂扬成功者和强者的社会，将他的一生完全献给了那些弱者。他这么做，是因为他了解自己的弱点。“从根本上来说，我们人类都是一样的，”他写道，“我们都属于一个共同的、破碎的人类。我们都有受伤、脆弱的心。我们每个人都需要被欣赏和理解；我们都需要帮助。”

瓦尼尔也明白软弱之美。“软弱蕴藏着一种隐秘的力量。从软弱中流露出来的关怀和信任，有助于打开心扉。弱者可以在强者身上唤起爱的力量。”

受瓦尼尔影响的人之一是亨利·诺文。诺文辞去了哈佛大学和耶鲁大学的教职工作，这样他就可以住在瓦尼尔创建的方舟社区之一，为严重智力残疾者服务。其中一些人，甚至不知道对他说“谢谢”。

当诺文离开方舟社区去发表演讲时，他经常带着社区的病人一起旅行。有一次，他去华盛顿旅行时，带了一个叫比尔的病人。当诺文上台讲话时，比尔也上台了。当诺文重复他演讲中熟悉的比喻时，比尔向听众宣布：“我以前听到过这话！”诺文说完后，全场起立鼓掌。比尔宣布，他也想发表演讲。一丝惊慌在诺文的脑海里悄悄掠过。比尔到底会说些什么？他可能会信口开河，从而制造尴尬。但诺文意识到，认定比尔没有什么重要的话要说是鲁莽的。于是，他把比尔带到麦克风跟前。

比尔说：“上次亨利去波士顿时，他带着约翰·斯梅尔策。这一次他想让我和他一起来华盛顿，我很高兴能和你们在一起。非常感谢！”他的演讲至此结束。观众起立鼓掌。比尔，也得到了起立鼓掌。

之后，比尔从一个人走到另一个人，向他遇到的人问好。第二天早上吃早餐时，他从一张桌子走到另一张桌子，向他遇到的人道别。在回家的飞机上，他问诺文是否喜欢这次旅行。“哦，是的，”诺文回答，“这是一次美妙的旅行，我很高兴你和我一起来。”

“我们一起旅行，对吧？”

成人期

我的生活，似乎就像我的朋友藤森真子所说的那样，是一个“边境狩猎者”，永远处于不同世界之间的边界线上。在政治上，我不是完全的左派，也不是完全的右派。从专业上讲，我不完全是一个学者，也不完全是一个记者。就性情而言，我不是一个很理性的人，但也不是一个很浪漫的人。

应该有人想对我怒吼：“你这个家伙下定决心吧！”有时我会想，这是否来自我在两个伟大的道德生态之间度过的童年。我意识到，在理论上，犹太教和基督教都包含着庄严和谦卑，都包含着向往的荣耀和神圣的顺从。但我不是在神学书籍中长大的；我是在 20 世纪末的美国版犹太教和 20 世纪末的基督教中长大的。我的成长环境中，要么是世界上最基督化的犹太人，要么是世界上最犹太化的基督徒。这种困境，因为我确信上帝不存在而得以幸存。所以，整件事情只在理论上具备重要性。

我不会用我几十年来无神论的描述，让你感到厌烦。我的生活环境是宗教性的。我所有的密友几乎都是犹太人。乍一看，这是具有讽刺意味的。我们说同样的语言，讲同样的笑话。但基督徒也有他们的吸引力：莱因霍尔德·尼布尔的著作，弗拉·安吉利科的画作，我的导师威廉·F. 巴克利等。他们使我想起《旧地重游》接近尾声的那一幕：这家人的族长，在弥留之际接受了基督，宇宙的结构被一分为二。

在大学里，我遇到了一个坚强、聪明的女孩，后来与她结婚。我们在一所教堂里结了婚。但几年后，她信奉犹太教，去了我们的犹太会堂工作，并决定保持犹太教的家庭传统，把我们的孩子送到犹太学校。我一直在远离犹太教的轨道上，但现在我又回归了。我们过上了遵循古犹太拉比式律法的生活：犹太教的饮食，奇怪的禁令，富裕的社区，以及犹太人节日的循环往复。

她对犹太教的承诺是深刻的，而且一年比一年深刻。我们不常就这些事情交流，但当我们就此交流的时候，我发现她有深厚的智慧和学识。现在，她的生活是致力于学习和服务于律法、犹太教、她的朋友和她的社区。

我对犹太教规的态度，摇摆于强烈的怨恨和深刻的尊重之间。我憎恨可能会变得枯燥而迂腐的律法主义，但我尊重犹太教在每个场合都有的仪式。犹太教的理念认为，行为改变先于内部改变，并导致内部改变（实验心理学很好地支持了这一观点）。“当希伯来先民接近现实时，”约瑟夫·索洛维奇克写道，“他们手捧上帝在西奈半岛赐予的《托拉》，通过固定的法规和坚定的原则，使自己适应世界。一套完整的戒律和律法，引导他们沿着通往存在的道路前进。当他们看着地平线，看到太阳升起或落下时，他们知道应在每一个场合都执行戒律，晨起诵读“施玛篇”，奉上茶饼，等等。当遇到泉水时，他们知道泉水可以用来做什么：浸泡、赎罪、饮用。每一个场合，他们都有祈福；每一次行动，他们都有祈祷。”

这些仪式和祝福，根植于尘世生活。索洛维奇克继续写道，犹太教是一种“具体的宗教，一种感官生活的宗教，其中有视觉、嗅觉和触觉。一个有血有肉的人，可以用他所有的感官、肌肉和器官，用他的整个生命来感受它”。同时，这些诫命也指向一个理想。它们树起了一个理想的标准，描述了我们具体的现实和神性之间的关系。“超越性体现在人的行为中，”索洛维奇克说，“这些行为是由合法的物理秩序塑造的，人是其中的一个部分。”

犹太人并不主要在孤独中体验信仰。他或她，主要是在社区中体验信仰，在个人与他人一起做的事情中体验信仰。犹太会堂，不是犹太人生活的中心。安息日餐桌，才是犹太人生活的中心。在我看来，大多数教堂的仪式都比犹太会堂的仪式更具灵性，但犹太人的安息日晚宴则比任何教堂的仪式都更具灵性。

犹太人并不是在死亡的另一个世界寻找某种永恒而纯净的生活方式。一位古代学者宣称：“与其来世一生，不如今世一小时的律法和善行。”在犹太教中，现实世界就是实现圣洁的舞台。犹太人正在寻求实现指导地球生活的 613 条戒律。这些戒律中与宗教信仰有关的很少，只有不到 5% 的戒律与一个人应该说的话有关，比如祈祷和誓言。美国哲学家亚伯拉罕·卡普兰指出，其中 60% 与身体仪式、点燃蜡烛、沐浴或以某种方式使用棕榈枝有关——它们都与做事有关。

卡普兰认为，这些仪式和善举是一种语言。在执行它们的过程中，我们正在执行一种语言的语法和句法规则。这种语言太深刻了，以至于无法用言语表达。践行一段时间之后，这些仪式就不会感觉像是某本书要求你去表演的行为；它们似乎是从你的存在的中心自然地浮现出来的。

犹太教需要创造性的行动。索洛维奇克写道："神圣是由人创造的，是由血肉之躯创造的。"许多犹太人在思考来世时，会遭遇某种心理障碍。关于另一个世界的第一个疑问是，它已经是完美的了，所以没有必要建造和修复它。那么，它怎么会这么完美呢？

偶尔，基督教也会造访我的生活。例如，在 2004 年的一次鸡尾酒会上，有人提到了一个不熟悉的名字——约翰·斯托特。我打电话询问我的朋友迈克尔·克罗马蒂，他告诉我，如果福音派有教宗，那么斯托特就是教宗。斯托特，是当代最有影响力的福音派教徒。我做了一下调查，发现除了 1956 年的一次例外，他的名字从未出现在《纽约时报》上。所以，我决定了解他，并撰写一篇名为"约翰·斯托特是谁？"的专栏文章。

对于任何生活在世俗文化中的人来说，第一次遇到一个快乐的、聪明的基督徒都会感到些许的震惊。我们习惯于瞧不起富兰克林·格雷厄姆或帕特·罗伯逊，但总的来说，遇到一个让你敬仰的基督徒，是令人不安的。我在文章里写道，斯托特的嗓音"友好、彬彬有礼、自然。它是谦逊和自我批评的，但也是自信、快乐和乐观的。斯托特完全相信自己的信仰，但我在他身上看到了另一个人，且被他的悖论吸引"。

当斯托特来到华盛顿时，他邀请我共进午餐。许多年后，在斯托特去世后，我了解到他花了一些时间思考、祈祷，并与其他人谈论如何处理与我共进午餐的问题。他告诉他的朋友，在我写那篇专栏的方式中，他感觉到了某种颤抖、某种信仰的运动或预感。午餐时，我们聊了一会儿，然后他直接而严厉地问我：你的信仰是什么？你的信仰之旅何在？你觉得福音怎么样？你对犹太教有什么看法？

我很紧张。如果天堂的猎犬咬住了我的脚后跟，那么要么是我没有察觉到，要么是我掩耳盗铃。我一定是在无意识中知道，这会给我的生活带来多大破坏的。我关上门，把灯光挡住。

但其他裂缝开始出现——一开始时不时地出现，然后源源不断地扑面而来。灵性超越的时刻，对我来说是令人着迷的美。每次我访问沙特尔大教堂时，它都会施展魔咒，它就像我们的世界和其他看不见的世界之间的交接点。我曾经写过一本书，在书中我介绍了许多令人惊叹的人。其中，大约 2/3 的人是世俗的，多萝西·戴伊就是其中之一。她是我见过的情感上最富有、精神上最深沉的人之一。在她的孩子出生时，戴伊发现了信仰——她感到如此喜悦，以至需要一些东西来膜拜、感谢和崇拜。她把自己的生命献给了信仰，拥抱贫穷，服务穷人，并与穷人生活在一起。

在戴伊的生命接近尾声时，罗伯特·科尔斯问她是否有计划写一本回忆录。戴伊是一位才华横溢、多产的作家。所以，这是一个很自然的问题。戴伊告诉科尔斯，她曾经想过这么做。于是，她拿出一张纸，写下了“记忆中的一生”几个字。然后，戴伊说，“我只是坐在那里，想着我们的主，以及他几个世纪前对我们的访问。我对自己说，我真的很幸运。在我的一生中，主一直在我的脑海里。”她觉得，没有必要写任何回忆录。

这样的平和与宁静，会是什么感觉呢？

我在书中写到的另一个人是奥古斯丁，一个才华横溢的人。奥古斯丁的皈依场景很有名，但他的祈祷就不那么有名了。我被他的祈祷迷住了。我最喜欢的是其中的一句：“当我爱我的上帝时，我爱的是什么？”

爱，不是肉体的美丽，不是世俗的荣光，不是世俗眼中的光明，不是各种歌曲的甜美旋律，不是花香、油膏和香水的柔和气味，不是甘露或蜂蜜，也不是欢迎肉体拥抱的四肢；我爱我的上帝时，这些都不是我所爱。然而，我爱的是一种光、一种食物、一种当我爱我的上帝时的拥抱，当我爱我的上帝时，它是一种光、一种声音、一种气味、一种食物，以及拥抱我内心的人。在这里，我的灵魂被空间无法容纳的光照亮；在这里，有时间无法抓住的声音；在这里，有微风不能驱散的芳香；在这里，食物的味道不会因食用而减少；在这里，有一种任何饱足都无法割裂的团结纽带。当我爱我的上帝时，这些就是我所爱的东西。

在阅读关于戴伊和奥古斯丁的文章时，我有某种感觉。后来，在面对教宗方济各时，数百万人也会遇到这种感觉。即使根本没有信仰，当你看到一个行为像耶稣的人时，你也会有所触动。我的心和灵魂都紧紧抓住了爱，但道德之美偶尔也会有所松弛。

我想说的是，在那些日子里，我是信仰的友好支持者，但一无所获。我是在理论上支持宗教的人之一，认为宗教对其他人有好的影响，但我自己并不信教。顶多，我觉得宗教是一个有益的自助黑客的集合。例如，我在《纽约时报》当专栏作家的前 6 个月，是我职业生涯中最艰难的时期。我从来没有被大规模地憎恨过。当时，我的电子邮件收件箱的核心主题是保罗·克鲁格曼很棒，而我太差劲了。批评我的人不仅怀有敌意，还让这种敌意产生了实际效果——他们恰好击中了那些让我没有安全感、举步维艰、毫无价值的痛处。我发现，唯一正确的态度是“爱你们的仇敌”。把他们当作用他们独特的方式带给你礼物的人。任何其他的态度——对他们的仇恨或恐惧——都是情绪自杀。

不断加快的步伐

然后，是2013年夏天的事件和由此带来的痛苦。我离婚了。我感到孤独，羞耻，漂泊不定。我的肠胃不断有灼烧感。我所看到的世界，是透过一面泥泞、扭曲的游乐场镜子——自己痛苦和羞耻的棱镜看到的。

在痛苦的时期，你倾向于紧紧抓住方向盘，试图改变生活的方向。但有时，你会失败，并就此放开了方向盘。奇怪的事情开始发生。“治愈，意味着从你的痛苦转移到痛苦本身，”诺文写道，“当你一直专注于痛苦的具体情况时，你很容易变得愤怒、怨恨，甚至具有报复性……但真正的治愈，来自认识到你自己的特殊痛苦只是人类痛苦的一部分……如果你把注意力从使你痛苦的外部环境转移到你卷入的人性的痛苦之上，你的痛苦就会变得更容易忍受。”

通过苦难获得的知识，我们可以清楚地表达出来，但是没有经历这些痛苦的人，是不可能真正理解的。我要说的是，我并非两手空空地从那个坑里爬了出来。在我变得温和到可以被接触之前，生活必须先把我打得体无完肤。在我被打败之前，生活必须把我打得更碎一点。苦难打开了自我最深刻的源泉，露出了滋养新生的新鲜土壤。

就在彼时，奇怪的事情发生了。有一天，我正坐在我的公寓里，耶稣基督穿墙而入，把我的水变成了酒，并命令我追随他。

不，这只是个玩笑。压根就没有发生过这样的事情！虽然这种事情似乎确实发生在其他人身上，但我不会轻易相信，否则我的经历就都是平淡无奇的、不那么令人信服的了。它们都是零星的渗透性时刻。当我正在进行我的日常生活时，突然，不知什么原因，一些神秘的侵扰穿透了我，暗示着更深层次的现实。

例如，有一天早上，在高峰时间，我在纽约宾夕法尼亚车站下了地铁。我一如既往地被成千上万的人包围着，他们沉默、闷闷不乐，排着长队，蹒跚着去上班。通常，在这种情况下，你会觉得自己就像是一只蚂蚁，在一个没有意义的宇宙中过着毫无意义的生活。通常，日常生活会削弱你的好奇心。但这一次，一切都发生了翻转，我在所有人身上都看到了灵魂。就像突然间，一切都被照亮了，我意识到这数千人中的每个人都有无限的深度。他们是活生生的灵魂。突然间，似乎现实中最生动的部分是这样的：灵魂在早晨醒来；灵魂乘坐地铁去上班；灵魂向往善良；灵魂被早期创伤伤害。每个人身上都有灵魂，从内心照亮他们，萦绕着他们，偶尔在他们心中陶醉，灵魂活着或在他们身上麻木；随之而来的是一种感觉，那就是我通过无线电波与他们所有人联系在一起——我们都是其中的一员。

突然，我以一种敬畏和崇敬的眼光看待整个人群。敬畏和崇敬，不是来自某个特定的早晨，而是来自几个世纪的深处。想一想，你就会发现，我们不仅与现在活着的灵魂联系在一起，还与所有曾经生活过的人的灵魂联系在一起。世世代代的人，他们今天仍然存在。因为，这种潜在的充满活力的精神，仍然而且总是无处不在的。如果有灵魂，那么我相信有某种东西通过关怀和爱将灵魂注入我们体内，这只是很短暂的一个步骤。我记得，那是一个相当美妙的想法。

海舍尔拉比说，敬畏不是一种情感，而是一种理解的方式。“敬畏本身就是一种洞察比我们自己更重要的意义的行为。”我发现，这些天我看不到人，除非他们是被赋予了灵魂的生物。我无法做我的记者工作，除非我从这样一个前提开始：我写的所有人都有灵魂，我遇到的所有人也都有灵魂。没有这个事实，事件就没有意义。行为是无法解释的，除非你把人们看作渴望的灵魂。根据年份、时刻或日期的不同，他们或饥渴，或充盈。

我每年都会去美利坚湖徒步旅行一次，它位于科罗拉多州阿斯彭附近的一座山顶上。那年夏天的一个早晨，我的精神状态很好。在上山的徒步旅行中，我列了一张清单，上面写着：如果上帝真的存在，我将必须放弃的所有东西——我的工作、我的声誉、我的友谊、我的生活、我的爱、我的家庭、我的恶习，以及我的银行账户。

我来到湖边，坐在一块岩石上，拿出一本我带来的清教徒祷告书。书中大多是可怕的事件，比如关于人类的堕落。然后，我读到了一个叫“视觉谷”的段落。我看到，眼前是空旷雄伟的山峰。就在这时，一只看起来像獾的棕色小动物，摇摇晃晃地走到湖边，并没有注意到我。它走到离我的运动鞋不到两英尺的地方，然后抬起头，看到了我，吓了一跳，匆匆跑开了。崇高而神圣，温顺而谦卑。

我有一种事物恰到好处的感觉，就像一扇非常好的车门轻轻关上的声音。这是一种深深的和谐感与归属感，就像杰拜·克劳在那座桥上描述的那样：创造是有生命之物，是一件好事，我们仍然在被创造，我们仍然在被接受。知识悄无声息地蜿蜒于我的肌肤。我没有太多地感觉到与大自然融为一体，但我有一种感觉，所有的创造背后都隐藏着某种活跃的精神。宇宙在向我们的至善弯腰。

我总是听到“上帝是存在的基础”这句话——他不是天空中留着胡须的大块头，而是一个充满爱心的道德存在，弥漫在所有的现实之中，是一种流动的爱，并给生活带来温暖，给存在带来意义。在湖边，我有一种感觉，生命不仅仅是碰巧在太空中聚集在一起的分子的随机集合。我们的生活，是运行在一定的道德秩序之上的。我在那里坐了一会儿，看着湖周围的山坡，这些山坡一直通向山峰。我想象着小小的道德剧和军队冲突——指环王风格，爱和自私的力量在这个山顶盆地中发挥作用。那天，我写了一条推文：“……对于我们这些没有归属感、身为旅居者的人，上帝赋予了会员资格、接纳和参与。”徒步下山花了大约一个半小时，令人头晕目眩。

这不是宗教皈依。它不是从一件事转变为另一件事。我的感觉，更像是更深层次的理解。我理解那些不能与这种经历产生共鸣的人，我也理解只是把它视为对自然的情感反应的人。我只是叙述我的感觉和感受。这曾经是一种感觉，现在也是一种感觉，它让我睁开眼睛观察那些一直存在的东西，观察日常现实中的神圣存在。这就像一部你看了一辈子的戏，突然，你意识到舞台上的戏，并不是唯一正在上演的戏。另外，还有一种暗戏，有着相同的人物，但与明戏处于不同的层面，有着不同的逻辑和力量，而且风险更大。随着人们离他们世俗的野心越来越近或越来越远，人们可以遵循一个世俗的故事。但人们也有一个神圣的故事要遵循，因为灵魂离他们的家，也就是上帝的家越来越近或越来越远。

人们很容易忽略其中的暗戏，但你一旦看到了它，就很难将另一部关于世俗野心的戏剧视为终极现实。主要的故事，是关于灵魂的故事。

乔纳森·海特是一位研究道德情操的世俗犹太学者。在他职业生涯的早期，他曾去印度学习。当他到达印度时，他发现人们不仅在日常的维度上体验日常现实，还在精神维度上体验日常现实。后者是一条与前者互相垂直的轴。你所做的每一件事，都会让你走向纯净或走向污浊。印度人吃的每一样东西，说的每一句话，想的每一件事，以及做的每一件事，都可能使他们在这一精神维度上走向圣洁或堕落。

当海特回到美国时，他怀念那些感受到日常生活中垂直精神维度的人。他开始把美国想成“平地”，一个更纤薄的国度。他发现，即使他回到了平地的家，他仍然带着印度人的心态。他一想到要穿着那双他整天穿着的鞋子在自己神圣的家里走来走去，甚至走进他自己的卧室，就感到厌恶。他突然发现，把某些书带进浴室会让他感到羞愧。在目睹肮脏的行径后，他更加明显地意识到自己的微妙感受，他意识到人们不知何故正在自我堕落，走向污浊，远离圣洁。他仍然透过纯洁和污浊的层次看待现实。

在我徒步去美利坚湖之后，我意识到我是一个教徒。我开始意识到超自然的存在，这就是上帝，弥漫于物质世界之中。犹太人有“隐退”的概念，用来描述精神实质注入物质世界的方式。基督徒有“化身”的概念，即神在世间化身为人。基督徒相信，通过耶稣，永恒的世界进入了时光。

按照我的理解，信教就是通过神圣的视角来感知现实，在物质的、迫在眉睫的事物中感受到精神上的现实。托马斯·默顿曾写道：“试图解决上帝的问题，就像试图看到自己的眼球一样。”上帝，就是你的所见所感；依赖上帝，你才能有所见，有所感。

在生活中，我们中的大多数人都随身带有这种原始宗教意识，即使我们并不信教。当恐怖分子斩杀一名囚犯时，我们在道义上感到反感，这不仅是因为有人死亡，还因为一些神圣的东西受到了侮辱。人的身体不只是一块肉，它也是一座神庙，里面注入了一些超然的鬼魂。即使一个人死了，他的身体仍然带着这种精神，理应得到有尊严的对待。这就是为什么当犹太会堂的成员温柔地为当天早些时候去世的会众清洗身体时，我们会因为这种犹太葬礼仪式而感到庄严。

在徒步旅行后的一个月，我去了爱尔兰。一位朋友的客人租了一栋大房子，他邀请了我们一群人来住。我们的东道主和他的朋友都上了年纪，他们每天的大部分时间都在讨论政治、经济和货币政策。主人的妻子很安静，因为她患有阿尔茨海默病，她的记忆力正在衰退。一天晚上，当我们正在讨论政治时，她似乎特别困惑。她的丈夫转过身来看着我，两眼饱含着泪水。我们交换了一个长久而有力的眼神，发掘到比同理心和关心的层次更深的东西。突然，我在他的眼神里看到了经验的全部维度。

在一个层面上，我们是一群在谈论货币政策的人，但一个深刻的、沉默的层面，是整个暗戏之所在：爱的不朽心弦、身体的生死、寻求深层喜悦和精神安宁的灵魂，整个事情由某种神秘的生命力驱动，由永恒的故事形成并重新创造的生活模式。

“神奇或激进的惊奇，是宗教人士对待历史和自然态度的主要特征。”亚伯拉罕·海舍尔在《觅人的上帝》一书中写道，“有一种态度与他们的精神格格不入：认为事情理所当然。”每一个场合都有圣洁的火花，每一个人都有一个宇宙。

我并不是独自一人踏上这段精神之旅的。我咨询了几十个人，以一种相当可悲和迫切的方式寻求他们的忠告和建议。大体上，犹太人不知道怎么回应我的问题。犹太教，实际上并没有太多关于皈依和退教的传统。你生来就是部落的一员，没有福音派的类似传统。我给犹太朋友发送的一些询问电子邮件，没有得到回复。我带着我的拉比去吃午饭，告诉他我有基督教和犹太教兼备的背景。他说，他理解基督教故事的美丽，并被这些故事迷住了。

基督徒们都围着我转。我精神恍惚的消息传开了，不久就有几十人开始为我祈祷。热心的朋友们从芝加哥和其他地方飞过来，与我交谈或照料我。一位朋友开始为我和我的家人祈祷。自此，他每个星期五都会给我发来鼓励的短信。一些基督徒试图粗暴地拉拢我，视之为他们团队的一种胜利，而他们是一股破坏性的力量。大多数人会赠送图书给我。在那几个月里，我收到了大约 300 本关于信仰的书，其中有 100 本是 C.S. 刘易斯所著的《返璞归真》的不同版本。

我有几个稳定的伙伴，包括领导当地教会的斯图尔特和西莉亚·麦克阿尔平，以及 C.S. 刘易斯学者杰里·鲁特。然后是研究员安妮·斯奈德，她是我在《泰晤士报》的同事。实际上，我曾经给安妮面试，是因为她想从安多弗预科学校调动到惠顿基督教大学。这是不同寻常的调动，可能需要一些勇气，她也因此给我留下了印象。然后，就像现在一样，我试着雇用简历上看起来有进步的人。虽然在精英统治的传统逻辑下，这种进步是没有意义的。但我仍然希望看到他们认为的比传统的成功定义更重要的东西。

安妮和我一起工作了三年，我非常重视她的工作，但几乎没有注意到她这个人。我们从来没有一起去吃过午饭，也没有一起喝过咖啡。我唯一记得的，是可能曾经有过一次敷衍了事的绩效评估。

安妮是与我合作的上一本书《品格之路》的研究人员之一，尤其是关于多萝西·戴伊的那一章。大约在这个时候，我们就这本书的不同章节交换了一系列备忘录。通过这些备忘录，我开始体会到宗教意识与世俗意识有着根本的差异，信仰的飞跃是如此的巨大和荒谬。我将戴伊的精神之旅，描述为努力实现卓越的善良和理解；安妮纠正了我，并辩称这是一个向自我之外的真理妥协的过程。在我笔下，戴伊就好像原动力。安妮帮助我认识到，在戴伊的眼中，上帝才是推动者，而戴伊只是被推动的人。

这本书的核心是索洛维奇克拉比对我们本性的两面性的区分，他称之为“亚当一世”和“亚当二世”，我称之为简历美德和悼词美德。我认为亚当一世是关于威严和事业的，亚当二世是关于精神的，是关于寻找善良和目标的。安妮会给我寄来备忘录，说我对亚当二世的演绎过于新潮，或者过于沉浸在当代世俗的范畴里了。安妮指出，戴伊并没有为穷人服务，因为她想找到生活中的一些目标，这样她就可以心满意足地休息，为自己感到高兴。她写道，亚当二世真正追求的是对“绝对真理、客观真理”的忠诚和服从。

在这些备忘录中，安妮试图让我对索洛维奇克的世界观有更深的理解。她写道：“通过意识到需要个人忠诚的外部现实，并规划出一条特定的有限度的道路，亚当二世最终确实获得了成就感，但目标并不是停留在自我满足之上。除了自我，还有更多的东西。有一个真理值得用生命做赌注，而对这一真理的把握将渗透到一切事物中。追求这一真理，是要付出代价的。”

在戴伊皈依天主教的最初几个月里，她遇到了一些天主教女性，她们同意在结婚前暂缓性行为。戴伊非常钦佩她们的牺牲和克制中的尊严。我被搞糊涂了。在我的世界里，对婚前性行为的禁令随着维多利亚时代的到来而消失。我很守旧，认为人们只应该和所爱的人发生性关系，尽管性关系是一种交流的方式。作为加深和探索这种纽带并获得乐趣的一种方式，与你承诺的人发生性关系是合适的。

安妮解释了正统的基督教观点。戴伊不是清教徒。她是一个非常性感的人，她认为婚姻是一种神圣的契约纽带，是一种合为一体的创造，是对上帝的相互服从和行动。性关系也不仅仅是肉体上的结合，而是一种精神上的结合、一种把你的整个人完全交给另一个人的方式、一种"一生的委托"、一种完全赤诚的行为，是两个人成为一体的爱的圆满之旅。

因此，婚姻契约中有性行为的地位存在。在戴伊和安妮看来，在婚外和婚前发生性行为是对性行为的贬低和孤立，是对这种行为所隐含的终极礼物属性的削弱。把性行为保留在婚姻这个合为一体的创造中，就是要保留性的崇高和真正的美，使它不被拖入物质世界的浅薄中。

在我生命中的不同时期，我都曾与正统教徒，如犹太教徒和基督徒共处，但我不是那种会引发关于信仰或其他许多事情的脆弱对话的人。所以，我不知道正统信仰真正涉及什么，需要多少对垂直维度的屈服，以及它在多大程度上改变了整个生活的方向。我最终了解到，安妮对所有我从未考虑过的罪过很敏感，包括不悔改，即没有为你的罪过寻求适当的忏悔。我认为理所当然的事情，令她觉得精神上受到了玷污——比如奢华商场的消费主义。后来我发现，她在一天中的不同时间，或者在她生命的不同时期，经历了不同的灵魂状态。有时，根据她所做的事情和所处的环境，她感觉自己离上帝很近，但有时感觉很远。

当我们在撰写《品格之路》的时候，我会坐在我的小公寓里写备忘录。安妮会给我回信，这些信件成了《品格之路》的主要内容，特别是关于戴伊和奥古斯丁的章节。她始终迷恋的话题，是代理和恩典。我是精英文化的产物。在这种文化中，你通过努力工作和产生结果来控制自己的生活。在某种程度上，我本能地把我的信仰之旅当作一项家庭作业：如果我完成了所有的阅读并写完了期末论文，它就肯定会到来。我知道这很荒谬，但我就是这么想的。

随着《品格之路》一书撰写的进展，我被戴伊和奥古斯丁迷住了，真的想了解他们的信仰。安妮建议我读一本谢尔登·范奥勤写的书，书名叫《严厉的怜悯》，讲的是一对夫妇在牛津开始了他们的信仰的故事。我写了一份关于这本书和一般信仰的 15 个问题的备忘录。安妮尽其所能地回答了每一个问题。她从来没有引导过我，从未干预或试图指导这一过程。她是隐匿的。如果我问她一个问题，她会回答，但她永远不会出现在我面前。她通过上帝的掌控来显示她的信仰。对于任何智力或精神之旅中的人来说，这都是至关重要的一课：不要试图领导或影响。让召唤他们的事物来引领他们。

我在苦苦探索妥协和恩典的概念。我不喜欢马丁·路德的观点，他认为人们无法靠行为得救，只能靠信仰得救。我想要开辟一条中间路线，我称之为“参与式恩典”。你为你的人类同胞做一些好事，而上帝会在某种程度上与你相遇。

安妮一点儿也不这样认为：

我想重申，是的，恩典是基督提供的核心之物，但恩典只是大门。那就是认识基督。我在你的便条上看到有很多处强调努力，我对此很欣赏，但这只是廉价恩典的解药。但是，基本的事实是，你无法通过自己的方式进入恩典状态——这否认了恩典的力量，并颠覆了它的定义。恩典，必须向破碎和不配得到的人伸出援手。恩典，必须向那些清楚地、脆弱地认识到自己的需要和空虚的人伸出援手。恩典，只能在那些坐着不动的人中受到欢迎。

我努力工作，表现得相当出色，为自己赢得了一定的身份和观念。我发现我无时无刻不在工作，面对工作比面对空虚更容易，而空虚是我孤独的核心之所在。

自我骄傲有很多种形式，首先包括对权力的骄傲。这是一种幻想，认为可以通过获得足够的世俗权力来确保自己的安全。这是那些试图控制别人或主宰其他国家的人遭遇的骄傲。还有知识分子的自豪感，即试图将生活组织成一个可以解释一切的意识形态的自豪感。据说，他们可以解释所有的神秘现象。尼布尔说，每一种形式的狂热，都是在试图掩盖存在的不安全感。然后是道德自豪感，即通过认为自己比其他人更好来逃避道德不安全感的愿望，认为自己赢得了自己的救赎。在道德自豪感的控制下，我们用自己超级宽松的标准来评判自己，而用严格的标准来评判别人，并发现别人不够格。还有宗教自豪感。这种自豪感折磨着那些认为宗教包括遵守道德准则的人，以及那些因为遵守道德准则而高度评价自己的人。这样的人，可能每天都在祈祷，但他真正关心的只是自己。上帝会聆听我的祈祷吗？上帝会回应我的祈求吗？上帝会赐予我平安吗？人人都看见了我的友善吗？我的正义会得到恩典吗？

所有的骄傲都是竞争性的。所有的骄傲都包含着一丝恶意。所有的骄傲都是膨胀和脆弱的。因为，小我试图通过权力、金钱、地位、智力和自以为是来建立安全感，但从来都不会很成功。

在日常生活中，骄傲往往会得到回报，但在我慢慢意识到的暗戏中，骄傲是最大的折磨，谦卑是最大的安慰。在《罪与罚》中，主人公拉斯柯尔尼科夫饱受骄傲之苦，他正在寻求掌握知识和道德。一个叫索尼娅的角色代表神圣。她是一个年轻的女人，与她的父亲和继母生活在贫困之中。她的兄弟姐妹都在挨饿，家里没什么可变卖的。所以，索尼娅出卖了她的身体。她当妓女，是为了不让家人挨饿。她成了社会的弃儿，因为她做了道德上错误的事情。

如果神圣只是依规行事，那么索尼娅肯定是违反了规则的。但正如雅罗斯拉夫·佩利坎所说："在陀思妥耶夫斯基的小说中，这个妓女是一个女主角，是的，她还是一个圣人。拉斯柯尔尼科夫跪在她面前，承认她代表了全人类的苦难。索尼娅是一个神圣的人，尽管她是一个不道德的人，或者也许正是因为她是一个不道德的人，她才是一个神圣的人。"那些用神圣的视角看待现实的人，看到了一场伟大的道德戏剧，一个伟大的、真实的神话。在这个真实的神话中，正常的规则是无法适用的。事实恰恰相反。弱者和被遗弃者，往往比伟人和智者更接近上帝，因为他们远离骄傲和自满。

要真正践行一种信仰，会困难得多。我一直都很自豪，努力奋斗，掌握主动权。这些努力，并未能把针眼拓展到足够大。

出于职业、道德和精神上的原因，安妮犹豫不决。她真的相信是圣子在跋涉，而不是她或我。我有很多基督徒朋友，但现在我询问得更多的是他们是如何生活的。我了解到构成他们日常和年度例行公事的灵性纪律和概念——祈祷日记、斋戒、什一税、静修、《圣经》学习、责任小组、治愈祈祷、与穷人持续的直接接触、关于灵性战争的讨论、上帝的存在或不存在，以及那些长期缺席者对上帝的真正愤怒。对我来说，公司生活意味着为一家大公司工作。对他们来说，这意味着在社区进行的崇拜。

正如前文所述，很多人给我寄来了书。但最聪明的人，则把我送回了故事中。如果你想要孩子，那就做爱吧。如果你想探索信仰，那就读《圣经》和祈祷吧。宗教不是神学，尽管有些人倾向于把它说成神学。宗教不是感觉，尽管神秘主义的人倾向于这样认为。宗教，是笃定一个神话是真的，赌注就是你的生命。数十亿犹太人、穆斯林、基督徒和其他人，以他们的一生为赌注——组织他们的生活，并经常牺牲他们的生命——假定某个神话是真的。一次又一次地重读圣经故事是有必要的。

所以，我不断地回到这些故事中，想知道它们是不是真的。或者，更准确地说，让故事逐渐沉入突然可以接触到的更深层次。沃克·珀西说，好的小说告诉我们我们所知道的东西，但并不完全知道我们早已对此耳熟能详。《圣经》也是如此。

在旅途中的大部分时间里，安妮都不在身边。我彷徨的头几个月，是安妮所说的“黄金时期”。我们交换备忘录，互相了解对方。但是，彼此根本没有浪漫的想法。我们的私生活互不干涉，她对我知之甚少，甚至一无所知。她有她的男友，她会含糊其词地提到他，我把他们统称为基督教运动员联谊会。一些更大的事情正在发生，而且一切都很吸引人。

我们的谈话关乎大教堂，而不是求爱。

正如你可能预料到的那样，黄金时期并没有持续下去。到了 2013 年秋天，我们之间产生了强烈的情感。我正处在人生的动荡时期，独自一人住在公寓里，极为孤独。所以，这种情绪对我产生了强烈的冲击。

两个想法同时发生：我们深深地挂念着对方。我们之间任何可能的关系，都注定要失败。

安妮比我小 23 岁，这是一个令人望而生畏的年龄差距。此外，在我还处于第一段婚姻的时候，她就已经是我多年的研究团队成员。虽然我们知道在这段时间里，我们之间没有什么浪漫或错误的事情，但即使足不出户，我们也能估计到外人将如何传播我们的故事。我是一个半外向性格的人，不利用沟通天赋也能理解这个版本的故事会对她的声誉造成什么样的影响。尽管如此，到了 2013 年秋天，我已经到了情绪化的阶段，准备再次开始约会。我想试着和安妮约会。她犹豫不决，向朋友和神职人员请教。她进行了一系列干脆利落的分手——在我们完全没有联系的时期。这样，她就可以退后一步，以了解正在发生的事情。然后，在 12 月下旬，她搬到了休斯敦，找了一份负责撰写当地移民经历的工作。我把我的社交生活转移到了纽约，结识了一群很棒的新朋友。最终，我在那里和一位深思熟虑的女人建立了一段严肃的关系。

把信仰挂在嘴上

一些宇宙学家说，世界上有无数个宇宙，在其中一个宇宙里，有一个像你这样的人，就在一个和你所在的地方同样的地方。这是一个奇怪的想法，但即使是这样的想法，也不像神那样奇怪和不可理解。

克尔恺郭尔写道，信仰的艰难之处在于，它需要向荒谬的东西无限妥协。这需要无限度地听天由命。克尔恺郭尔用亚伯拉罕和以撒的故事来说明上帝所要求的无穷无尽。上帝让亚伯拉罕杀了他自己的儿子（即以撒，是他 100 岁时得的独子）。亚伯拉罕则必须对上帝有如此大的信心，以至于他愿意违背世界的逻辑。克尔恺郭尔强调，你必须愿意迷失自己，赤裸裸地展示自己，放弃你一生中获得的所有权力。

克尔恺郭尔一次又一次地描述了信仰挂在嘴上却不能进行这种堪称荒谬的飞跃时的感觉。“就我而言，我可以很好地描述信仰的运动，但我无法言说。如果你想学游泳，你可以把自己吊在天花板上，很好地完成这些动作，但你并不是在游泳。”

他接着说：“我无法控制信仰的运动，我不能闭上眼睛就自信地陷入荒谬之中；这对我来说是不可能的，但我并不为此自夸。我确信上帝就是爱，这种思想对我来说有一种原始的正确性。当它出现在我面前时，我有着无法言说的幸福；当它缺席时，我对它的渴望，胜过情侣对他所爱之人的渴望。但是，我不相信我能控制信仰的运动，我缺乏这种勇气。”

克尔恺郭尔辩称，无论如何，你必须穿过房间，越过荒谬的境地。只有无限听天由命的骑士，才能俘获心爱的人。只有迷失了自己，你才能找到自己。你只有放弃你所爱的，才能比以前更好，才能更快乐地找回你所爱的。

在回忆录《严厉的怜悯》中，谢尔登·范奥勤描述了他的妻子戴维是如何信仰宗教的。在她成年后的整个生活中，她一直觉得宗教是荒谬的。然后，她结识了基督徒朋友，阅读了各种各样的基督教书籍，信仰就此“像生命之水一样，流入了她的灵魂”。有一天，她在日记中写道：“今天，我从房间的一边走到另一边，我把我的一切，我的恐惧、憎恨、爱和希望统统放下了。然后，好吧，我做到了。我把我的道路，托付给了基督耶稣。”

几天后的一个晚上，谢尔登坐在火炉旁，凝视着煤火。这时，他意识到戴维正跪在他身边祈祷。她低声对他说：“哦，我最亲爱的——请皈依！”

他激动得差点要哭了，低声回答道：“哦，我皈依。”他写道，他“被席卷他的肯定震撼”。但这并没有持续多久。是他对妻子的爱，让他说了这些话，而不是真正的信仰。事实上，在戴维皈依后，他开始憎恨她身上的至善，甚至包括她对他的友善。他想要回原来的戴维。

谢尔登的皈依经历是不一样的。它不是突如其来的定罪和屈从。它更具知识性。他最终被认为上帝必然存在的论点说服了，尽管这不是一个完整的愿景。在这些争论中，他感觉到了神圣的一瞥，他不得不做出选择，尽管他并不确定。这是深思熟虑的有意识的选择。“一个人只能选择一方。所以我，我现在选择我的立场；我选择美好；我选择我所爱。但是，选择信仰就是信仰，”他声称，“我唯一能做的就是选择。我承认我的怀疑，并请求我的主基督进入我的生活……我只想说：主啊，我信仰——求你帮助我战胜无信仰。”

宗教承诺——就像其他承诺一样——更像是对召唤的回应，而不是像在超市选择购买哪罐汤。这是一种你可以控制的东西，也可以说是你无法控制的东西。没有人仅仅通过追逐信仰就能虔诚，但是也没有人不以某种方式追逐信仰就能虔诚。我认识很多人，他们希望自己有宗教信仰，但他们就是没有信仰。我认识的其他人，无论好坏，都确实有信仰，也许有时他们希望没有信仰。

我喜欢克里斯蒂安·威曼对信仰的描述，就是承认一个已经潜藏在内心的真理。我喜欢C.S.刘易斯对信仰的描述，他将其描述为失去拘束，描述为一种解脱：

> 没有文字，（我认为）也几乎没有图像，但关于我自己的一个事实以某种方式呈现在了我的面前。我意识到，我把什么东西挡在了海湾里，或者把什么东西拒之门外了。或者，如果你愿意的话，我穿着一些僵硬的衣服，比如紧身胸衣，甚至一套盔甲，就像一只龙虾。我觉得自己当场被给予了自由选择的机会。我可以打开门，也可以关着门；我可以解开盔甲，也可以系好盔甲……这一选择似乎意义重大，但有一种奇怪的平静……我说，“我皈依”，且似乎无法做出相反的选择……
>
> 然后，是想象力层面的反应。我觉得自己好像是个雪人，终于开始融化了。融化始于我背部的滴水，不久就变成了涓涓细流。我相当不喜欢这种感觉。

关于自我抉择时刻的描述中，我听过的最佳描述是这样的：想象你正坐在一列火车上。你坐在座位上，看书或看手机。你周围的人都在做其他正常的事情。从表面上看，一切似乎都是一如既往的。你突然意识到，你已经离出发的车站很远了。这并不令你感到惊讶，只是你明确地意识到了这一点。你已经去过很多地方。此外，在旅途中的某个时候，你越过了边界。没有海关官员，也没有大张旗鼓。你意识到，虽然上帝仍然是一个巨大的谜，但你并非不信奉他。你不是无神论者。甚至，你也不是不可知论者。没有圣经中的形而上学，你是活不下去的。你穿越到了一个不同的国家，感觉神话已成真。

至此，恰当的问题是，我皈依了吗？我离开犹太教成为基督徒了吗？首先要说的是，虽然在世界上，在历史上，在我认识的几乎每个人的脑海中，犹太教和基督教都是针锋相对的，但在我的生活中，它们从来没有大的对立。从我 4 岁开始，这两个故事就贯穿了我的一生，现在仍然如此。我甚至比以往任何时候都更觉得自己是个犹太人。我在文化上一直是犹太人，将来也永远是犹太人。但现在，我觉得自己在宗教上是犹太人。上帝与犹太人的契约，是真实存在的。当我参加犹太人的活动时，就像我经常做的那样，我会心潮澎湃，感觉就像在自己家里一样自在。我现在比以前更热爱信仰。如果犹太人不想让我当犹太人，他们就得把我踢出去。

更完整的答案是，我体验信仰的方式并非一成不变的。信仰就是改变。信仰出现了，一会儿就消失了，就像一条小溪蒸发了一样。至少，对我来说是这样的。小说家弗雷德里克·比克纳曾说过，如果有人问他信仰是什么，"我说，它就是穿越时空的旅程、多年来的起起落落、梦想、奇怪的时刻、直觉……信仰是乡愁。信仰如鲠在喉。与其说信仰是一种立场，不如说信仰是一种走向；与其说信仰是一件确定的事情，不如说信仰是一种预感。信仰在守候我们"。

我不得不承认，我遇到的大多数宗教人士并不能引起我的共鸣。我不想以质疑为自我的荣誉徽章，我无意通过质疑来让我在世界面前显得更通情达理或更老练。我完全承认，这些怀疑可能源于我自己的不足，源于我多年的生活经历。我想要说的是，我对信仰的体验与其他一些人有所区别。对于他们来说，上帝就像你面前的桌子一样真实。对于他们来说，信仰是全心全意的。他们全身心投入其中。在《宗教经验种种》中，威廉·詹姆斯引用了一个女人的话。她完全无法想象像玩弄、怀疑这些令人挠头的事情："就在我听到上帝呼唤我的那一刻，我的心立即就皈依了他。我跑着，伸出双臂，大声喊道，'我在这里，我的上帝。'"美好，存在于她那颗纯洁的心。

但我从不同的角度，基于不同的旅程，毫无疑问地，以与我的面具和个性相关的方式，来获得信仰。更多地，我与一小群与信仰做斗争的人联系在了一起，他们在与所有荒谬的、不可能的信仰搏斗。在体验上帝之前，我已体验过恩典。有时，我仍然很难回溯到源头。但是我发现，只要你的生活中有5~10个人，他们的信仰看起来坚韧不拔、真切实际，且和你自己的信仰一样，整个事情就会变得令人信服。你所需要的，只是一个基督徒和犹太人的奴才。

宗教现实主义

对于这些宗教现实主义者来说，忠于信仰本身就是一场斗争。对这些人来说，信仰是意识的扩张，但不会持久。你会意识到存在着的一个额外的维度。一旦经历过，就会有家的感觉，然后就消失了。正如诗人理查德·威尔伯所说：

快乐的把戏就是，
摇唇鼓舌，

人们会因疼痛而目瞪口呆。

没有什么，能让人们满意。

信仰，与其说是不断地生活在那个额外的深刻维度之中，不如说是瞥见了它，然后渴望它。对于这个阵营的人来说，信仰不是一种稳定的理解，而是一种愿望，或者可能是一种预感。信仰，与其说是对上帝的所有细节都有所了解，不如说是一种持续不断的运动，在一半的时间里你甚至无法察觉。

在他们的信仰中，神秘总是摆在面前的。“主啊，我只能通过我的意识接近你，但意识能接近的只能是物，而不是你，”威曼写道，“我没有指望像体验世界一样体验你——直接、立即，其实，我并无所求。的确，我对你的渴望是如此强烈——或者说，这是你对我的渴望的证据？以至我似乎在放在我不熟悉的坟墓旁的黑花中瞥见了你……在一棵冬日树木光秃秃的丰饶中看到了你，它的每一条枝干都被白雪覆盖。主啊，主啊，那‘看似存在’的深渊是多么明亮啊。”

关于水的比喻，在宗教谈话中比比皆是。因为，有太多人饥渴。据说，上帝是我们为之喘息的活水之流，一如渴鹿求水的小溪。据说，信仰是能使人感到口渴的浅酌。

哪怕是你读过的最虔诚的信徒关于信仰的描述，你也会看到其中有枯竭的咒语、痛苦和挑战的时刻。索洛维奇克指出：“宗教，从一开始就不是为沮丧和绝望的人提供恩典和怜悯的避难所，也不是为破碎的灵魂提供魔法的溪流，而是人类意识狂暴、喧嚣的洪流，以及它所带来的所有危机、痛苦和折磨。”索洛维奇克认为，正是顺着这些岩石激流而下的旅程，洗去了信仰的肤浅。这并非易事，也无法让人感到慰藉。正如威曼所说，如果上帝被认为是治愈心灵创伤的药膏，或者是逃离生活痛苦的避难所，“那么我不得不承认：它对我不起作用”。

1946 年 9 月 10 日，特蕾莎修女在火车上经历了一次强烈的信仰体验。她体验到，上帝的爱是“耶稣心中的饥渴，隐匿于穷人的心中”。但早自 1953 年起，一直到 1995 年，她似乎都与上帝失去了联系。在她的私人信件中，她承认，“我没有信仰……我被告知上帝爱我……但没有什么能触动我的灵魂。”她谈到“空空如也……我的心中没有信仰”。她感到一种“失去的可怕痛苦……上帝不想要我……上帝不是上帝……上帝并不真正存在”。10 年又 10 年，黑暗持续了下来，即使她还在继续服务。但 10 年又 10 年，她对信仰的渴望持续了下来。事实上，随着黑暗的加深，这种渴望似乎变得更加强烈。“我好几个小时都在对你（耶稣）诉说——我对你的思念。”在这段时间里，她不断地为穷人开辟避难所，为穷人服务，为穷人受苦。

正如我的一个学生丹尼尔·戈登所说，在这些年里，她的内心生活被打上了“缺席时的渴望”的烙印。1961 年，奥地利耶稣会士约瑟夫·纽纳牧师告诉她，她正经历着所有灵性导师都必须忍受的黑暗之夜，唯一的出路就是更加彻底的妥协。由于难以理解的原因，这一教训对特蕾莎修女造成了巨大的打击。她写道：“11 年来，我第一次爱上了黑暗。”根据一位传记作家的说法，她的黑暗来自对她所服务的人的深刻认同。穷人忍受着被遗弃的感觉。她现在被召唤去承担和分担他们的负担。她写道：“即使在黑暗中，这条路也是确定的。”她接着说：“我只是因为一无所有而感到高兴——甚至连上帝在场的现实，都是不存在的。”

正如戈登所写的那样，意义可以从一个人对不可避免的痛苦的态度中发现。一旦明白了受苦的意义，特蕾莎修女就开始觉得这是一种使命。信仰，对她来说不是一种安慰剂；信仰于她而言经常是一种黑暗的悲伤，但即使信仰离开了她，她也坚持自己的承诺，忍受这种黑暗，分担穷人的痛苦，最终让自己成为耶稣的子民。

换句话说，对信仰的承诺，就是承诺在信仰的所有阶段，甚至是那些没有信仰的时刻，都坚持信仰。信奉信仰，就是信奉一系列的起伏、直觉、学习和遗忘。25 岁时的信仰，明显区别于 35 岁、55 岁和 75 岁时的信仰。这意味着，当生活以新的方式展现自己，信仰必须再一次被重新表述时，旧有的信仰就会渐行渐远。坚守信仰，就是致力于改变。这包括绝望的时刻，或者它不是信仰。

27 岁时，弗雷德里克·比克纳已经出版了两部小说。他搬到纽约，尝试全职写作，但并不顺利。他变得沮丧，开始考虑其他职业——也许是广告业。尽管没有明确的原因，他还是开始去麦迪逊大道上的一座长老会教堂，他发现大多数神职人员都是在“浅水区”布道，而不是在内心深处布道。一天，他听了一场比较伊丽莎白女王和耶稣加冕典礼的布道。这位传教士说，耶稣不是在荣耀中加冕的，而是“在忏悔、泪水和巨大的笑声中加冕的”。

比克纳写道，当听到“和巨大的笑声”这几个字时，“出于从未令我满意的原因，中国的长城倒塌了，亚特兰蒂斯从海里升起了。在麦迪逊大道上，眼泪从我眼里涌出，我就好像被人打了一拳一样”。

比克纳逐渐体验到，信仰是对他所说的世上的一种地下恩典的追求。他开始有一种模糊的感觉，那就是生命不只是一堆随意相互碰撞的原子，而是一部情节曲折的小说。

后来，比克纳发现自己置身于年轻的基督徒之中，他们自信地谈论上帝，就像他们一直在与上帝交谈一样，且得到了上帝的回应。上帝告诉他们，要从事这份工作而不是那份工作，在餐厅点这份餐而不是那份餐。他目瞪口呆。他写道："如果你说你每天都听到上帝在每一个话题上与你对话，你要么是在试图蒙蔽自己的眼睛，要么是在试图蒙蔽别人的眼睛。"

相反，他继续说，你应该在床上醒来，并问自己："我今天还能再相信这一切吗？"或者，更好的方式是，在你浏览完早间新闻，看到所有的暴行之后，再问自己这个问题。比克纳写道，如果你每天对信仰问题的回答都是"是的"，那么你可能不知道信仰上帝的真正含义。"10 次中至少有 5 次的答案应该是'不'，因为'不'和'是'同样重要，也许更重要。'不'，是证明你是人类的证据，以防你心生疑虑。然后，如果某天早上，答案恰好真的是'是'，就应该是充满了忏悔、泪水和……的'是'与'巨大的笑声'。"

对信仰的承诺，就是透过怀疑对信仰的坚持，就是透过苦难和焦虑对信仰的坚持，就是透过奋斗对信仰的坚持，就是透过所有为信仰说话的白痴和不道德的白痴对信仰的坚持。这就是对信仰的坚持，尽管在被认为是信仰之家的犹太会堂、清真寺或基督教堂中，偶尔也会出现愚蠢的错误。"教堂既是我最大的智力和道德问题，也是令我最慰藉的家。她既是可悲的妓女，又是频频出嫁的新娘。"方济各会僧侣理查德·罗尔写道。信仰，仍然是他生活的中心和乐趣。

"出埃及"，就是旅程，为我们而逝的祝福和爱，就是它所指向的崇高之美。尽管经历了所有的起伏，我仍然坚持达到崇高之美。在某种程度上，我开始意识到我继承了一种叙述，我不想过不以崇高之美为导向的生活。我不能控制我什么时候信仰什么时候不信仰。我只能忠于活生生的故事，并坚持打赌崇高是真实存在的。在某种程度上，我意识到生活的列车把我带到了一个不同的国度。

我在这里真正试图描述的，也是一些我们在报纸上并未涉猎的事情——内在转变的过程是如何发生的。人们不会每天都注意到这一点，但当我回顾5年前的我时，我会惊叹。我打赌，在你的旅途中也是如此。这是意识质量的改变。这是一个逐渐获得新知识的过程。慢慢地，慢慢地，新知识会存入你的存在的中心。辛西娅·布尔杰写道，天国不是你要去的地方，而是你来的地方。这是一种改变了的看待世界的方式。当你更深入地进入上帝，上帝也更深入地进入你的内心时，这种方式就会出现。

你最终得到的是一种宏大的连接感，一种形而上学的单一性。不存在自私自利的自我。自私自利的自我，与每个人和其他一切都是分离的。这就是现代性的幻觉。在过去的5年里，我进行了一次奇异之旅，其中最好的部分是它提醒了我，在接下来的5年、10年或20年里，我可能会再进行一次奇异之旅。因此，没有什么会被认为是过于离谱而不屑一顾的。当你把自己与一种你无法理解的精神捆绑在一起时，没有什么会让你感到震惊，但一切都会让你进入敬畏和好奇的状态。

第二十二章

阶梯和墙壁

现在，我需要想办法实现宗教的承诺。信教的人是怎么生活的呢？到现在为止，你大概已经清楚信仰的哪一部分对我来说是困难的，那就是盲目屈从。有很多的讨论，尤其是在基督教中，都是关于屈膝于自我，把一切交给上帝，把自己的手从方向盘上挪开，让上帝来开车。有很多关于人类彻底堕落的讨论，即所谓精神和肉体之间的对立。我过去常常认为，信教意味着你承认上帝掌控着你的生活，你屈服于上帝并顺应其意旨。我明白为什么我以前会这样想了。在所有宗教中，都有很多言论给你留下这样的印象，那就是神要求缺席代理。神是主人，你是仆人。

幸运的是，这种盲目的顺从或完全的自我抹杀，似乎不是上帝所想。意志的确是有问题的。它是以自我为中心的。它倾向于把所有的人类存在看作围绕着自我的东西，都是或前或后之物。在正常的人类视角中，存在着固有的自私。

意志也是自恋的。正如 C.S. 刘易斯观察到的那样，我们每时每刻的想法，似乎都是关于自我的。如果你没有考虑你是冷还是热，或者是饿了还是饱了，那么你就是在演练说漂亮话，或者是对别人对待你的方式感到愤怒。当你做了一件真正谦虚和善良的事情后，自我也会转过身来，钦佩自己是谦逊和善良的。

意志也是贪得无厌的。你的意志想要受欢迎，并永远不会得到满足。大罪，来自对自我的过度崇拜和对他人的冷酷无情——贪心、不公正、偏见、贪婪、不诚实、傲慢和残忍。

“当我开始训练我的意志时，我发现我是在试图让一只狐狸看守鸡舍。”已故神学家尤金·毕德生写道，“我的意志是我的荣耀，也是我最大的烦恼。”如果你像威廉·欧内斯特·亨利的诗《不可征服》所说的那样，认为意志“掌握我的命运……（是）我的灵魂之主”，那么你即将触礁。

但是，上帝似乎并不想消除意志，而是想要意志的淬炼和转变。他不是想要缺乏意志，而是想让人的意志和上帝的意志融合。毕德生是这样描述的：当他还是个孩子的时候，他被允许在他父亲的肉店工作。他从扫地开始，然后开始研磨汉堡肉酱。然后，当他长大后，有人递给他一把刀。“那把刀有它自己的意志，”一个屠夫告诉他，“了解一下你的刀。”

毕德生还发现，“牛肉本身有它自己的意志——它不仅是一团惰性的肉，有软骨和骨头，还有性格、关节、质地和纹理”。把 1/4 磅牛肉切成烤肉和牛排，不是把我坚忍的意志强加在愚蠢的牛肉上，而是恭敬地、虔诚地将意志融入物质现实。

坏屠夫试图将他们的意志强加于牛肉，结果自然是丑陋和徒劳的。但是，好的屠夫通过学会切肉来回应牛肉。他们在牛肉面前谦逊地工作。

信徒带着谦卑的敬畏接近上帝，并通过学习、祈祷和属灵训练来感受上帝的爱。她逐渐学会了顺应上帝的爱而生活，而不是背道而驰。这不是上帝故意要主宰信徒的生活，也不是信徒的完全屈服和自我毁灭。这是一种热烈的反应。这是参与，个人的意志复杂地参与到上帝更大的意志之中。

正如毕德生所说，上帝并不试图在生活中主动发声，并不试图支配生活；上帝也不是在生活中被动发声，随波逐流的，而是发出中庸之声，这就是对话和回应："我们不会把自己遗忘在恩典的溪流之中，不会把自己淹没在爱的海洋之中，不会失去自己的身份。我们不会拉动琴弦，在我们生活中激活神的运作，使神服从于我们的独断专行。我们既不操纵上帝，又不被上帝操纵。我们参与行动并参与结果，但不控制或定义它。我们以中庸之声祈祷。"

信仰和恩典，不是关于失去代理的，而是关于加强和授权代理的，同时还要改造代理。当恩典涌入时，它给了我们更好的东西去渴望，也给了我们更多的力量去渴望。当人们谈论自我的死亡时，他们实际上是在谈论老旧的欲望的死亡和一组新的、更好的欲望的复活。当我还是个孩子的时候，我喜欢喝"酷爱"（一种人工合成的廉价果味饮料）。现在，这个愿望对我来说已经没有吸引力了。现在，我更喜欢咖啡和葡萄酒，而这些东西在当年对我没有吸引力。当我开始我的职业生涯时，我真的很想出名，并被邀请进入核心圈子。现在，我有了比我当时想要的更大的名气，我见识过太多的核心圈子，它们已经失去了原有的魅力。

对上帝的爱和参与上帝的爱，代表着自我颠覆，而不是自我削弱。杰拉尔德·梅区分了任性和意愿：任性是想成为自己的船长的愿望；意愿是想要用强烈的回应来接听电话的愿望。

宗教生活，不仅仅是抽象的思想和情感。它包括具体的实践，与真实的人在一起，进入真实的社区。我原来把我的宗教之旅想象成去沙特尔大教堂的徒步旅行。在通往上帝的旅途中，我很快发现，宗教人士和宗教机构有时会修建阶梯，让我们的旅程更容易继续；有时，他们修建围墙，让我们的旅行变得更加困难。我发现，基督教世界中的许多墙，是智力自卑情结和精神优越情结的结合物。我发现，基督徒，尤其是新教福音派的基督徒，被一种感觉困扰，那就是他们在智力上不像世俗世界那么严谨或不那么优越。与此同时，他们中的许多人都被这样的概念夸大了，即他们曾有一个巨大的飞跃或另有两个道德飞跃。

例如，这种组合可能会导致第一面墙——围攻心态的出现。许多基督徒注意到，他们的价值观和世俗价值观之间的差距越来越大，特别是在性问题上。这可能很快就会导向一种集体受害的感觉。“文化”试图攫取我们。我们必须撤退到我们纯净的飞地中。奇怪的是，对于被这种文化攫取的人来说，被围困的心态让人感觉不错。它给了人们一种直截了当的方式来解释世界——高尚的我们与强大而有罪的他们。我们拥有受害者的清白。

很快，基督教就不再是一种卑微的信仰；它是文化战争中的一支劲旅。“福音派”不再是一个形容词，而变成了一个名词，一个部落。很快，目的就证明了手段的合理性——任何保卫部落的手段都是合理的。很快，你就会获得这些关于外界敌意的概括。每当牧师以“文化”一词开始说话时，他就应该打断自己，躺下来睡一小会儿。很快，你就会得到萨克斯拉比所说的“病态二元论”，即一种将世界划分为无可挑剔的好人和无可救药的坏人的心态。

第二面墙是糟糕的倾听者的墙。有一定数量的宗教人士，他们带着一套现成的格言和保险杠上的标语，走进每一场对话。他们并没有真正倾听他们面前的人所提出的问题，而是不分青红皂白地给出他们的药方。

第三面墙是侵入性保护的墙。有些人，打着信仰的幌子，在没有受邀的情况下插手别人的事情。他们告诉自己，他们只是在表示同情和关怀。他们告诉自己，通过祈祷，他们已经察觉到另一个人生活中正在发生的一些重要的事情，而这对另一个人来说是很重要的。但实际上，他们只是在上帝希望他们出现的借口之下，在他们不被需要且一无所知的地方徘徊。

第四面墙是知识平庸的墙。我在耶鲁大学教书。当耶鲁大学的教授们讨论彼此的手稿时，他们是残酷的。在追求卓越的过程中，他们表现得很残酷。有时，基督徒之间并不残暴。他们想要友善；他们想要肯定，这缓和了所有的讨论。因此，真理的明珠并没有硬化。含糊的语言和模糊的感情是可以容忍的，因为每个人都想要友善。几年前，马克·诺尔写了一本书，名为《福音派思想的丑闻》——除了一些值得注意的，丑闻仍在继续。

以上说的是各种类型的墙。我还发现了阶梯。第一个阶梯是仪式的阶梯。宗教充满了点燃蜡烛、鞠躬、起立、游行等仪式。这些习惯是道德秩序的集体表现，是一个神圣的故事。它们是对某些教训和真理的提醒。在律法中，蜡烛的点燃与香火的燃烧是协调一致的。因为，在我们的生活中，知识的照明与激情和感官的体验是联系在一起的。我们不是冷酷的推理者；我们带着激情学习。

正如社会学家克里斯蒂安·史密斯所说：“礼仪仪式重现了一种传统、一种经历、一段历史、一种世界观。它以戏剧性和有形的形式，用文字、音乐、意象、香气、味道和身体动作来表达一种神圣的信仰体系。在礼拜仪式上，礼拜者既表演又遵守，表现出真理并让真理作用于他们，以此铭记过去，并带着它走向未来。”在敬拜中张开双臂，是一种奇怪的力量；细微的肢体行为会打开心灵，并让心灵变得脆弱。

第二个阶梯是毫不掩饰的信仰阶梯。你几乎从来没有在保守的犹太会堂中看到过毫不掩饰的信仰，但你经常在东正教教堂中看到毫不掩饰的信仰：男人们披头散发，摇摆着，哀号着，投身于崇拜。同样，你几乎从来不会在主流新教教会看到毫不掩饰的信仰，除非它信仰的是塞拉俱乐部（美国著名环保组织）。但你确实在富有魅力的教堂里看到这样的情景：人们举起双手，闭上双眼，“哈利路亚”之声久久萦绕。当然，这里面有表演的成分。但是，信仰有一种无惧表达的感染力。

第三个阶梯是祈祷。我本人并不是一个很好的祈祷者。我最终往往更多地把话语指向和我在一起的人，而不是上帝。不幸的是，当我祈祷之时或之后，我总是对我的祈祷进行文学批评——呃，那个很无聊，这个没有连贯性。在《包法利夫人》中，福楼拜写道：“人类的语言，就像一只敲破了的水壶，我们原本希望用水壶奏出可以融化星辰的音乐，结果只是一通胡敲乱打，只能为熊群伴舞。”我的祈祷就是这样子的。

但是，即便是在路上的人也可以祈祷。祈祷，是与上帝的相遇和对话。最简单的祈祷是感恩节的祈祷，饭前的祈祷或关于其他好事的祈祷。即使是这些简单的祈祷，也是很好的祈祷。因为，感恩是一种土壤，自负往往不会滋生于其中。

我们的对话，会根据我们与谁交谈而改变。与上帝交谈，是一种与恩典的对抗。这不仅是无功受禄的爱，对于接受这种爱的有缺憾的人来说，还是一种强大的爱。因此，深刻的祈祷有一种不同于与普通人交谈的美妙品质。这种祈祷的情感基调，很难在散文中捕捉到。很多人可能会想到乔治·赫伯特的诗：

> 祈祷，教堂，宴会，天使时代，
> 上帝在人类身上的气息回归初生，
> 释义中的灵魂，朝圣中的心灵
> ……
> 有一曲调，万物皆听，万物皆惧；
> 温柔，和平，欢乐，爱，幸福，
> 尊贵的吗哪，至高无上的恩典，
> 平凡的天堂，人类的安息，
> 银汉迢迢，天堂之鸟。

随着时间的推移，祈祷改变了欲望的方向。与上帝交谈，这一行为本身就会使一个人出现某种方式的倾向；你想要与上帝进行一次合适的谈话；你想要压抑你的欲望来取悦他，给他带来荣耀。就像年迈的夫妇随着时间的推移而变得越来越相似一样，那些花费数年时间享受上帝的陪伴并对上帝的陪伴做出回应的人，也会变得更像上帝，这种变化发生在秘密的层面上，发生在只有上帝才能窥见之处。

第四个阶梯是精神意识。在世俗世界中，我们倾向于将一切归结为物质的因果关系——经济、投票模式、国际关系等。但这种视角不断出错，因为人类不仅仅是被狭隘定义的经济和政治私利驱动的物质生物。

当你和信徒中最优秀的人在一起时，无论谈论什么话题，你们都会有一场更丰富的对话。宗教团体自然会谈论整个人、心灵和灵魂，以及身体和思想。当宗教团体为穷人服务时，当宗教学院教育他们的学生时，他们就是在为全体人民服务和教育他们。他们不仅需要金钱，还需要尊严、爱和目标。

第五个阶梯是善与恶的语言。在很大程度上，这种语言已被公共世界抛弃了。“罪恶”一词现在主要用来点缀。你如果想谈论最深的旅程，就需要使用像“罪”“灵魂”“堕落”“救赎”“圣洁”“恩典”这样的词。你如果你想对垂直维度上的生活有点儿概念，就需要对善和恶的不同层次有点儿概念。当你走进宗教世界，发现即便只有寥寥数人巧妙、聪明、仔细地思考和谈论这些事情，那也是极其强大的力量。

第六个阶梯是宗教带来的纯粹的震撼。宗教，是一个永无止境的惊喜。你永远不会完全接受这样的想法，即创造是有生命的，并且存在着普世之爱这样一种东西。最令人震惊的是一些信徒爱的方式。为什么特蕾莎修女要在贫民窟耗费那几十年呢？为什么托马斯·默顿会在修道院里耗费那几十年呢？为什么多萝西·戴伊要在几十年里过着贫穷的生活，并给穷人发面包呢？为什么迪特里希·朋霍费尔会回到德国抵抗希特勒呢？他很有可能会在战斗中阵亡，他确实也是被纳粹绞死的。难道这些人不知道有海滩可供度假吗？难道这些人不知道有不错的餐厅可供体验吗？

这些都是名人。人们经常遇到这样的人，他们颠覆了自己的生活，在世界各地的医院和贫民窟工作。因为，他们相信上帝已经召唤他们提供这种艰苦的服务了。

生活中的自然冲动，是一种向上的流动，是在财富、权力、成功和地位上的成长。然而，在世界各地，你都能看到人们在走下坡路。我们不经常把“谦卑”这个词用作动词，但我们应该这样做。世界各地都有为上帝而谦卑的人。他们把自己变成了仆人。他们跪倒在地，为穷人洗脚；他们把自己放在不是中心的地方，他们认为看不见的人和边缘化的人才是中心。他们在毫无意义的时候提供宽恕，实践一种让人惊叹不已的激进善意。

最近有一部关于长老会牧师弗雷德·罗杰斯的纪录片。罗杰斯制作了一档电视节目，假定孩子比成年人更接近上帝。通常情况下，成年人希望随着年龄的增长而变得成熟，但罗杰斯的节目完全是关于朴素的——系鞋带的朴素、公开爱情的朴素。通常情况下，成年意味着走向自信和自立。但罗杰斯走向了脆弱和依赖。有一次，被视为罗杰斯内心中孩子替身的木偶唱了一首歌，有一句歌词是“有时，我在想我是不是错了”。有时，他在想自己是不是表现得很差。通常情况下，成年意味着从小到大——在世界上做大事，但罗杰斯写了一首歌，名为“小而大”，讲述的是小善的可爱。从歌词上看，在一期节目中，孩子们一起洗脚。一些人怀疑罗杰斯是否真的有那么真诚和善良。但这部纪录片清楚地表明，他真的有那么真诚和善良。看到最后，剧院里的每个人都出乎意料地哭了。在这种反向的善中有一种令人惊讶的、强大和压倒一切的东西。

正如奥古斯丁所说：“哪里有谦卑，哪里就有威严；哪里有软弱，哪里就有力量；哪里有死亡，哪里就有生命。你如果想得到这些东西，就不要轻视它们。”T.S. 艾略特曾经捕捉到宗教生活的理想：“一种完全朴素的状况条件 /（代价不低于一切）。”

崇高

安妮在休斯敦住了三年多。在此期间，我们的生活都经历了许多曲折。然后，在经历了上述事件 4 年后，我们于 2017 年春天结婚了。这在当时看来是不可能的，但在现在看来似乎是不可避免的。故事的这一部分，至此已经有了一个幸福的结局。

我发现，疯狂的恋爱对我的信仰既有好处又有坏处。一方面，在爱得如痴如醉的时刻，爱溢于言表。它从对这个特定女人的爱开始，逆流而上，成为更高、更广泛的爱，最终流向爱的源泉。另一方面，幸福中的我，已经把痛苦抛诸脑后。所以，我不再有真正低落时的那些深深的、黑暗的、阴燃一般的精神危机。幸好，我摆脱了这种危机。

尽管如此，我的信仰部分仍然是根本不完整的。但在信仰上不完整，并不等同于不满足。“我祈求的是奇迹，而不是幸福，”海舍尔拉比写道，“而你却把它们都赋予了我。”正统派犹太人说，宗教就是世界的圣洁，就是在一切事物中都能看到神圣的火花。

“令人惊讶的敬畏”，是人们用来描述上帝在这个世界上的存在的短语。人们惊叹于上帝的无限，惊叹于上帝的关爱。“上帝用弯曲的线条书写直线。”沃克·珀西写道。这种不可思议是令人惊讶的。耶稣的第一个神迹是把水变成酒。那谁能用派对戏法开始宗教信仰呢？

到目前为止，我希望信仰之旅给我注入了比以前更多的谦虚。我非常肯定，它已给我注入了更多的希望。今天，我感觉信仰不像是对一个留着白胡子的、能把水分开的老人的信仰。我感觉它像是对比我想象的更广泛的可能性抱有信心，并生活在这些可能性的庇护之下。

现实闪耀着光芒。地铁上，坐在你旁边的人从来不只是一个躯体。我多次引用过我的朋友艾米丽·埃斯法哈尼·史密斯的话。她曾告诉我，有一次她与丈夫发生了争执。他们和好了，然后一起出去办事，在药店停了下来。艾米丽仍然泪流满面，并因吵架而精疲力竭。当他们结账时，收银台的店员询问他们的家庭情况，有没有孩子，住在哪里，等等。在他们简短的谈话结束时，店员微笑着对他们说："你们知道，你们两个人在一起真的很好。"这正是艾米丽在那个时刻需要听到的——它是如此富有同情心和爱心，它是一种优雅的表达。她当时冒出了一个她以前从未有过的想法："哇，也许天使真的存在。"

在本书中，我一直在讨论承诺，我们对世界做出的一系列承诺。但是，考虑一下这样一种可能性，一个充满无限之爱的生物已经向我们做出了承诺。考虑这样一种可能性，我们是被承诺的对象，是无限承诺的对象，而承诺是为了救赎我们，把我们带回家。这就是为什么宗教就是希望。我是一个流浪的犹太人，也是一个非常困惑的基督徒，但我的步伐有多快，我的可能性就有多大，我的希望就有多大。

第五部分
社　区

第二十三章

社区建设：阶段一

20 世纪 50 年代末的一天，简・雅各布斯正从她二楼的窗户向下面格林尼治村的街道望去。她注意到一名男子正在与一名年轻女孩纠缠。女孩身体僵硬，似乎不想去那个男人想带她去的任何地方。雅各布斯脑海中闪过一个念头，也许她目击的是一起绑架事件。她正准备下楼去干预，这时她注意到肉店老板夫妇已经从他们的店里出来了。然后，卖水果的人从他的摊位后面走了出来，锁匠和洗衣店里的几个人也走了出来。雅各布斯在《美国大城市的生与死》一书中写道："那个人并未意识到，他已被包围了。"

结果没什么，这只是父女之间的争吵。但雅各布斯从中得出了正确的结论：在一个健康的社区里，街道上的安全主要不是由警察来维护的。它是由"复杂的、近乎无意识的自我控制和人们自己的标准网络来维护的，是由人们自己执行的"。

雅各布斯将她所在街区的街景描述为一场错综复杂的芭蕾舞。这场芭蕾舞一大早就开始了，大约在雅各布斯出门倒垃圾的时候，家长们正在送他们的孩子上学。芭蕾舞持续了整个下午——商店的老板们在门前闲逛，邮递员来访，码头工人聚集在酒吧喝啤酒，一对恋人在一起漫步。“当我下班回家时，芭蕾舞正达到高潮。”雅各布斯写道，“这是溜冰鞋、高跷和三轮车……的时代。现在是捆绑打包的时候，是从药店绕到水果摊的迂回时刻。”

雅各布斯认为，这一切看起来似乎是狂热而随意的，但实际上这里存在着一种动态的、有机的秩序。“在老城看似无序的情况下，在老城运转良好的地方，都有奇妙的秩序在维护街道的安全。”

雅各布斯写作的时候，罗伯特·摩西等城市规划者正在破坏这类街景。他们认为这类街区是老式的、低效的。新的理念认为，街道应该是移动汽车的机器，所以城市规划者开始修建穿过社区的高速公路，拆除旧的公寓和褐石建筑，并建造高耸的公寓楼，周围则是空荡荡的广场。

雅各布斯希望人们以不同的方式看待老街区的街景，并抵制这些不人道的城市规划。今天，至少在城市规划的世界里，雅各布斯赢得了她的战斗。现在，每个人都明白密集多样的街景的价值。但是，当谈到一个更大的问题，即是什么构成了一个社区时，我们发现，这也是雅各布斯真正关注的主题，斗争仍在继续。

美丽的社区

一个健康的社区，是一个厚实的人际关系系统。它是不规则的、动态的、有机的和个人化的。当你的工作量很大时，邻居们会来帮忙，而当他们的工作量很大时，你也会伸出援手。在富裕的社区里，人们互相打听对方的事情，知道彼此的秘密，在悲伤的时候一起散步，在欢乐的时候一起庆祝。在富裕的社区里，人们互相帮助，一起抚养孩子。直到最近60年左右，这类社区在整个人类历史上都是典型的社区，人们对邻居的奉献，就像我们今天只面向家庭的那种奉献一样美好。邻居需要彼此繁荣——收获庄稼，并在艰难时期分享。

生活在富裕社区的人，会有这样的邻居。当她失业时，邻居会帮她找工作。一个十几岁的孩子在家里感到孤单，会有一个邻居的门是开着的，所以他可以去邻居家闲逛。在富裕的社区里，经常有一位“汤普金斯小姐”，即一位强壮的、年长的女士，她似乎无时无刻不在身边，她会告诉青少年什么时候应该关掉音乐，她会告诉小孩子不要在汽车附近跑，她会告诉人们应该负责任，并执行社区规范。每个人都有点儿害怕汤普金斯小姐，但每个人都爱她。她是社区的母亲，实际上是这里的精神领袖。

在这类社区中，社会压力可能有点儿压倒一切，侵扰有时令人难以忍受，但这种不适是值得的，因为关怀和好处是如此之大。

当学者们谈到这种社区时，他们会使用“社会资本”这个词。这个词不是很合适。社会学家有时试图通过使用听起来像经济学词汇的硬概念，以借用经济学家的威望。“社会资本”这个词，暗示它所衡量的东西是定量的。但关爱主要是定性的。当关系被深深地感受到，当存在相互信任的历史、共同的归属感、相互承诺的规范、相互帮助的习惯，以及人与人之间心灵和灵魂的真正感情时，一个社区就是健康的。

内部的战争

不久前，我遇到一对以色列夫妇，他们搬到了南加州的一个富裕社区。他们给我讲了几个月前发生的一件可怕的事情。丈夫外出工作时，有一天晚上打电话给他的妻子聊天。他们挂断电话后，女主人去查看他们4岁的儿子。他不在床上。她疯狂地搜遍了整栋房子，但没有找到他。她跑到游泳池去看他是不是掉进去了，依然一无所获。

她冲出房子，在她的街区跑来跑去，大声尖叫着他的名字。当时是晚上10点左右。她的一些邻居家的灯都还亮着，但没有人出来帮忙。此刻，她已经吓坏了。当她跑回屋里，进行再一次搜查，发现她儿子在客厅里。他搭了一座有垫子的堡垒，在堡垒里安静地睡觉。

第二天，她出去散步，几位邻居礼貌地问她为什么半夜里还一直在尖叫她儿子的名字。她说出这个故事时，邻居们都用怀疑的眼光看着她。这是一个什么社区？人们不会帮助一位母亲寻找她的儿子！她说，如果是在以色列，街道上会挤满了穿着睡衣疯狂寻找孩子的人。

我们，已不再生活在简·雅各布斯的美国了。

这个故事，发生在一个拥有一切优势的社区。在整个西方世界的社区里，社会结构的撕裂都是相当严重的。罗伯特·普特南、西达·斯科波尔、查尔斯·默里、马克·邓克尔曼和其他许多人，已经记录了社会结构的彻底碎片化，我无须在此赘述。我只想回顾一下由种种社会孤立造成的“大屠杀”。

自杀的流行，就是这种孤立的表现之一。另一个表现是预期寿命缩短——即所谓绝望死亡。大规模枪击事件的蔓延，也是一种表现。这些大规模杀戮，事关很多原因——枪支、煽动等，但它们也关乎社会孤立和美国人思想的无序与错乱。每起枪击事件的背后，总会有一个孤独的人从社会的裂缝中坠落，过着孤独失望的生活。有一天，他决定尝试着从微不足道飞跃到血淋淋的臭名昭著。像这样的人，易于被极端主义意识形态吸引。这些意识形态，解释了他们的失望之情，并让他们感觉到自己与某些东西有关联。他们说服自己，通过屠杀无辜者，他们就能成为为某种正义的事业服务的战士。

抑郁程度的上升和精神健康问题，则是另一种表现。人们过去常说，抑郁症和其他精神健康挑战，主要与大脑中的化学物质失衡有关。但正如约翰·哈里在他的书《失联》(*Lost Connections*)中所说的，这些心理健康问题，至少与一个人的神经化学问题一样，都与生活中的问题有关——旷日持久的孤独，失去有意义的工作，在没有社区的情况下感到压抑和压力。

“长期的孤独会让你中断社交，并对任何社交活动都持深刻怀疑态度。”哈里写道，“你变得高度警惕。你开始更有可能在并非故意的情景下生气，并且开始害怕陌生人。你甚至开始害怕你最需要的东西。”

听起来，这像是对当今美国政治的一个很好的总结。而两极分化，也是社会孤立的产物。

美国社会的基础层——国家、市场和其他一切所依赖的关系、承诺和信任的网络——正在崩溃。

也许是时候把它视为一场战争了。一边是那些散布分裂、不睦、孤立的势力。另一边是社会上所有培养依恋、联系和团结的力量。这就好像我们正在见证这场社交开膛手和社交编织者之间的大规模摊牌。

这场战争最艰难的部分在于：它不是一群好人和另一群坏人之间的战争。这场战争，牵动着每个人的心。我们中的大多数人，都是我们所抱怨的问题的一部分。

正如托克维尔预测的那样，我们大多数人都接受了一种激进的个人主义，这种个人主义使我们将自己视为自我满足的单体，并将每个与世隔绝的自我与其他与世隔绝的自我隔绝开来。我们中的大多数人都喜欢工作狂的风气，这让我们几乎没有时间进行社区活动。我们这些媒体工作者知道，产生页面浏览量的方法，是对你的部落的道德优越感进行《真理报》式的肯定。我们大多数人都遵守隐私准则，这会导致我们不认识我们的邻居。我们中的大多数人在生活中都会尽力减少任何摩擦，且我们已习惯这种生活模式。但是，社区生活——相互关爱——是建立在摩擦、黏性和低效关系的基础之上的。

社区本身也受到了攻击，因为我们把医疗服务外包了。正如彼得·布洛克和约翰·麦克奈特在他们合著的《丰富多彩的社区》（*The Abundant Community*）中所说的，过去在社区中扮演的许多角色，已经转移给了市场或国家。精神健康，如今是治疗师的工作。身体健康，如今是医院的工作。教育，如今是学校系统的工作。

布洛克和麦克奈特认为，系统的问题在于去人性化。这些组织必须规模化运作，一切都必须标准化。每件事情都得遵循规则。他们写道："管理的目的是创造一个可重复的世界。"但是，没有两个人是相同的。

当失去关照时，一个社区就会变得脆弱，那里的人也会变得脆弱。人们仍然在那里，但他们彼此之间的信任已经荡然无存。如果境况恶化，他们可以求助的对象就会减少。他们渴望归属感，就像我们所有人一样，但他们并不清楚在哪里能找到归属感。从表面上看，像前文提到的南加州的这类社区，可能看起来和健康的社区没有两样，但情感质量早已发生了变化。关心，已经被距离和不信任取代。

那么，社区是如何恢复的呢？基本上，它是由生活在第二座山上的人修复的。他们最终忠于他人，而不是自己。在本书的前面，我提到了“编织：社会结构项目”，这是我在阿斯彭研究所与其他人共同创立的项目。在我撰写本书的时候，我们已经花了一年的时间与那些把建立关系置于生活中心地位的人进行访谈。建立社区，就像建立关系一样，是一个缓慢而复杂的过程。有很多东西汇聚在一起，比如简·雅各布斯所说的芭蕾舞。我想带大家领略社区创建的各个阶段，它们有点儿像亲密关系的各个阶段，但规模更大，动人的片段更多。

坚持不懈的人

正如你所想象的那样，社区重建是从承诺开始的。有人决定把社区置于自我之上。例如，阿夏哈·巴特勒在恩格尔伍德长大，这是芝加哥最贫穷、最暴力的社区之一。阿夏哈曾在那里被人抢劫。帮派控制了整个街区，她家门外不时有杀戮。一天晚上，一颗子弹穿过她的前窗。当地没有像样的学校可供她和她的丈夫把 9 岁的女儿送去上学。最终，他们受够了。他们决定搬去亚特兰大，那里的街道更安全。

他们为朋友们办了一个告别烧烤会，然后开始收拾东西。那是一个星期天，阿夏哈碰巧在她的前窗外，看着街对面的空地。附近大约有 5 000 块空地。在这块空地上，一些小女孩在玩耍，扔石头和碎瓶子，在泥地里玩废弃的轮胎。她转过头来，对她的丈夫说："我们不能置之度外，一走了之。"

她的丈夫对此表示怀疑："哦？真的吗，阿夏哈？"

"如果我们搬家，就会像其他所有搬家的人一样，就此消失，我们就无法在这里树立一个拥有工作、养家糊口的典范。"阿夏哈赢得了这场争论。他们决定留下来，实践他们对邻里关系的承诺。

阿夏哈不知道从何着手。她不认识她的邻居。于是，她在谷歌上搜索"恩格尔伍德的志愿者"，找到了一些邻里组织。其中一所学校把她选为教育委员会的成员。另一个当地团体为青少年安排聚会，但成年组织者都是五六十岁的人，不知道如何让青少年开心。阿夏哈用嘻哈和口头语言来活跃气氛。然后，她意识到，如果她用电影来吸引邻居，就可以促使他们交谈。所以她设立了"记录与对话"组织。她邀请人们聚在一起看纪录片或短片，然后进行讨论。在两年内，就有数百人参与其中。

恩格尔伍德被分成6个区，但并没有覆盖整个地区的组织，所以阿夏哈成立了大恩格尔伍德居民协会。在内部选举期间，大恩格尔伍德居民协会举办招聘会和候选人论坛。它还提供"现金炸弹"，促使当地人聚集在当地商店购物。人们纷纷加入大恩格尔伍德居民协会，在这些人中，有平面设计师、高管，以及会烘焙饼干的人。所有这些工作，都不是英雄主义的，甚至都称不上寻常。现在，人们互相认识了。当地商店出售印有"我们是恩格尔伍德人"和"恩格尔伍德之女"字样的T恤。"我喜欢小幸福。"阿夏哈说。这，始于做出承诺的决定。

邻里是变化的单位

社区建设的下一个阶段，是必须将社区作为一个整体来修复。仅仅把重点放在个体身上是不够的。

你可能听说过海星的故事。有个男孩在海滩上发现数以千计的海星被冲上岸，即将死去。他捡起一只海星，然后把它扔回海里。一位过路人问他为什么要费心。所有这些数以千计的其他海星，仍将死去。“嗯，”男孩回答，“我拯救了那一只。”

我们的许多社会项目，都是基于社会变革理论的。我们试着一次救一个人。我们在附近挑了一个很有前途的孩子，给她奖学金，这样她就可以上常春藤盟校了。社会项目和慈善事业千方百计地涂脂抹粉，以粉饰太平。它们认为，个人是社会变革最重要的单位。

显然，在个人的基础上做一些好事是可能的。但是通过这种方法，你并没有真正改变道德生态，或者塑造生活的结构和系统。

也许游泳池的故事比海星的故事更富寓意。正如我的一位朋友所说，你不能只清理整个游泳池中你正在游泳的那一部分。你不能只擦亮一个水分子，然后把它扔回肮脏的水池。

重建社区包括视社区而不是个人为社会变革的基本单位。如果你试图改善生活，你必须考虑同时改变一个社区的许多元素。

互联网时代的一个标志性事实是，距离并没有消亡。地点和以往一样重要，而且比我们所知道的更重要。普通美国人，住在离他/她母亲18英里远的地方。典型的大学生，在离家15英里远的大学入学。一项对全美脸书好友的研究发现，我们的朋友中有63%的人生活在100英里以内。如今，美国人搬家的次数更少了，而不是更多了。

在我们生活的相当小的半径内，行为是具有高度传染性的。自杀、肥胖和社会流动在网络中发生，因为人们以潜意识的方式微妙地塑造彼此的行为。经济学家拉杰·切蒂和其他人的研究表明，在一个社区长大的儿童，可能会与在人口结构相似的附近社区长大的人有不同的生活结果。例如，截至 2010 年 4 月 1 日，洛杉矶市中心瓦茨社区有 44% 的低收入黑人男性被监禁。另外，在康普顿社区以类似收入长大的男性中，只有 6.2% 被监禁。康普顿距离瓦茨，仅有 2.3 英里。

社会学家埃里克·克莱恩伯格的一项研究表明，在决定谁将在危机中幸存下来的问题上，邻里关系是如此重要。克莱恩伯格比较了 1995 年热浪爆发期间芝加哥两个社区的死亡人数。北劳恩代尔社区的死亡人数是南劳恩代尔社区的 6 倍以上，这两个社区在人口统计上具有可比性，且只相隔一条马路。

克莱恩伯格发现，关键因素是社区纽带的厚度。一个社区有更多见面的地方，人们建立关系的地方更多，而关系密切的人在危机时期相互照顾。你未必认为社区图书馆的存在会对死于热浪的人产生重大影响，但事实的确如此。

从邻里关系的角度思考，需要从根本上重新调整看待权力结构的方式。社区是否控制着自己的公共服务？邻居们有没有可以借此互相认识的街头集市？有没有论坛可以让邻居们讲述他们的集体故事？

从邻里关系的角度思考，意味着改变方式的根本转变。这意味着你选择一个地理区域，把所有的东西一股脑儿扔进去，比如学校改革，幼儿教育，体育和艺术项目，等等。无限的积极影响，以无限复杂的方式微妙地相互加强。这意味着取消现在做慈善的方式，即一个捐赠者资助一个试图通过一个孤立的支点产生“影响”的项目。从邻里关系的角度思考，让人们认识到现实中从来就没有灵丹妙药。

聚会的技术

意识到邻里是变化的单位后，你就有必要想办法把邻里联系在一起——用亲密和联系取代距离。

对社区的承诺的第三个阶段，涉及创造一种用于聚集人群的技术。这意味着要想出一些方法，让人们走到一起来，并推动他们走向亲密关系和彼此信任。

正如彼得·布洛克在他的专著《社区》(*Community*) 中指出的那样，当领导者改变人们聚集的背景时，他们会就此启动社会变革。这意味着邀请新的人加入圈子，特别是那些你之前可能认为是“问题”的人。这意味着用有力的问题命名对话，然后倾听答案。

当邀请发出，新的人聚集在一起，以新的方式行事时，权力就从无到有地创造出来了。“未来是由一次一个房间，一次一个聚会创造的。”布洛克写道，“每一次聚会，都要成为我们想要创造的未来的榜样。”在这些对话中，处于社会边缘的人有特殊的天赋，有一种局外人对事情的敏感度，有对他人的更多认识。

2016 年，多蒂·弗罗马尔访问了俄亥俄州的纳尔逊维尔社区，去看望一些朋友。弗罗马尔会从朋友家走到街上，人们会在门廊里喊她，想告诉她关于他们的猫的故事或别的什么事情。她意识到，“这些人中的一些人，整天都没有可以交谈的人”。她看到孤独、挣扎的孩子们在广场周围徘徊。

不知何故，弗罗马尔从未离开过纳尔逊维尔。她开始为那些可能需要她帮助的人做些小事。她开始在星期四晚上挨家挨户敲门，邀请人们参加社区晚宴。开始时，晚宴只是一种喂饱市中心课后项目的孩子们的方式，他们的家里没有任何食物。但很快，父母和成年人开始蜂拥而至——人数最多的时候，多达125人出席晚宴。弗罗马尔没有资金流，也没有组织。她只需去克罗格超市购买食物就行了。几个月后，随着晚宴的消息传开，人们可能会在杂货店的过道上拦住她，递给她20美元，以帮助支付相关费用。她的工作，完全是平凡的——给饥饿的人提供晚餐，但不知何故，以前就是没有人做过这件事。

有无数种方法来做好这件事情。现在，有数百个不同的宴会组织，把人们聚集在不同大小的桌子周围。“不要让你的邻居在寂寞的小巷里随波逐流，”拉比约瑟夫·索洛维奇克写道，“不要让他们变得与你疏远和疏离。”

其他组织有更复杂的聚集技术。“成为男人”计划与芝加哥西区的高危儿童群体合作。一小群年轻人，定期聚集在一起“报到”。每个人都必须报告自己在精神上、情感上、智力上和身体上的表现。如果他不是脆弱到没有承受能力，其他人就会矫正他的谬误。

戴安娜·韦斯特摩兰住在得克萨斯州的农村，她创建了“布巴主厨”，将不同的团队聚集在一起，在烧烤鸡肉、鸡胸肉和排骨方面展开竞争——因为，一件显然的事情是，得克萨斯人最容易受到情感影响的地方，就是烧烤架周围。

玛丽·戈登在加拿大安大略省创立了“同理心之根”项目，该项目通过婴儿在学校建立丰富的联系。家长和婴儿每月访问一次教室。他们坐在绿色的毯子上，全班同学聚集在他们周围，观看并谈论婴儿正在做的事情。他们观察婴儿试图爬向什么东西或伸手去拿玩具。他们正在学习把自己置于婴儿的位置，学习情感素养，并学习深度依恋是如何起作用的。在一个班级里，有一个八年级的男孩，戈登叫他达伦。4 岁的时候，他目睹了母亲被谋杀的过程。从那以后，他就一直在寄养系统里四处游荡。他比班上其他任何人都高大，因为他落后了两个年级。有一天，让每个人都大吃一惊的是，达伦要求抱抱孩子。

他看起来很吓人，母亲很紧张，但她让他这么做了。达伦很会带孩子。他走到一个安静的角落，摇晃着婴儿，而婴儿则依偎在他的胸前。达伦把孩子还给了孩子的母亲，并天真地问道："如果从来没有人爱过你，你认为你还能做一个好父亲吗？"

同理心和联系的绽放，是社区开始治愈创伤并创造可能性的时刻。

我见过的召开会议的最复杂的方法之一，存在于巴尔的摩一个由萨拉·黑明格尔等人共同创立的名为"脉络"的组织中。在印第安纳州，当萨拉还是个女孩的时候，她的父亲发现当地的牧师正在挪用教会的资金。他向会众报告了这件事，但社区非但没有解雇牧师，反而孤立了萨拉的家人。萨拉和她的兄弟姐妹去参加聚会和邻里活动，但没有人会和他们说话。她童年的 8 年，都是在被排斥的状态下度过的。

作为回应，萨拉将精力集中在两个方面。她每天练习长达 8 小时，成了一名在全美都有竞争力的花样滑冰运动员。她把精力集中在功课上，最终获得了约翰斯·霍普金斯大学的生物医学工程博士学位，并获得了美国国立卫生研究院的一个职位。

但是，因为自身曾经被孤立的经历，萨拉对那些局外人、那些孤独的人总是有一种特殊的敏感。作为一名高一新生，她注意到一个名叫瑞安的男孩在上学之初就逐渐陷入孤立和失败，因为他的家庭生活崩溃了。6位老师在瑞安身边构建了某种支持系统。他提高了自己的学业成绩，被美国海军学院录取了。几年后，他与萨拉结婚了。

当萨拉在约翰斯·霍普金斯大学攻读博士学位时，有一天，她碰巧路过巴尔的摩的保罗·劳伦斯·邓巴高中。当时，她很孤独，想要找到一种方式与她能理解的人建立联系。萨拉认为，也许她可以像人们帮助瑞安那样帮助巴尔的摩城区学校的学生。她决定找志愿者，团结在这些学生的周围，就像当年她和老师们团结在瑞安周围一样。她要求校长给她学校里成绩最差的学生的名单。主要通过给他们提供比萨饼，她说服他们来看她，然后问他们是否愿意帮助她开发一个项目。只要有更多的比萨饼，大多数人都很乐意加入。然后，她说服了数十名约翰斯·霍普金斯大学的学生做志愿者，充当孩子们的大家庭成员：开车送他们上学，给他们带午餐，在他们逃学时开车送他们回学校，和他们一起做作业，以及带他们去露营。

萨拉当时并没有完全理解这一举动，但她已经做出了承诺。她的科学生涯永远不会到来了。萨拉成立了“脉络”，在巴尔的摩学习成绩最差的青少年周围编织了一张志愿者网络。在他们的“脉络”家庭中，每名学生最多可得到4名志愿者的帮助。每名志愿者都由另一名志愿者进行指导，后者被称为家庭之首，他充当家庭志愿者的支持系统。家庭之首的教练是一位更有经验的志愿者，被称为长者。长者由社区经理指导，后者属于有偿的“脉络”员工。围绕着整个关系系统的是“脉络”合作者，他们提供特殊的专业知识——法律帮助、SAT 辅导、精神健康咨询等。当学生们首次参与时，他们必须签署一份合同，承诺他们将在“脉络”计划中活动 10 年，既不能退出，又不能逃避。

“脉络”名义上的意义，在于帮助表现不佳的青少年。“脉络”的真正意义，在于建立一个囊括（截至目前）415 名学生和 1 000 名志愿者的关系网。“脉络”真正的意义，在于创造一个社区。在这个社区中，人们可以战胜孤独——萨拉和其他人一样孤独。

通常，孩子们在刚加入“脉络”时都很谨慎。正如他们中的一些人告诉我的那样，他们从来不会让任何人持续地、无条件地出现在他们面前。所以，当这种事情发生时，他们感到怀疑和怨恨。他们的第一个冲动往往是逃离，拒绝“入侵”。不信任，是他们的惯常状态。但是，“脉络”的志愿者们就是会不停地出现在他们身边。

“在生活中，无条件的爱是非常罕见的。即使你拒绝了某人，但当他们不断出现时，也会带来身份的改变。”萨拉说，“对于被拒绝的人来说，他的身份也在改变。”

萨拉的承诺，不是“脉络”的模型；如果她认为她的承诺是正确的，她就会立即改变该组织。萨拉的承诺，是关于整个关系网的，是关于社区的，是关于巴尔的摩的。数十个城市要求萨拉在他们的城镇复制“脉络”，但她拒绝了。最好是扎根于巴尔的摩。萨拉每天佩戴的项链上有一个挂件，上面印着这个城市的小地图。她致力于不搞抽象的社区活动。她致力于这一个地方，并希望当“脉络”足够强大的时候，可以改变整个城市的结构。

“脉络”对关系的构建方式非常系统。它还另有一种非常系统的方式来追踪社区中人与人之间的联系。“脉络”已经开发了一款名为Tapestry的应用程序，可以跟踪志愿者与每一名年轻人的每次接触。Tapestry可以跟踪年轻人接触的频率，最近有没有接触，以及集中的接触对象与其他结果的相关性。萨拉称它为社会关系中的蜚比。像许多最好的社区建设者一样，萨拉将向往的心与工程师的头脑结合在一起。和许多最优秀的社区建设者一样，萨拉并未意识到自己正在做的是非凡的事情。

燃烧的故事

把人们聚集在一起，是社区的开始，但还未形成社区。当一个生命的基体接触到另一个生命的基体时，或者，正如人们事后所说的，当你们有更深刻的接触时，就必须燃烧。

进入一个陌生的房间时，人们通常会有不信任、怀疑和不舒服的感觉。但是，如果你召集一群同事，比如，一起读一篇文章，像厄休拉·K.勒古恩的《那些离开奥梅拉斯的人》那样的故事，那么彼此就有机会深入接触。

以这样或那样的方式，故事会就开始了。有些人有共同的弱点，并以这种方式承担起领导责任。一种风气已经建立起来了。就像他们在“脉络”上说的那样，每个人都会“一路走来”。也就是说，他们会把他们所有的烂摊子都带给团队。房间里有一种期待，认为每个人都会实事求是。不会有回避和委婉的说法。一个故事接着一个故事，很快，最深层的故事就被发掘出来了。脆弱是共同的，情绪被唤醒，燃烧就会发生。

当一个坚强的人讲述一个软弱的故事时，它会尤其有力。住在俄勒冈州的卡特·戴维斯拥有一个名为“为 22 条军规而振奋”的组织，该组织帮助与抑郁症和自杀想法做斗争的退伍军人。戴维斯对自己的尝试相当坦率。“我记得我坐在咖啡桌旁，看着我的手枪，心想，我是一个多么可笑的人！这位老兵住在离退伍军人管理局两个街区的地方。甚至，不能称他为一名退伍军人。现在，他正准备自杀呢。”他自己的故事，为房间里的每个人都提供了讲故事的可能性。

米歇尔·莱夫是“脉络”的董事会成员。她是一个坚强的、能干的、看起来很有权势的女人。她加入“脉络”是为了帮助年轻人，但该组织的极端诚实，慢慢侵蚀了她对自己的防御。她开始给董事会其他成员讲一些她甚至从未告诉过自己孩子的故事。然后，她觉得，正直要求她告诉她的孩子们她自己的童年到底是什么样子的。

米歇尔·莱夫写道，当她想到成长经历时，她会想到痛苦、荒凉和羞愧。她想起了她父亲的怒火，他的怒火是任何事情都有可能引发的。没有充分练习钢琴，是她的错。一年级的她太笨了，因为她不能理解六年级的数学，这是她的错。“我记得上一年级的时候，我觉得我很幸运，因为我有一头浓密的黑发，因为它遮住了我头上的‘鸭蛋’——前一天晚上被打肿的……父亲不管遇到什么让他沮丧的事情（他很容易受挫），他都会发泄在我或我母亲身上。在我年幼的头脑里，我的罪行似乎就是我的存在，我占用了空间，我耗费了钱财。”

到九年级时，米歇尔的压力变得太大了。她试着吞下 50 片止痛药。她意识到服药过量并非易事。她的喉咙肿了。当她醒来，发现自己服药过量的尝试失败时，她既难过又松了一口气。

现在，她是一位成功的女性，跻身于一个重要的董事会。受到她参与的“脉络”的对话的启发，她决定第一次与董事会成员和家人分享她童年的现实。“为什么我会出现在‘脉络’组织，”她在给家人的一封信中写道，“我清楚地记得 14 岁时我感到被困和无能为力的感觉。为什么我会出现？‘脉络’给了我对未来的乐观，给了我对学生和我自己的乐观。为什么我会出现？‘脉络’给了我视野这个礼物。在这一点上，我的‘脉络’视野让我可以检查我的弱点（我倾向于做出有偏见的假设和快速判断）。对我来说，最有价值的是，‘脉络’视野让我认识到了人际关系的丰盈。”

米歇尔从小就喜欢埃尔顿·约翰，但直到 2011 年左右，她才有机会亲眼见到他，当时他正在巴尔的摩开演唱会。除了她 13 岁的女儿，没有人愿意和她一起去听演唱会。“当埃尔顿·约翰演唱他的专辑‘再见，黄砖路’中的歌曲时，我哭了起来。但我哭并不是因为我难过，而是因为我被强烈的情感征服，因为我的思想在我黯淡的童年记忆和我辉煌的成年生活之间摇摆。当我 13 岁的时候，在听埃尔顿·约翰歌曲的大部分时间里，我都希望我死掉；但那天晚上，我和 13 岁的女儿一起听他的演唱，我们俩都笑了。我现在的生活充满了坚固健康的人际关系。原来，生活比我想象的要好得多。”

当你揭开自己的面纱时，你会觉得自己在倒退。你意识到周围有太多的创伤，有太多的责备，你需要太多的宽恕。你意识到，有那么多的人在否认创伤性事件的诱惑和承认它们的愿望之间左右为难。斗争往往表现为愤怒、责备和暴怒，这会使修复成为不可能。

但是，事实上，诚实、残酷的故事正是那种会产生燃烧过程的故事。我们花了很多时间来展示成就、才华和能力，而与软弱的对峙，则可产生燃爆效应。

第二十四章

社区建设：阶段二

个人的故事很有说服力。当个人的故事被讲述并被接受时，信任就产生了。但在自恋文化中，信任很容易止步于此。人们很容易在某个晚上坐下来，讲述一个关于自己的故事。然后，在经历了一段丰富的经历后，带着为世界做了一些好事的错觉回家。对社区的承诺，包括从“我”的故事转向“我们”的故事。和往常一样，这个动作先向下移动，然后向外移动。先向下深入我们自己的脆弱之中，然后向外，以与他人团结一致。

社区建设的下一个阶段是讲述公共故事——一个将人们联系在一起的故事。有些地方的故事很深厚，有些地方的故事很单薄。我经常去内华达州或亚利桑那州的新郊区，那里尚且没有足够的时间来塑造社区的故事，人们可以察觉到当地的这种缺失。另外，最近我去了北卡罗来纳州的威尔克斯伯勒，这是位于该州西北部的一个大约有 3 500 人的小镇。该镇 81% 的居民是白人，年收入中位数为 3.5 万美元。

威尔克斯伯勒及其邻近的小镇北威尔克斯伯勒，都曾经是繁荣的商业中心。劳氏百货、美国家具公司、霍利农场和美国西北银行都在此设点营业，另有多家大型镜子和家具制造商。后来，这些企业要么搬走了，要么破产了，要么被收购了。21 世纪初，该镇受到阿片类药物泛滥的沉重打击。在威尔克斯伯勒，既没有年轻人聚集的场所，又没有年轻人工作的地方。

威尔克斯伯勒受到了冲击，但令人震惊的是，它仍然有很强的认同感。它有一个清晰的社区故事。

这种认同感，部分来自他们阿巴拉契亚人的身份——有独特的历史性血统，有一种相互残杀和强烈忠诚的传统文化。威尔克斯伯勒的人们，可能互相斗殴与大声呵斥，但如果你作为一个局外人对某个当地人指指点点，他们就会团结一致，踢烂你的屁股。局外人的定义，就是任何不是在威尔克斯伯勒被怀上的人。通过子宫带入或以后搬进来的美国人，一概是局外人。

当地社区的认同感，部分来自他们的祖先在很久以前取得的成就。“我们在威尔克斯伯勒创造了很多很棒的东西。”内特如是说。他刚刚开了一家咖啡店。“这就是我们在威尔克斯伯勒做的事情，从无到有。我们有激情去做这样的事情。”

在某种程度上，社区就是围绕一个共同的故事组织起来的一群人。像许多其他地方一样，威尔克斯伯勒的人们讲述着一个救赎的故事：崛起、衰落、忍耐、复兴。复兴，一部分是精神上的，一部分是经济上的，一部分是物质上的。

“如何再次创造自豪感？每个人都为此感到羞愧，”当地一位年轻的活动家说，“我们是废弃工厂所在的小镇。我们是幸存下来的小镇！我们有一部创造者的历史。我们就是曾经的创造者。我们知道该怎么做。”

然后，是共同的项目。社区，不是为了社区而聚集在一起；聚集在一起，是为了共同建设。在威尔克斯伯勒，常见的项目是场所营造。我们倾向于认为社会结构是支离破碎的，原因是文化欠缺，或者经济力量正在将一切撕成碎片。但有时，原因就在于没有场所可供人们聚集。威尔克斯伯勒曾经有一个保龄球馆，但已被烧毁，并未重建。今天，作为对这一欠缺的回应，各行各业的人们都在开设咖啡馆、健身俱乐部、美术馆或酿酒厂，并创造表演场所、青少年之夜和音乐节。

令人着迷的是，这种复苏的愿景，对许多人来说极富凝聚力。作为个人，他们有时会争吵，有时会大惊小怪。一个连贯的社区故事，是另一种新的权力形式。

一个小镇的故事，可以通过很多种方式形成。当我住在芝加哥时，迈克·罗伊科和其他当地报纸专栏作家塑造了这座城市的民族精神和自我定义。他们将芝加哥的故事根植于远离湖边的族群社区（直到罗伊科变得富有并搬到湖边居住为止）。在一些地方，艺术家形成了社区故事。迭戈·里维拉在底特律艺术学院创作了令人惊叹的底特律工业壁画，他通过四面绚丽的墙壁勾勒出这座城市。几十年来，底特律似乎一无所有，只剩下了它的故事。但这足以让当地人团结在一起，现在这座城市已再次崛起。社区最重要的任务之一，就是创造故事。

一个名为 BMe 的迈阿密非洲裔美国男性联谊会的负责人特拉比安·肖特斯认为，社区叙事包含 4 个部分，即框架（它定义了上下文）、叙事（我们来自哪里、我们要去哪里）、身份（我们是谁）和行为（定义我们的行为）。社区故事，几乎总是跨代的。它们从一个地方的起源开始，讲述当地是如何发展起来的。

埃德蒙·伯克认为，从不回顾历史的人将无法向前看，将无法规划未来。那些向后看过去的英雄主义和斗争的人，认为自己是欠债的债务人，有义务向后代偿债。“继承的理念，提供了一个确定的保护原则和一个确定的传递原则。”伯克写道，“我们接受，我们持有，我们珍惜我们所得到的，我们享受我们所得到的，并为他人改善我们所得到的。尊重祖先，我们就学会了尊重自己。”

诚实的社区讲述着复杂的故事，涉及曾经犯下罪行和施加痛苦的时代，以及曾经忍受苦难和仁慈广布的时代。诚实的美国故事，得论及奴隶制和种族主义。真实的纽约故事，得讲述旧宾夕法尼亚车站的毁灭，以及所有以商业为名被拆除的宏伟旧式建筑。每个社区中，都会有一些事情脱轨，如某种程度上的腐败和不公正。社区中的人们生活在一个十字路口，在这里，他们的地域自豪和对不公正的愤怒交汇在一起。

邻居的行为规范

社区成员在走到一起并讲述故事之后，还需要采取行动：走出孤立，编织社区。社区建设，是通过逐个房屋的日常照料行动来完成的。这是由那些采用邻居的行为规范的人来完成的。

邻居不是在孤独中走完一生，而是沉浸在生活中的。他认为自己是一个受当地行为和地方传统影响的人。他觉得自己欠下了这笔债务，并很高兴还清了这笔债务。他的工作、家庭和邻里生活并不是相互密切关联的。这些，都是他为当地服务的相互关联的部分。邻居的行为规范，是围绕几个常见原则建立的：

我们受够了。邻居不会等待别人来解决社区的问题。他不仅仅是一个旁观者。正如彼得·布洛克所写的那样："当公民发现自己的行动能力时，社区中最可持续的改善就会发生。无论是什么问题——毒品、不断恶化的居住条件、糟糕的经济、流离失所、暴力，只有当公民不再等待专业人士或民选领导人出手，并决定他们可以收回他们委托给他人的事项时，改变才会真正发生。在大多数社区持续改善和改变的故事中，这种权力行为都有体现。"

村庄高于自我。好人会为了社区的利益而给自己带来不便，坏人会为了自己的利益而给社区带来不便。

启动关联。好邻居，就是邀请别人过来吃饭的人。好邻居，是会与一位邻居交谈，并介绍街对面的另一位邻居的人。

30 年的视野。邻居的时间范畴，是区别于个人的。邻居的行动，并不是为了让明天的当地变得更好。她的行动，旨在使当地从现在起 30 年后变得更好。她指导的这个孩子，30 年后将成为当地的镇长。她正在组织的这个节日，将在半个世纪后成为值得发扬光大的传统。她种下的树，将结出她永远无法享受的果实，将投下她永远无法享受的树荫。

热情好客。罗伯特·弗罗斯特写道："家，就是当你不得不去那里的时候，那里的人不得不接纳你的地方。"当有人需要帮助时，邻居的行为规范将好客列为第一要事，评判和其他一切靠后。邻居，就像浪子的父亲，他不问你任何问题，就会跑出来迎接你。首先要有恩典和宽恕，然后我们才能想明白到底是哪里出了问题，要怎样才能弥补裂痕。

社区才是专家。邻居们知道，不仅是学校教育了孩子，也不仅仅是警察保护了小镇的安全，更不仅仅是医院维护了人们的健康。这是共同的生活方式。当街景活跃时，人们就是安全的。当健康饮食成为常态时，人们就是健康的。成年人与年轻人交谈和鼓励年轻人时，旁听的孩子们也受到了教益。这是社区的规范和行为。人们在一起孜孜以求，以寻找最好的生活方式。

从小事做起。赫尔曼·黑塞写了一篇名为《东方之旅》的小说，讲述了一群人长途跋涉的故事。他们由一位名叫利奥的仆人陪同，他做着卑微的家务，用他的歌声振奋了整个团队的精神。利奥打理琐事，旅行进行得很顺利，直到利奥失踪。一切都陷入了混乱，旅行也被迫中止。

许多年后，其中一个游客偶然进入了赞助这次旅行的组织，发现利奥实际上是这个伟大组织的领导人，而不是什么工作人员。这个故事给我们启迪了仆人领导的概念。这个故事给我们的教训就是，社区领袖通常是做“卑微”工作的人，是支持我们的人。乔治·艾略特的《米德尔马契》的最后一句话非常有名，这句话是：“世界的日益繁荣，部分依赖于非历史性的行为；你我之间的关系本不至于如此糟糕，一半应归功于有那么多人忠实地过着隐秘的生活，安息在不为人知的坟墓里。”

最少就是最多。社区是依据其如何对待少数群体来定义的。这些人包括年轻人、穷人、残疾人或过度悲伤的人。让·瓦尼尔为智障人士建立了社区。“我来这里是想告诉你们，这些人给了我多少生命，”他曾在哈佛对听众说，“他们给我们的世界带来了令人难以置信的礼物，他们是希望、和平的源泉，也许他们还能拯救我们受伤的世界……如果我们凝视他们，如果我们忠于他们，我们总会找到自己的出路。”

罪孽部分地归于自我。相互犯错，恰是将社区凝聚在一起的黏合剂之一。我们都明白，有时我们都是软弱和自私的。我们经常制造连我们自己都会抱怨的问题。

“真正的社区是不同的，因为人们会意识到邪恶不仅存在于社区内部，还存在于自我的内部。”瓦尼尔写道，“除非我们自己认识到自己的不足，否则我们根本没有办法帮助邻居。”社区是一个痛苦的地方，因为它是一个互相揭露真相的地方。但社区也是一个通过痛苦和分歧来激发爱的地方，正是因为无条件的爱，这些分歧才能自由地表达出来。

乡村契约

乔纳森·萨克斯拉比在他的《我们共同建造的家园》（*The Home We Build Together*）一书中指出，在《圣经》中，《创世记》中关于宇宙创造的描述只有 34 节；但是在《出埃及记》中有一段奇怪的插曲，占据了整书篇幅的 1/3——成百上千的诗句，全部都是关于建造帐幕的说明。

为什么建造这样一个建筑——有关于梁的长度和所有不同的木材和装饰品的具体说明——需要如此细致的关注？这是因为，当时的以色列人还不是一个民族。他们只是一群受压迫的、截然不同的部落和个人。正如萨克斯所说，“要把一群人变成一个契约民族，他们就必须共同建设一些东西。”一个民族是通过创造产生的，一个国家是通过建设发展起来的。

萨克斯讲述了英国外交官维克多·米什康的故事。20 世纪 80 年代初，他试图通过推动谈判以达成中东和平协议。于是，他邀请当时的约旦国王侯赛因一世和以色列外交部长西蒙·佩雷斯到他家共进晚餐。他们吃了饭，聊得很愉快。最后，他们起身准备离开。米什康告诉他们，他们哪儿也不能去。他们得洗碗。米什康把侯赛因国王带到洗涤槽旁边，把佩雷斯带到烘架旁边，让他们并肩工作，洗涤和烘干碗碟。对于米什康来说，这就是当晚的意义所在。

普林斯·霍姆斯是新奥尔良青年重建组织的负责人。他把不同类型的年轻人聚集在一起，让他们去建房子。“我们建造的社区，比建造的房屋更重要，”他说，“我们朝气蓬勃。事实上，你可以和一个你从未谋面的人共同筑起一堵墙，共同筑起一堵墙这一事实，创造了一种立竿见影的关联。对我来说，这不算是工作。”

处理共同项目的行为，重新绘制了群体之间的边界，并重新定义了某些人在层次结构中的地位。突然间，一个手艺好的人比高级套房里的人地位还高。在《出埃及记》中，在建造帐幕时，以色列人获得了前所未有的快乐。

当人们聚集在一起时，他们彼此之间有无言的承诺。他们承诺会把事情做好；他们承诺做好应做的或更多的工作；他们承诺将贯彻建造新东西的意图。

我有时觉得，他们应该把这一刻说得清清楚楚，就像一对新人在婚礼上互相宣誓一样。有时，我认为社区应该组织一个村庄契约仪式。1620 年来到美洲的欧洲人，签署了《五月花号公约》。在该公约中，他们公开发誓要“将我们自己联合起来，组成一个公民政治机构”。当代的仪式，可能包括一群人互相宣誓效忠，明确他们愿意接受什么类型的项目，愿意付出什么样的代价。当代的仪式，可能有入会仪式，有共同归属的仪式，有重述的社区故事，有象征共同成员的符号，还有一个神圣的聚会地点。世世代代的人，都可以在那里发表誓言。然后，当然还会有一个派对。

可能性对话

在我们的文化中，有某种东西自然而然地推动着我们思考解决问题的方式。生活，就是一系列需要分析和解决的问题。我们如何救助失败的学校？我们如何减少暴力？这些以问题为中心的问题，通常都是错误的。他们关注的是赤字，而不是礼物。

问题对话往往集中在某些时刻——一个学生无法高中毕业的那一刻，一个年轻人犯罪的那一刻，一个人无家可归的那一刻。但现实生活是累积的。一个人在变得无家可归之前，需要经历一系列冲击——失业，家庭关系破裂，也有可能是汽车的问题，或者是交通的问题。孩子要经历一连串的冲击，才会辍学。如果你从生活的累积本质中抽象化，把问题定义为一段插曲，那么你就是在抽象化，脱离了生活的实践。所有的对话，要么是人性化的，要么是非人性化的，而以问题为中心的对话，往往是非个人化和非人性化的。

更好的社区建设对话关注的是可能性，而不是难题。这些可能性问题包括，我们现在站在什么样的十字路口？我们可以一起建设什么？我们怎样才能共同改善我们的生活？我们还有什么才能没有充分发挥的？

可能性对话，是通向成功传记的对话。如果生活开始变得更好，一个人的传记会是什么样子？这样的对话，并不是从一个客观的问题开始的，比如，我们如何解决无家可归的问题？它是从个人问题开始的，比如，我们可以做些什么来帮助玛丽过上稳定、安全和有保障的生活？当你把成功想象成传记时——一个特定的人生活在不同的人生轨迹之上，你就能以非常具体的方式看到通向更美好未来的所有不同因素。你就能看到所有需要建立的关系。你就能看到社会和情感层面也需要得到承认，即使你谈论的问题表面上只是物理性的，比如为无家可归者寻找住房。

不幸的是，现代社会科学家倾向于在统计相关性中思考，而不是在传记叙事中思考。随机对照实验试图梳理出某种输入和某种结果之间不同的因果关系。社会科学经常寻求分解问题。但实际生活既是纵向延展的，又是彼此关联的。现实生活，是在无数种不同的影响中延展的。随着时间的推移，这些影响以无数种不同的方式相互作用。试图将生命分割成不同的因果切片，就好比将一个人视为一颗台球，这是扭曲现实的。我们在谈论自己的生活时往往会理解这一点，但在谈论他人或其他群体时，我们往往会将事情客观化。

可能性对话中的问题，不在于追究谁该受责备吗？对。那我们可以部署什么资产，使我们的社区成为人人互相照顾的社区？我们可以贡献哪些可能还没有在自己身上看到的礼物呢？例如，在丹佛，尼泊尔移民很难融入公立学校系统。凯特·加文是当地社区的关系编织者，她意识到村里的长者是一个未得到充分利用的激励、引导和召集力量的来源。因此，她将长者们纳入了学校系统，从而释放了一个尚未开发的社区财富来源。在华盛顿特区，莎伦·墨菲接收难民和其他处于人生低谷的人，但她说，“你来玛丽之家是为了锦上添花。”这就是一种可能性思维。如果你想改变社区文化，就必须进行一场你以前从未进行过的对话，进行一场关于长期可能性的对话。2049 年，这个地方会是什么样子？

传统的创新

当人们开始共同建设一个社区时，他们不仅创造了新的东西，还创造了新的规范。他们为社区做出贡献。随着时间的推移，这种贡献成为每个人都应该做的事情。例如，我的朋友罗德·德雷尔有一个叫露丝的妹妹，生活在路易斯安那州的一个小镇上。露丝是一名教师，她是那种散发着内心光芒的人。不幸的是，她死于癌症，享年 40 岁。10 000 多人参加了她的葬礼。露丝喜欢赤脚行走，所以，她丈夫所在的当地消防部门的护棺人赤脚把她的棺材抬到了坟地。

露丝一直认为，圣诞节那天应该纪念当地小镇的亡者，所以她创造了一个相关传统。每年圣诞节前夕，她都会去镇上的公墓，在每块墓碑上点上一支蜡烛。露丝去世，恰好是在圣诞节前夕。在那个圣诞前夕，当全家人围坐在一起时，罗德询问他的母亲，她是否愿意做露丝过去所做的事情——在每块墓碑上点燃一支蜡烛。他的母亲回答，也许在其他年份这是个很好的主意，但今年去做太难了。

那天晚上，罗德的父母参加了弥撒，并在傍晚时分驱车回家，经过墓地。他们看了一眼墓地，大吃一惊。墓地里亮着数百点灯光。已经有人在每块墓碑上都点上了蜡烛。社区就是这样运作的。只要有人带头，一种新的传统就会形成，就会有其他人加入并将其进行下去。

一座新的民用建筑

真正困难的社区项目，需要的不只是新的组织或新的规范。它们需要一座全新的民用建筑。不久前，在南卡罗来纳州的斯帕坦堡，我参观了斯帕坦堡学术运动的办公室。墙上排列着图表，显示的是幼儿园的准备情况、三年级的阅读成绩和大专入学人数。

在斯帕坦堡，几乎所有可能触及孩子生活的人都围坐在桌子旁。其中，既有学校的负责人和校长，又有商会和当地社会组织"联合之路"的负责人、警察局长、前市长、报纸编辑、来自医疗保健部门的人，以及一群统计学家。这样的人员大联合，是我前所未见的。他们来自私营部门、公共部门、教堂，以及商业机构等等。这是来自社区几乎每个部门的代表，他们都盯着同样的图表。

斯帕坦堡学术运动的员工追踪他们所能追踪的斯帕坦堡年轻人从摇篮到职业生涯的一切情况。他们汇集了所有可能对这些数据有影响的人——父母、教会人员、医生、营养专家等等。然后，作为一个社区范围的系统，他们一起提出问题：孩子们在哪里偏离了轨道？为什么？我们的系统中有哪些资产可以应用于这些问题？我们如何共同努力来使用这些资产呢？

这与我惯常看到的社区试图实现其可能性的方式截然不同。在大多数情况下，你会看到有一些想做好事的组织。它们向当地基金会或政府机构提出申请，并争夺相关项目的拨款。有几个组织被选中，然后它们就开始去做它们的事情。一个捐赠者对应一个组织、一个问题、一个项目。然后，几年后，有人做了一项研究，看看这个项目是否产生了任何可衡量的效果。但是，大多数情况下都没有产生任何可衡量的效果。你最终看到的是这样一个社区：在这个社区里，随机涌现的多个项目在争夺一小笔钱，这些项目各自为政，且往往目的不同，夸大了它们的成功，掩盖了它们的失败。你多少会希望这一切都能以某种方式加以解决。

但在斯帕坦堡，我所看到的这些团体并不是在试图争夺资金，以表明他们正在产生各自孤立的影响。它们都属于以相互依存的方式工作的网络的组成部分，它们产生了集体影响。生活进展顺利，是因为相关影响汇合并相向流动，相互加强。斯帕坦堡学术运动，试图以一种符合个人和地方实际发展的方式，综合利用数十种影响。

斯帕坦堡学术运动体现了一种被称为“集体影响”的新的民用建筑。斯帕坦堡学术运动并不是在孤军奋战。斯帕坦堡是全美应用“共同奋斗”方法的 70 个社区之一。“共同奋斗”始于 10 多年前的辛辛那提。当时，当地的一些社区领袖正在努力改善这座城市的教育，并考虑启动另一个项目。但是，当时宝洁公司的一位高管观察到，“我们程序丰富，但系统贫乏。”换句话说，辛辛那提有很多项目，但它缺乏一个有效的系统来协调这些项目。

一种新的方法就此诞生。随之而来的，是另一种新的社区力量形式：围绕数据进行组织；关注社区资产，而不是赤字；认识到没有“万灵丹”式的解决方案；创建能够将所有参与者聚集在一起的“骨干组织”（如斯帕坦堡学术运动）；协调决策；持续沟通；创建实施行动的工作组；共享责任。

辛辛那提的人们一度注意到，他们的学生没有为上幼儿园做好准备。数据表明，私人的学前教育项目比公共的学前教育项目表现更好。因此，公立学校系统拨出部分资金支持其他私立项目，从而使辛辛那提成为首批提供普及性预科教育的城市之一。这是一个团结一致的社区。

“集体影响”这个词产生于 2011 年。当时，约翰·卡尼亚和马克·克莱默为《斯坦福社会创新评论》撰写了一篇有影响力的文章，他们在文章中提到“共同奋斗”，并为这种方法提供了哲学和理论基础。

卡尼亚和克莱默认为，集体影响始于受到变革的紧迫性驱使的一群人。也许，他们想把当地的人均寿命延长 5 年。也许，他们想结束无家可归的现象。

他们意识到他们所面临的问题的复杂性。当开始介入问题的时候，他们并没有一个预先确定的解决方案。他们将参与一个漫长的、迭代的行动和反应过程，然后才能找出正确的项目组合。换句话说，在他们确切知道要用这些钱做什么之前，他们不得不投入大量的资金和精力，尽管这是一件令人不快的事情。

他们投资的是一个学习的过程。他们让整个社区从许多不同的角度共同看待某个复杂的问题，并让解决方案从随后的对话中浮出水面。他们的努力的好坏，是以他们提出的问题的好坏来衡量的。例如，为什么即使我们尽了最大的努力，也于事无补呢？

实际上，他们正在设计一种方法，让整个社区像羊群一样旅行。一群鸟具有惊人的能力，可以一起旅行，一起改变航线，而不会有个别的鸟相互碰撞。科学家们了解到，它们之所以能做到这样，是因为每只鸟都遵循三条简单的规则：保持你与邻居之间的最小距离；与你的邻居以同样的速度飞行；总是飞向鸟群的中心。

集体影响，需要系统思维。系统思维是建立在这样一种理念之上的，即如果你采取直接的方法来解决任何问题，那么你可能会把事情搞砸，因为你没有看到整个系统的复杂性。例如，人们曾经认为解决犯罪问题的方法是将大量的罪犯投入监狱。起初，这似乎很管用，但随着时间的推移，情况变得很明显：大规模监禁让潜在的生产性男子离开了社区；这让他们有了一次监狱经历，会引导他们重新走向犯罪，并进一步破坏社区的稳定。从长远来看，这最终会让你试图解决的问题变得更糟糕。

系统化的方法，意味着承认我们每个人只能看到复杂世界的一部分。拉动此处的一个杠杆，可能会在彼处产生一个意想不到的结果。系统化的方法，需要看到整个群体、整个社区，以绘制整个系统的地图，并以持续不断的反馈对话，对其所有部分采取行动。

协作系统建立了某种安排。在这种安排中，没有人会因为不愉快的事实而受到惩罚。例如，许多学校系统把数据作为给学校评分、关闭学校并让它们参与竞争的一种方式。在斯帕坦堡，人们从来不这样做。他们希望系统中的所有参与者都是合作性的，而不是竞争性的。参与者需要沟通的纯洁性和数据的透明度。他们不想让任何人隐藏数据，因为他们害怕可能会受到的惩罚。他们把数据当作手电筒，而不是锤子。这种奉献的道德（人人奉献）和完全协作的道德（我们都是负责任的），是最高级别的社区工作的核心之所在。

增稠

在第一座山上，重点是不受阻碍的自我和个人的成就，以及创造一个每个人都可以自由地做自我的社会。这是一个流动的社会，短期内也是一个富有生产力的社会，但它是一个单薄的社会。在这个社会里，人们彼此之间和他们的机构之间只有轻微的依恋。第二座山的社会，是一个稠密的社会。这个社会的组织和社区，都留下了印记。因此，我一直在思考是什么让一个组织变得厚实或单薄。

密集的社区有独特的文化——就像芝加哥大学、莫尔豪斯学院、美国海军陆战队所做的那样。一家庞大的机构，不应只为员工提供工具性的服务，不只是为了给他们颁发学位，也不只是简单地帮助他们赚取工资。一个厚实的机构，会试图改变其成员的整个身份。这涉及整个人，包括头、手、心和灵魂。

厚实的机构应该有一个物理位置，通常并不宽敞，成员们定期在这里会面，比如在餐桌上，在挤满人的健身房或礼堂。这样的机构，应该有一套集体仪式——斋戒或齐声背诵某种信仰，或者列队。他们有共同的任务，这通常需要成员之间的密切关注，就像曲棍球队友必须在冰面上关注彼此一样。在这样的机构里，人们偶尔会在同一个静修中心或设施过夜，这样大家就可以在化妆前或晚餐后看到彼此的真实自我。

这样的组织，经常会讲述和复述关于他们自己的神圣起源故事。许多人都经历了几乎一败涂地的时刻，他们庆祝那些将他们从悬崖边缘拉上来的英雄。他们将音乐融入日常生活，因为你很难不与和你一起唱歌跳舞的人建立联系。

他们有独特的地方文化。例如，太多的大学彼此很像。但那些真正给学生留下印记的学校（如圣约翰学院、凯尼恩学院、惠顿学院、麻省理工学院）都有勇气让自己与众不同。你可以喜欢这样的大学，也可以讨厌这样的大学。但当你遇到这些大学的毕业生时，你就会意识到他们与众不同；当毕业生相遇时，即便是数十年后，他们也知道他们有一些重要的共同点。

宾夕法尼亚大学心理学家安吉拉·达克沃斯补充，大型机构几乎总是有一个明确定义的共同目标，比如赢得超级碗或拯救环境。他们有入会仪式；有一本神圣的旅行指南或代代相传的物品；有在文化内部流行但在文化之外可能会被误解的独特的行话和短语；有某种标签，比如作为“知识即力量”特许学校的“卡普之星”；通常也有制服或其他标志，如旗帜、戒指、手镯等。

纽约大学的乔纳森·海特建议，首先，如果你想创建一个庞大的机构，那么你应该唤起人们对共同特征，而不是那些让他们与众不同的特征的关注。第二，利用同步性。让人们一起唱歌、玩耍或运动。第三，创造团队之间的良性竞争，而不是个人之间的良性竞争。比起抽象的概念，人们更多的是为伙伴而战，甚至牺牲。所以，要把人嵌入团队关系中。

厚实的机构，都是围绕着共同的道德事业的。这类机构，不会视他们的成员为可利用的资源，而是会视他们为神圣使命中的同行游伴。厚实的机构会把你拆散，目的则是让你振作起来。他们会让你沉浸在悠久的传统和神圣的习俗中，而这些传统和神圣的习俗，在很多时候看起来都是很古老的。他们要求你将自己的身份埋葬在集体身份中。这类机构，指向的是一个遥不可及的理想，不是此生此世就能实现的理想。“生活的秘密，”雕塑家亨利·摩尔说，“就是要有一项任务，一项你毕生都可以致力于它的任务，一件你在余生中每时每刻都要为之奋斗的事情。最重要的是，这必须是你不可能做到的事情。”

第二十五章

结论：关系主义宣言

在本书中，我谈了很多关于两座山的事情。正如我提到的，本书试图以叙事的形式来呈现两种不同的道德世界观之间的对比。第一座山是个人主义世界观，它把自我的欲望放在中心位置。第二座山就是关系主义世界观，它把关系、承诺以及内心和灵魂的欲望放在中心位置。我的核心论点是，我们在个人主义世界观上走得太远了。通过把自己想象成自治的自我，把我们的社会撕成了碎片，打开了分裂和部落主义的大门，开始崇拜个人地位和自我满足，并掩盖了每个人内心和灵魂中最美丽的东西。

在本书的结论部分，我想把不同的论点放在一起。但我不想用别人的语录，也不用故事和寓言，而是以宣言的形式，用所有促使我有越来越强烈的欲望撰写本书的直率、热情和信念，将它们融合到一起。

世界正处于这样的转型时刻。我们周围的个人主义道德生态正在瓦解。个人主义道德生态让人们赤手空拳，孤身一人。对许多人来说，第一个本能反应就是进化反应：回归部落。作为一个社会，如果我们用一个“回归部落”的时代来回应“自由地做自我”的过度行为，那么21世纪将是一个冲突和暴力的时代，并使20世纪看起来有如儿戏。

还有另一种方式可以找到归属感、意义和目标。健康的社会，还有另一个愿景。这个愿景，是通过关系主义实现的。这个愿景，是通过深入我们自己的内心和灵魂，发现我们无穷无尽的关怀能力，然后向外传播，向外承诺——对他人的承诺。在这份宣言中，我试图反对当前的极端个人主义，并支持关系主义。关系主义，是一种更好的生活方式。

极端个人主义

（1）自我和社会之间，总是有某种平衡存在的。在某些年龄段，来自群体的压力变得令人窒息，压垮了自我，个人感到迫切需要挣脱束缚，表达自己的个性。相比之下，在我们这个时代，自我膨胀了，集体变弱了。我们在个人主义这个方向上走得太远了。结果是彼此失去了联系——这是一场团结的危机。

（2）极端个人主义——我们这个时代的主导精神，是一种道德、情感、思想和实践的体系，它基于这样的理念：人生之旅就是一次个人之旅，生活的目标就是个人的幸福、真实、自我实现和自我满足。极端个人主义把同样的问题挂在每个人的嘴边：我能做些什么来让自己更快乐呢？

（3）极端个人主义，建立在一个解放故事的基础上。英雄的自我，挣脱了令人窒息的社会枷锁。靠自己实现自立，决定自己的命运，保障自己的个人权利。极端个人主义将自由定义为不受约束。

（4）通过这种方式，极端个人主义逐渐破坏了任何不是基于个人选择的联系——与家庭、邻里、文化、国家和公共利益之间的联系。极端个人主义，侵蚀了我们对他人和同类的义务和责任。

（5）我们这个时代的核心问题来自这类侵蚀：社会孤立；不信任；两极分化；家庭破裂；社区丧失；部落主义；自杀率上升；心理健康问题上升；因失去共同目标而导致的精神危机；一个又一个国家丧失将人们联系在一起的团结意识，以及那些促进社区、相互关系、同志情谊和目标的共同故事和事业。

（6）极端个人主义的核心缺陷，就是导致人的堕落和碎片化。极端个人主义，是一个建立在我们每个人内心利己主义驱动力之上的系统。这些都是自私自利的驱动力——想要出类拔萃；想要在世界上留下印记；想要财富、权力和地位的提升；想要获得胜利，想要比别人做得更好。极端个人主义并不强调，甚至最终无法看到其他驱动力——寻求联系、融合、服务和关怀的更深层次和更难以捉摸的动机。这些不是自我的欲望，而是心灵和灵魂的渴望：渴望与他人相依为命，渴望为某种理想而生活，渴望向更大的善屈服。极端个人主义麻木了这些最深刻的渴望。最终，极端个人主义创造了孤立的、自私自利的个体，他们感觉到自己生活中缺少了什么，但无法说出缺少的究竟是什么。

（7）极端个人主义在表面系统内蓬勃发展。消费主义为了获得物质而截断了人的核心。精英制度截断了个人“成功”最深层的东西。失衡的资本主义把人们变成了追求效用最大化、超速工作的工作狂，任何永久的依恋都无法渗透。

（8）极端个人主义者发现，自己陷入了一个有条件的爱的网络中。

他们认为，只有当他们获得世界对他们期望的地位或成功时，他们才是值得被爱的。只有当他们能给对方一些回报的时候，他们才是值得爱的。他们本身就代表世界对他们的评价。归根结底，极端个人主义并不能赋予人们自我满足和安全。极端个人主义把一切都变成有条件的，从而抹杀了情感和精神上的安全感。极端个人主义使人们对他人的判断非常敏感，当他们觉得受到轻视时，他们很快就会愤怒。

（9）极端个人主义将人们引向虚假和不满足的生活。有些人过着审美的生活。他们可能会遇到一系列令人愉快的体验，但这些体验不会积累成任何东西。因为，这些体验并没有服务于一个大的事业。有些人成为没有安全感的超常成功者。他们试图利用无法通过其他方式获得的爱、钦佩和依恋来赢得胜利。当然，再多的成就，也不会给他们带来他们渴望的爱。

（10）当你把整个社会建立在对人性的过于淡薄的看法上时，你最终会得到一种非人化的文化。在这种文化中，人们会对他们最渴望的东西感到饥渴。

（11）未承诺的人就是未被记住的人。一个不忠于自我之外的事物的人，不会在这个世界上留下深刻的印记。

（12）极端个人主义导致部落主义。人们最终通过加入派系性的部落来反抗极端个人主义给他们带来的孤立和无意义感。这看起来像是关系，但实际上是背道而驰的。如果说关系主义心态是建立在相互之间的亲情的基础之上的，那么部落主义心态就是建立在相互不信任的基础之上的。总是存在着我们与他们的对抗，总是面对着朋友或敌人，总是面临着摧毁或被摧毁。愤怒由此盛行。部落成员正在寻求联系，但在自己的怨恨和不信任中则会更加痛苦地孤立自己。部落主义是社区的黑暗孪生兄弟。极端个人主义的悲剧性悖论在于，最初欣喜若狂的解放，以部落对部落的战争告终。这场战争，粉碎了它曾经试图解放的个人。

关系主义

（1）这场革命要么是道德的，要么根本就不是。现代社会需要一种道德生态，以抵制当下盛行的极端个人主义。我们需要阐明一种信条，这种信条以关系而不是个人为中心；我们需要清晰地阐明耳熟能详的真理：我们是由关系形成的，我们是由关系滋养的，我们渴望关系。人生，不是一次孤独的旅行。它是共同建设一个家园。它是一个由附件形成，然后依次形成附件的过程。它是一个代代相传的巨大链条。

（2）极端个人主义者认为，社会是相互联系的个体的集合。关系主义者认为，社会是一个在许多方面先于选择的关系网。极端个人主义者，将个体视为一个自我满足的单位；关系主义者，将个体视为网络中的一个节点，人格则是走向他人的运动。

（3）作为孩子，每个人的情感和精神基础都是由一个有爱心的成年人无条件的爱形成的。每个人的依恋风格，都是由自身和一个充满爱心的成年人之间的互动形成的。“我们”总在“我”之前。

（4）作为成年人，我们应当用我们关系的质量和我们为这些关系提供的服务的质量来衡量我们的生活。生活，是质的努力，不是量的努力。问题不在于数量的多少，而在于关系有多深厚。定义一种高质量的关系，是道德生态的中心任务。

（5）最好的成人生活，就是通过做出承诺并忠于这些承诺来度过生活。这些承诺，是对职业、对家庭、对哲学或信仰，以及对社区的承诺。成人生活，就是向他人许下诺言，信守诺言。美好的生活，存在于相互赠送无条件的礼物的过程之中。

（6）关系主义，是介于极端个人主义和集体主义之间的中间路线。前者，使人与所有的深层联系脱节。后者，抹杀了群体中的个人，并将群体视为没有脸孔的羊群。关系主义者认为，每个人都是温暖承诺的厚实而迷人的网络中的一个节点。关系主义寻求建立一个社区、国家和世界，其中有多样化和创造性的人，他们以不同的方式做出承诺，但他们仍然被神圣的和弦联系在一起。

（7）关系主义，不是一个思想体系，而是一种生活方式。关系主义是一种集众家之长的观点，从埃德蒙·伯克到马丁·路德·金，从马丁·布伯和多萝西·戴伊到沃尔特·惠特曼，从雅克·马里坦、伊曼纽尔·穆尼尔、玛莎·努斯鲍姆、安妮·迪拉德、甘地到约西亚·罗伊斯。

（8）极端个人主义者的运作逻辑很简单：我让自己变得强大，并得到我想要的东西。关系主义者说，生活是按照相反的逻辑运作的。只有当我给予的时候，我才会拥有。我迷失自我，是为了寻找自我。当我向伟大的事物弯腰时，那就是我最强大、最有力的时候。

成人的过程

（1）现代生活的中心旅程是移动自助服务。我们开始倾听自我的默认设置，然后逐渐学会倾听心灵和灵魂的更高呼唤。

（2）许多借鉴了马基雅弗利、霍布斯和现代经济学的思想的思想家，认为人类本质上是自私的。弗洛伊德写道，孩子们“完全是利己主义的；他们强烈地感受到自己的需求，并无情地努力以满足这些需求”。大多数现代思想，都是由男性创造的，而且往往是某种阿尔法男性（一般指强大和成功的男性），他们甚至没有看到支撑他们生活的社会护理体系。

（3）关系主义断言，人类既从根本上被打碎了，又被赋予了极好的天赋。我们有自私自利的欲望，我们需要这些欲望来完成生活中一些必要的任务：建立身份，在世界上留下印记，脱离父母，去创造和闪耀自己的光芒。我们统治、谋杀、强奸和掠夺的野蛮冲动被载入史册。但关系主义断言，我们还有其他更深层次的东西。有些动机甚至比自私自利更强大，即便它们更难以捉摸。在每个人最深层的中心，都有我们所说的心灵和灵魂。我们有某些能力，可以驯服野蛮的欲望和内心的野兽，而这些能力是在社区中得以实现的。

（4）心，就是我们渴望与他人融合的一部分。我们的主要性质不是会思考的生物，而是充满爱心和渴望的生物。我们是由我们想要的东西来定义的。我们要成为我们所爱的人。我们每个人的核心问题都是，我们有没有用正确的方式教育我们的情感去爱正确的东西？

（5）灵魂是我们的一部分，它赋予每个人无限的尊严和价值。奴隶制是错误的，因为它毁灭了灵魂。强奸不仅仅是对物质分子的攻击，它毁灭了另一个灵魂。灵魂向往善良。每个人都想过一种美好而有意义的生活。当生活看起来毫无意义时，人们就会感到六神无主。

（6）孩子出生时既有自我，又有心灵和灵魂的充分展示。但对于许多人来说，在青春期前后，自我开始膨胀，心灵和灵魂开始消退。这个年龄段的人，需要建立一个身份，塑造一个自我。与此同时，我们的社会告诉青春期的男孩，要掩饰自己的情感，要成为真正的男子汉。我们的社会告诉女孩，如果她们暴露了自己的真实内心深处，就没有人会喜欢她们。我们的公共文化使自私正常化，使利己合理化，掩盖并使我们无法表达内心和灵魂的更深层次的渴望。

（7）但最终，大多数人意识到，自私自利的生活中缺少了某些东西。他们取得了世俗的成功，却发现并不令人满意。或者，他们已经坠入爱河；或者，他们被爱的方式揭开了生活的表层，揭示了他们的真实性格。或者，他们经历了一段失败、痛苦或悲伤的时期。这些失败、痛苦或悲痛穿透了表面，揭示了巨大的内心深处。无论以何种方式，人们都会领略他们自己的深度，以及生活的波幅。人们意识到，只有情感的、道德的和精神的食物，才能提供他们所渴望的营养。

（8）当一个人有过其中某种经历时（这可能发生在任何年龄），她就不再只是一个“个体”了，她变成了一个“个人”。她的整个人格都是活生生的，而且做出了承诺。她在内心深处发现了自己无限的关心能力。当我们进行这种个人转变时，关系主义会引导我们超越自我的欲望，踏上更远大的旅程。

（9）成人的运动首先是向下的，然后是向外的：更深入地审视我们自己，在那里我们找到了对他人的向往，然后在关系中向外看世界。马里坦写道，一个人达到自我控制的目的，是为了自我奉献。

（10）一个已经成年的人，已经上演了一场叛乱。她反抗个人主义的风气和所有的非人格主义制度。社会告诉她要独立，但她已经宣布自己需要与别人相互依赖。社会说我们生活在物质主义的现实中，但她说我们生活在一个令人着迷的现实中。社会告诉她要保留自己的选择余地，但她说，不，我会做出承诺的，我要扎下根来。社会说，努力超越，做更好的人；她说，不，我会与他人同行，服务他人，然后走进他人的心里。社会说，培养你生活中自利的一面；她说，不，我要培养完善的自我。只有当你与完善的自我同在时，生活才会变得更美好。

（11）关系主义者不会离开资本主义的精英统治，不会离开主流生活的制度。但他们会用一种相互抵消的精神来平衡这种世界观，这种精神可以补充、纠正和提升个人。他们行走在那个充满欢乐和成就的世界里，但他们有着不同的精神、不同的方法和不同的目标。在这个世界过于个人化的地方，她是社区化的。当这个世界过于认知化时，她会更富情感。当这个世界过于功利时，她是有道德的。

美好的生活

（1）关系主义者，并不试图完全靠意志力来主宰生活。他不是在紧握方向盘，试图规划自己的生活。他已经让自己准备好随时帮助他人了。他已经敞开心扉了，这样他就可以听到召唤并回应召唤。他会问，我在这里的责任是什么？当一个人在生活中找到了他的崇高使命时，他就不会觉得他已经掌握了主动权，而是感觉到他已经放弃了主动权。最具创造性的行动，是为响应召唤而做出的行动。

（2）召唤通常以爱的形式出现。一个人爱上她的孩子、她的丈夫、她的邻居、她的召唤或她的上帝，随之而来的是一种做出承诺的冲动——我会永远爱你们。我会一直为你们服务，随时候命。生活，就是承诺的山谷。

（3）或者，召唤可能会以需要的形式出现。有一些不公正，有一些社会错误，需要得到纠正。有人会承担责任——承诺与之抗争，并纠正错误。

（4）当感觉到召唤并做出承诺时，承诺就已经生效了。关系主义者的一生，是由它的承诺来定义的。她的生活质量和成就感，将由她承诺的内容以及履行这些承诺的方式来定义。

（5）承诺，是由爱做出的承诺。承诺，是在不期待任何回报的情况下做出的承诺（尽管往往会有很多回报）。承诺的关系，是双向的承诺，是你全心全意地为别人奋不顾身，而另一个人又全心全意地为你奋不顾身。

（6）承诺的最大化。他不光有事业，还有职业。他不仅有契约的婚姻（这对我有什么好处？），还有神圣的婚姻（我为你而生，为你而死）。他不是只有观念，他还有某种信条。他不只是住在这个地方，他还协助建立了一个社区。此外，他不仅致力于抽象的“社区”概念，还致力于某个特定的社区，某个特定的人，某个特定的信条——那些根植于特定时间和地点的东西。

（7）通过承诺并履行承诺的日常义务，这个人将自己整合成一个连贯的整体。承诺主导了他生命中的每时每刻。一个忠于职守的人，会在不同的时间里保持一致。他的性格，是通过习惯性地为他所爱的人服务而建立起来的。他的性格，是通过谦虚地接受别人的礼物，从而承认自己对自己的依赖来塑造的。合同会给你带来利益，但承诺会改变你的身份。

（8）关系主义者优先考虑那些能加深承诺、建立关系和提高人类尊严的行动：给予、讲故事、跳舞、唱歌、参与共同项目、聚会、用餐、举行仪式、深度对话、共同祈祷、宽恕、创造美丽、在悲伤和受到威胁时相互安慰，以及为共同利益而共同劳动。

（9）坚定不移的生活，包含着一些共同的奋斗。

（10）例如，要想看到人们的全貌，需要持续不断的努力。在日常生活的商业活动中，总会有这样一种诱惑，那就是把另一个人看作一个对象，而不是一个整体。人们总是忍不住给自己贴上标签并进行概括。有一种持续不断的诱惑，那就是将人们简化为数据，并将其视为数据点。可以用数据来数苹果，也可以用数据追踪人类的行为。但是，每个人身上都有一些数据看不到的独特的、不可替代的东西。关系主义者试图将每个人视为一个完整的人——一个身体、思想、心灵和灵魂的集合体。

（11）要想很好地沟通，需要经历一场持续不断的斗争。每时每刻所发生的，要么是有深度的交流，要么是浅薄的交流。关系主义者寻求能使交流变得深入和纯粹的条件。这是很困难的，因为我们自身有一些东西是无法沟通的。谦逊和逐渐地展示自我是有道理的。为了实现彼此的交流，哪怕是匆匆一瞥，关系主义者都会耐心地等待，等待弱点逐渐暴露出来。关系主义者为此提供安全和尊重。有时候，最深层的东西是以神话、故事和音乐的形式联系在一起的。法国哲学家伊曼纽尔·穆尼尔说，当沟通失败时，我会感到失落。疯狂和痛苦，就是与他人的沟通的断绝。

（12）要想成为一个有效的送礼者和收礼者，需要不断地奋斗。我们周围有数以百万计的人，他们的生活被慷慨和服务定义。穆尼尔继续说道，个体存在本质上是慷慨的。但是，我们的社会并没有教我们如何成为一个有效的送礼者。学校不会强调这一点。大众文化对此感到困惑。

（13）从道德的角度看待生活，生活是一场持续不断的斗争。实用的日常世界，为功利主义的视野做好了铺垫。消费主义，唤起了一个以物质享受为导向的自我。货币，有一种隐匿的力量，往往会让交易的另一方不可见。工作场所的竞争和现代政治都需要装甲人员——没有爆炸物的人形坦克。与功利主义的视野做斗争，用道德的视野看日常生活，仍然是一场艰苦的、永无止境的斗争。

（14）这些斗争，并不是针对他人的。自我和灵魂之间的界线，贯穿每个人的内心。我们中的大多数人，会时不时地沉迷于一种工作狂的风气，这让我们几乎没有时间建立关系。我们中的大多数人，时不时地会受到一种隐私准则的影响，这使我们无法真正认识住在附近的人。我们中的大多数人，生活在旨在减少摩擦和最大限度提高效率的技巧中。然而，这种关系本质上是有黏性的、效率低下的。我们中的大多数人，每天都会重新陷入自我陶醉，屈从于对地位的渴望，但被迫认识到这一点，并重新投入关系中。

（15）关系主义者的世界观，不是关于善的力量战胜恶的力量的。部分真相之间的竞争，总是存在的。自我和社会之间的对话，总是在演变。关系主义者总是在平衡紧张关系，并试图在优雅的平衡中生活。

（16）关系主义生活，是一种充满挑战的生活，但它最终是一种快乐的生活，因为它沉浸在情感中，并被道德上的快乐笼罩。

美好的社会

（1）正如T.S.艾略特所观察到的那样，现代政治活动的主要错觉是相信可以建立一种完美的制度，但其中的人不必是好人。现实情况是，民主和经济是建立在同一个基础之上的，这个基础就是社会。社会，是一种关系系统。如果在社会这个基础之上没有信任、善良、关怀或忠诚，关系就会崩溃，市场和国家就会崩溃。如果没有共同的是非准则，没有共同的依附感，那么市场上的人和国家在争夺权力和金钱的过程中就会相互撕裂。社会和文化，先于政治和市场，也比政治和市场更重要。社会的健康，取决于自愿的无私。

（2）我们这个时代的主要问题，在于基础层面。基础层面处于关系系统的层面之上。我们的社会一直在螺旋式上升，不信任程度越来越高，不知情和疏远程度越来越高。一个错误的行为，会滋生另一个错误的行为。敌意的一次升级，会滋生另一次敌意。

（3）关系主义的呼唤，就是通过重新编织互惠和信任的结构来迎接社会转型。正如多萝西·戴伊所说，建立一个更容易成为好人的社会。

（4）社会结构，不是由上级领导编织的。它存在于每个层面之上，通过无数次关爱行动来实现，涵盖无数的人。社会结构，是由扮演好朋友、好邻居和好公民角色的人们编织而成的。

（5）当我们把另一个人当作物品对待时，我们就撕裂了社会结构。当我们把另一个人当作一个无限的灵魂时，我们就已经编织了社会结构。每当我们撒谎、辱骂、伤害一个人或产生刻板印象时，我们就撕裂了社会结构。每当我们真切地看到某人，并让他们感觉自己为人所知时，我们就已经编织好了社会结构。每当我们在没有证据的情况下指控某人腐败时，我们就撕裂了社会结构。每当我们持不同意见但无意诽谤时，我们就编织了社会结构。社会结构，是通过无穷无尽的细微道德行为创造出来的，但社会结构也可能被一系列不道德的行为摧毁。

（6）个人转型与社会转型，是同时发生的。当你伸出援手建设社区时，你就是在滋养自我。

（7）关系主义的终极信仰是，我们在最深的层面之上团结在一起。在表面上，我们有荣耀的多样性。但是，在最深的层面之上，我们有共同之处，再多的敌意也不能完全消除它，再多的分裂也不能完全分裂它。

（8）关系不会扩大规模。关系必须通过耐心和忍耐逐一建立起来，但规范确实是有规模的。当社区中的人们培养起关爱的关系，并以一种与他人沟通的方式反复这样做时，规范就建立起来了。值得信赖的行为是令人敬佩的；同理心是值得颂扬的。残忍应受到惩罚和排斥。邻里关系成为默认状态。一个新兴的系统、一种文化，已经被创造出来，它微妙地引导所有成员朝着特定的方向前进。当你通过重复执行一些好的行为来创造一种规范时，你就创造了一种新的力量形式。道德生态中的人们被给予100万次微妙的推动，要么实现他们的全部尊严，要么沉迷于他们卑微的渴望。道德生态，是我们通过日常决策共同建设之物。

（9）重建社会，不仅仅是以某种智力或道德中立的方式召集人们的聚集主义。道德修养必须转变，人们共同构想的美好生活的定义必须转变。

（10）在这一过程中，国家可以发挥重要但不完全的作用。国家可以提供服务，但它无法轻易地提供护理。也就是说，国家可以把钱重新分配给穷人，可以建造无家可归者收容所和幼儿日托中心，可以创建建立关系的物质平台。但是，国家无法创造亲密的关系来培养完善的人。这只能通过习惯性的个人接触来实现。只有通过关系，我们才能成为邻居、工友、公民和朋友。

相互依存的宣言

（1）一个好的社会，就像一片茂密的丛林。那里有藤蔓和缠绕的树枝。树冠相连，根系纵横。树顶上有猴子在玩耍，树丛中有蝴蝶飞来飞去。在这个巨大的生态系统中，每一种生物都有自己的一席之地。这里有绚丽的多样性和美好的生命力。

（2）过着美好生活的好人，是生活在这种丛林中的生物。美好的生活是根植于其中的生活，令人依恋而又充满活力。美好的生活，是共生的生活——全心全意地为他人服务，并得到他人全心全意的服务。这是日常中的慈爱、责备中的温柔、侮辱后的宽容。这是一场相互关爱、建设和探索的冒险。关键问题不是“我是谁”，而是“我归属于谁”。

（3）我们中的大多数人在生活中会变得更好。当你意识到生活的目标实际上是什么的时候，总会有那么一个时刻到来，尽管它可能来得或早或晚。纵观你的生活，回顾那些让你感觉充满活力的时刻，你会发现这些时刻大多关乎你最好的自我。它们通常是你为了某种理想而与他人一起工作的时刻。这都是你明确自己应该做什么和应该如何生活的时刻。这都是自我失去控制的时刻。从以自我为中心的自我中释放出来的能量，突然迸发出来。生活变得更有动力，更有天赋。那是生命走到拐点的时刻。

（4）当你看到处于拐点时刻的人们时，你会意识到他们内心有价值观和信仰的堡垒，即使是死亡的威胁也无法战胜这些价值观和信仰。当你看到处于拐点时刻的人们时，你会看到一种向世界辐射的慷慨。你会看到人们奉献自我，不是以宏大的方式，而是以适度和深思熟虑的方式。这就是丛林变得茂密和健康的原因。

（5）当你看到一群处于这种状态的人时，你看到的不只是个人，而是一个民族、一个社区、一个繁荣的社会。在这个繁荣的社会里，人们相互帮助，增益彼此的才华，享受彼此的创造力，并在彼此的热情好客中养精蓄锐。

（6）当你看到处于拐点时刻的人们时，你看到的是拥有克服分歧和不信任的力量的人。不信任是一种反常。没有人想要生活在一个缺少信任的地方，也没有人想要孤独。不信任的产生，是因为我们自己在关系上的失败。但马丁·路德·金认为，爱有一种救赎的力量。爱有改变个人和打破不信任的力量。如果你爱一个人，并且一直爱着一个人，那么，他们一开始可能会如坐针毡，但最终会在你的关爱下融化。融化，主要不是通过解决坏事来实现的，而是通过用好的事情压倒坏事来实现的。如果你能最大限度地增加人与人之间良好互动的频率，那么分歧就会在充满关爱的情景中消失，而恶意就会自生自灭。当信任恢复时，心跳就会放松，人们在一起就会很快乐。快乐是在牺牲的另一边找到的，是在自我牺牲的过程中呈现的。

（7）当你明白这一点时，你就会意识到快乐不仅仅是一种感觉，它还是一种道德观。快乐是感恩、友谊、交流和团结的持续。快乐，并不是烦恼和担忧的结束。生活，不会给我们提供乌托邦。但是，自我已经原形毕露。当关系变得温柔时，当承诺变得坚定时，当沟通变得纯粹时，当生活中的创伤被抚平时，当错误被原谅时，人们就会彼此亲近，相互关爱，隐秘的快乐就会被引燃。人与人之间的爱，油然而生，犹如一团纯净的火焰。

致　谢

本书是关于人际关系的，本书也是由人际关系发展而来的。在过去的 5 年里，随着生活的曲折，我旧有的友谊加深了，还迎来几十个礼物般的新的友谊。我学到的一件事是，如果你有需要，你就去找你的朋友帮忙，他们会珍惜帮助你的机会。这会加深你们的友谊，并创造了一个契机。在局势逆转之后，你可以帮助他们。在“致谢”的初稿中，我列出了这些宝贵的朋友的名字，但我担心遗漏了对我慷慨的人。所以，我只是对我全美国和世界各地的朋友说，你们知道我说的是谁。你们还记得那些漫长的晚餐、散步、读书会和沙龙，还有深夜的电话。你们知道我们谈论的事情是如何被注入本书的，你们了解我是如何努力地把我的朋友们的集体智慧注入这些页面的。

在最直接参与这个项目的人中，我特别感谢那些阅读和评论这份手稿的人，包括阿普丽尔·劳森、詹姆斯·希区柯克、艾米丽·埃斯法哈尼·史密斯、谢林·罗姆尼·加勒特、塞莱斯特·马库斯和皮特·韦纳。他们的忠告很高明，他们的忠告是无价的。我还要感谢玛丽亚·波波娃，她的脑筋急转弯博客是智慧和指导的源泉。

关于机构对我们的塑造，我在本书中叙述得可能还不够充分。我很幸运，我的生活与至少 5 种令人惊叹的生活交织在一起。首先要感谢的是我们所有的孩子。我在第八章写到了我的第二个家庭。让我多花一分钟来感谢戴维·辛普森和凯西·弗莱彻，还有萨拉·P 和艾米莉亚，更不用说萨利亚、塔鲁克、玛德琳、克莱奥、基诺、纳比勒、詹姆斯、科尔科、克雷格、肖恩、贝拉、凯萨里、桑蒂、比萨、奇纳、努埃塔、阿扎里、布兰登、埃德，以及其他几十个人了。他们为我生命的这一阶段提供了陪伴、情感教育和音乐配乐。

第二个要感谢的是《纽约时报》。与我的专栏作家同行一起工作，就像在一台智能内燃机中间工作。你们知道在詹姆斯·贝内特和吉姆·道以及詹姆斯·希区柯克的带领下工作意味着什么。尽管表面上看起来，内燃机实际上不会爆炸。为我们的读者服务，是一项持续不断的谦卑练习，既愉快又痛苦。

第三个要感谢的是耶鲁大学。本书是我在杰克逊全球事务研究所教授的一门课程，该研究所主任吉姆·莱文森给予了我热情和坚定的支持。任何一位教授都知道，我们从学生身上学到的东西和我们教给他们的一样多；我当然也是这样想的。我还从耶鲁大学的同事那里学到了一些东西，特别是布莱恩·加斯滕、米罗斯拉夫·沃尔夫、史蒂文·史密斯、克里斯蒂安·威曼、托尼·克朗曼、斯坦·麦克里斯特尔、查尔斯·希尔和约翰·刘易斯·加迪斯。

第四个要感谢的是阿斯彭研究所。多亏了研究所的理事会，我才有机会在过去的一年里周游全美，见到了我见过的最鼓舞人心、最无私的人。我要特别感谢丹尼尔·波特菲尔德、埃里克·莫特利、吉姆·克朗、鲍勃·斯蒂尔、琳达和斯图尔特·雷斯尼克。最重要的是，要感谢我在“编织：社会结构项目”项目中的同事：汤姆·洛珀、阿普丽尔·劳森、谢林·罗姆尼·加勒特、克里斯尔·斯塔维斯、伊莎贝尔·索托、塞莱斯特·马库斯等等。

第五个要感谢的是企鹅公司的兰登书屋。这是我与这家公司合作的第三本书，我也是为数不多的对出版商除好话之外什么都不说的作家之一。威尔·墨菲把我带到了出版社。安迪·沃德以真知灼见和细心编辑了本书。吉娜·森特雷洛很想知道，我是不是在 8 年前就有点儿神神道道了，但我希望她对我的神神道道感到满意。科尔·路易森绝对是一位令人惊叹的事实核查人员。坎贝尔·施内布里 - 斯旺森以她一生标志性的精力充沛和才华，从事着她的研究工作。

我还想向其他几个人致谢。每个人都有自己的副业，而我的副业就是在广播和电视上做评论员。在过去的 20 年里，作为评论员，我有机会与马克·希尔兹共事。这是我一生中最大的福报之一。马克根植于他的承诺、慷慨的友谊、风趣的举止、工作中的聪明、公平和挑战性。

我的孩子们——约书亚、内奥米和亚伦——在过去的几年里也经历过坎坷和低谷，但他们已经成长为聪明、有爱心、成熟、知识渊博和强壮的年轻人。每次在他们身边闲坐，我都会感到一种纯粹的愉悦。每当我的孩子们达到人生的新阶段时，我总是想：哦，这是所有阶段中最好的阶段。我的母亲露易丝在我撰写本书的时候去世了。所以，我失去了最优秀和最严厉的编辑。我父亲以无私的优雅和愉快的心情，挺过了丧妻之痛。

最后，我想感谢安妮。本书的一个核心论点是，当我们身处山谷的时候，我们可能会被打碎。我们也可以被爱打碎。我对安妮的爱，和安妮对我的爱，感染了一切，温暖了一切。当人们试图描述她时，他们通常会选择同一个词：炽热。本书得到了安妮的光芒的温暖和指引，我的余生也将如此。

参考文献

引言

"I cleaned it so that he could" Barry Schwartz and Kenneth Sharpe, *Practical Wisdom* (New York: Riverhead, 2010/2011), 10.

"The load, or weight" C. S. Lewis, *The Weight of Glory* (New York: HarperOne, 1976), 10.

"The longer Levin mowed" Leo Tolstoy, *Anna Karenina*, trans. Richard Pevear and Larissa Volokhonsky (New York: Penguin Classics, 2004), 253.

"Words are inadequate" William McNeill, *Keeping Together in Time* (Cambridge, MA: Harvard University Press, 1995), quoted in Jonathan Haidt, *The Happiness Hypothesis* (New York: Basic, 2005), 237.

"A rail-thin man" Zadie Smith, "Joy," The *New York Review of Books*, January 10, 2013, https://www.nybooks.com/articles/2013/01/10/joy.

"If I had written the greatest book" Nancy L. Roberts, *Dorothy Day and the Catholic Worker* (Albany: SUNY Press, 1985), 26.

"Joy is the meeting place" David Whyte, *Consolations* (Langley, WA: Many Rivers Press, 2015), 127.

"For a long moment I'm still in" Christian Wiman, *My Bright Abyss* (New York: Farrar, Straus and Giroux, 2013), 44.

"Whenever I plunge into wilderness" Belden C. Lane, *Backpacking with the Saints* (New York: Oxford University Press, 2014), 8.

"As I lay there" Jules Evans, "Dissolving the Ego," *Aeon*, June 26, 2017, https://aeon.co/essays/religion-has-no-monopoly-on-transcendent-experience.

"Joy is not merely external" Miroslav Volf, "The Crown of the Good Life: A Hypothesis," in *Joy and Human Flourishing*, eds. Miroslav Volf and Justin E. Crisp (Minneapolis: Fortress Press, 2015), 135.

第一章　道德生态学

"Man is a creature" Iris Murdoch, "Metaphysics and Ethics," in *Existentialists and Mystics* (New York: Penguin Press, 1998), 75.

第二章　照片墙上的生活

"I am very sure that someday" Jack O. Balswick, Pamela Ebstyne King, and Kevin S. Reimer, *The Reciprocating Self* (Downers Grove, IL: InterVarsity Press, 2005), 182.

"identity capital" Meg Jay, *The Defining Decade* (New York: Twelve, 2012), 10.

第三章　没有安全感的超常成功者

"is a place you can lose" David Whyte, *The Three Marriages* (New York: Riverhead, 2009), 25.

第四章　山谷

"I tried to achieve intellectual perfection" Leo Tolstoy, *A Confession*, in *Pilgrim Souls*, ed. Amy Mandelker and Elizabeth Powers (New York: Touchstone, 1999), 51.

"So there I was, a couple of years after college" William

Deresiewicz, *Excellent Sheep* (New York: Free Press, 2014), 110.

"Something that doesn't have" David Foster Wallace, quoted in Hubert Dreyfus and Sean Dorrance Kelly, *All Things Shining* (New York: Free Press, 2011), 24.

"Conversation after conversation" Veronica Rae Saron, "Your Unshakable Stuck-ness as a 20-something Millennial," *Medium*, December 20, 2016, https://medium.com/@vronsaron/your-unshakable-stuck-ness-as-a-20-something-millennial-d7580383e1b0.

Seventy-six percent Rosalyn F. T. Murphy, "The Fellowship of The King," *Comment*, June 12, 2018, https://www.cardus.ca/comment/article/the-fellowship-of-the-king.

"the state of mind that can find a social order" Robert Nisbet, *The Quest for Community* (San Francisco: ICS Press, 1990), xxiii.

only 20 percent of young adults William Damon, *The Path to Purpose* (New York: Free Press, 2008), 60.

church attendance has declined Charles Heckscher, *Trust in a Complex World* (Oxford: Oxford University Press, 2015), 50.

第五章　旷野

"You are living through an unusual time" Henri J. M. Nouwen, *The Inner Voice of Love* (New York: Image Books, 1999), 16.

"What happens when a 'gifted child'" Lane, *Backpacking with the Saints*, 56.

"Your pain is deep" Nouwen, *The Inner Voice of Love*, 88.

"If I were called upon" Frederick Buechner, *The Alphabet of Grace* (New York: HarperOne, 2009), 87.

"As the darkness began to descend" Parker J. Palmer, *Let Your Life*

Speak (San Francisco: Jossey-Bass, 1999), 19.

"Trying to live" Ibid., 5.

"When I venture into wilderness" Lane, *Backpacking with the Saints*, 76.

"Your ego prefers certainty" James Hollis, *What Matters Most* (New York: Avery, 2009), 95.

第六章　心灵与灵魂

book about a guy who bought a house Ronald Rolheiser, *The Holy Longing* (New York: Image Books, 2009), 17.

"To be human is to" James K. A. Smith, *You Are What You Love* (Grand Rapids, MI: Brazos Press, 2016), 8.

Because you have this essence inside of you Gerald K. Harrison, "A Defence of the Soul," *The Montreal Review*, June 2016, http://www.themontrealreview.com/2009/A-defence-of-the-soul.php.

"My fit of illness" Nathaniel Hawthorne, *The Blithedale Romance* (Boston: Ticknor, Reed, and Fields, 1852), 73.

第七章　承诺的生活

"A man who would say" Dietrich von Hildebrand and Alice von Hildebrand, *The Art of Living* (Steubenville, OH: Hildebrand Project, 2017), 23.

"Spirituality is an emotion" Rabbi David Wolpe, "The Limitations of being 'Spiritual but Not Religious,'" *Time*, March 21, 2013, http://ideas.time.com/2013/03/21/viewpoint-the-problem-with-being-spiritual-but-not-religious.

"existential urgency" Paul Froese, *On Purpose* (New York: Oxford University Press, 2016), 54.

第八章　第二座山

"There is a gravitas" Richard Rohr, *Falling Upward* (San Francisco: Jossey-Bass, 2011), 117.

"Instead, we saw" Anne Colby and William Damon, *Some Do Care* (New York: Free, 1994), 70.

"chaotic, extravert" Patrick Woodhouse, *Etty Hillesum: A Life Transformed* (New York: Continuum, 2009), 7.

"I think my parents" Ibid., 13.

"My capable brain" Etty Hillesum, *An Interrupted Life: The Diaries, 1941–1943* (New York: Henry Holt, 1996), 49.

"What I really want is a man" Ibid., 17.

"All my inner tensions" Ibid., 7.

"You are my beloved" Woodhouse, *Etty Hillesum*, 21.

"In other words, I wanted to subject nature," Ibid., 33.

"Oh God, take me into Your great hands" Hillesum, *Diaries*, 33.

"No longer: I want this or that," Woodhouse, *Etty Hillesum*, 46.

"The threat grows ever greater," Hillesum, *Diaries*, 133.

"What is at stake" Woodhouse, *Etty Hillesum*, 81.

"I no longer believe" Hillesum, *Diaries*, 84.

"It is just as if" Woodhouse, *Etty Hillesum*, 105.

"There are many miracles" Ibid., 120.

"The misery here is quite terrible;" Ibid., 128.

第九章　职业的样貌

"that one can be right and yet be beaten," Jeffrey Meyers, *Orwell: Wintry Conscience of a Generation* (New York: W. W. Norton & Company, Inc., 2000), 170.

"It did not really matter" Viktor E. Frankl, *Man's Search for Meaning* (New York: Pocket Books, 1985), 98.

"When an issue is less central" Anne Colby and William Damon, *The Power of Ideals* (Oxford: Oxford University Press, 2015), 84.

第十章　传报时刻

"A beautiful thing" Frederick Turner, *Beauty: The Value of Values*, quoted in John O'Donohue, *Divine Beauty: The Invisible Embrace* (New York: HarperCollins, 2004), 55.

"I can still remember" Walter Isaacson, *Einstein: His Life and Universe* (New York: Simon & Schuster, 2008), 13.

"Music, Nature and God" Ibid., 14.

"Only those who realize" Froese, *On Purpose*, 8.

"Let the young soul survey" Friedrich Nietzsche, *Schopenhauer as Educator*, trans. Daniel Pellerin (self-pub., CreateSpace, 2014), 4.

第十一章　导师的职责

Escaping death by crocodile E. O. Wilson, *Naturalist* (Washington: Island Press, 1994), 31.

"The teacher, that professional amateur" Leslie Fiedler, *What Was Literature?*, quoted in Deresiewicz, *Excellent Sheep*, 182.

"Moral education is impossible" Tracy Lee Simmons, *Climbing Parnassus* (Wilmington, DE: ISI Books, 2007), 45.

"The most indispensable viaticum" Ibid., 44.

"In any hard discipline" Matthew B. Crawford, *Shop Class as Soulcraft* (New York: Penguin Press, 2009), 65.

"I went in curiosity" William James, "What Makes a Life Significant?," *Leading Lives That Matter*, eds. Mark R. Schwehn and Dorothy C. Bass (Grand Rapids, MI: Eerdmans, 2006), 15.

"The solid meaning" Ibid., 27.

第十二章 吸血鬼问题

Eighty-three percent of all corporate mergers Chip Heath and Dan Heath, *Decisive* (New York: Crown, 2013), 3.

"You shouldn't fool yourself" L. A. Paul, *Transformative Experience* (Oxford: Oxford University Press, 2014), 47.

"It is remarkable that I am never quite clear" Colby and Damon, *The Power of Ideals*, 108.

"Your emotional commitment" Robert Greene, *Mastery* (New York: Viking, 2012), 180.

a snowball sitting on an iceberg Timothy D. Wilson, *Strangers to Ourselves* (Cambridge, MA: Belknap Press, 2004), 6.

The share of parents who arrived late doubled. Samuel Bowles, *The Moral Economy* (New Haven: Yale University Press, 2016), 5.

"the habit of analysis" Atam Etinson, "Is a Life Without Struggle Worth Living?," *The New York Times*, October 2, 2017.

"I watched her move around" Mary Catherine Bateson, *Composing a Life* (New York: Grove Press, 2001), 39.

"After an event like that" Emily Esfahani Smith, *The Power of Meaning* (New York: Broadway Books, 2017), 163.

"One's mind has to be a searching mind," Thomas Bernhard, *Old Masters* (Chicago: University of Chicago Press, 1992), 20.

第十三章 精通

"My own particular cover" Lane, *Backpacking with the Saints*, 41.

Bradley found two long, narrow corridors Greene, *Mastery*, 79.

"but we also need to learn the virtue" Galen Guengerich, "One Well Deep Enough" (sermon, All Souls Unitarian Church, New York

City, NY, October 5, 2014).

"Something rather intriguing" Schwartz and Sharpe, *Practical Wisdom*, 87.

the entire architecture of a piece of music Greene, *Mastery*, 6.

"the greatest album cover" Bruce Springsteen, *Born to Run* (New York: Simon & Schuster, 2016), 49.

"An artist is conscious" Wiman, *My Bright Abyss*, 41.

"Here was where I wanted to make my stand" Springsteen, *Born to Run*, 264.

第十四章　无上的婚姻

"These men came to adulthood" Judith S. Wallerstein and Sandra Blakeslee, *The Good Marriage* (New York: Houghton Mifflin Harcourt, 1995), 43.

"I was trying to think of the worst fight" Ibid., 313.

"We need to swap the Romantic view" Alain de Botton, "Why You Will Marry the Wrong Person," *The New York Times*, May 28, 2016.

"I think what was so refreshing" Wallerstein and Blakeslee, *The Good Marriage*, 173.

"Expressive individualism" Eli J. Finkel, *The All-or-Nothing Marriage* (New York: Dutton, 2017), 82.

"we have been living in the era" Eli J. Finkel, "The All-or-Nothing Marriage," *The New York Times*, February 14, 2014.

"my companion" Finkel, *The All-or-Nothing Marriage*, 111.

"the savvy, sovereign chooser" Polina Aronson, "Romantic Regimes," *Aeon*, October 22, 2015, https://aeon.co/essays/russia-against-the-western-way-of-love.

"We must return to an attitude" Mike Mason, *The Mystery of*

Marriage (Colorado Springs: Multnomah, 2005), 107.

"Whether it turns out to be a healthy, challenging, and constructive crisis" Ibid., 10.

"And there's the great problem of marriage" Timothy Keller and Kathy Keller, *The Meaning of Marriage* (New York: Dutton, 2011), 180.

第十五章　亲密关系：阶段一

"A man in this state" C. S. Lewis, *The Four Loves* (New York: Harcourt Brace, 1991), 93.

About a fifth of adults in Western cultures Hal Shorey, "Fear of Intimacy and Closeness in Relationships," *Psychology Today*, April 19, 2015.

"Good people will mirror goodness" Rohr, *Falling Upward*, 155.

I am your match Whyte, *The Three Marriages*, 50.

第十六章　亲密关系：阶段二

"Wife and husband together bless" Amy A. Kass and Leon R. Kass, *Wing to Wing, Oar to Oar* (Notre Dame, IN: University of Notre Dame Press, 2000), 449.

"Many of the divorced couples I've seen" Wallerstein and Blakeslee, *The Good Marriage*, 48.

"There is a lovely disarray" O'Donohue, *Divine Beauty*, 150.

"Thus one might wake the other" Sheldon Vanauken, A *Severe Mercy* (New York: Harper & Row, 1977), 39.

"He who is devoid of the power" Martin Luther King, Jr., *Strength to Love* (Minneapolis: Fortress Press, 2010), 44.

"The unrelated human being" James Hollis, *Finding Meaning in the Second Half of Life* (New York: Gotham, 2006), 119.

"We said, 'If we aren't more in love'" Vanauken, A *Severe Mercy*, 43.

"Better this than parting" Lewis, *The Four Loves*, 107.

第十七章　婚姻抉择

The odds are worse Jay, *The Defining Decade*, 74.

"If you choose some dreamy partner" Ty Tashiro, *The Science of Happily Ever After* (New York: Harlequin, 2014), 152.

They relax because it feels normal Ibid., 195.

For people with anxious attachments Ibid., 203.

"Neurotic individuals" Ibid., 173.

three types of love Reimer, *The Reciprocating Self*, 226.

第十八章　婚姻：共建的学校

"To separate emotionally" Wallerstein and Blakeslee, *The Good Marriage*, 28.

"We too often act from scripts" Alain de Botton, *The Course of Love* (New York: Simon & Schuster, 2016), 83.

"The magic of a couple's relationship" Ayala Malach Pines, *Falling in Love, 2nd Edition* (New York: Routledge, 2013), 183.

"There's a habit of mind" Emily Esfahani Smith, "Masters of Love," *The Atlantic*, June 12, 2014.

"The sulker both desperately needs" de Botton, *The Course of Love*, 63.

"It is the deliberate choosing of closeness" Mason, *The Mystery of Marriage*, 42.

"A marriage lives, paradoxically" Ibid., 36.

"an ecstasy of deeds" Abraham Joshua Heschel, *God in Search of Man* (New York: Farrar, Straus and Giroux, 1976), 358.

"You're 82 years old" Alain Badiou and Nicolas Truong, *In Praise of Love* (London: Serpent's Tail, 2012), 45.

第十九章　智力的承诺

"Joining a radical movement" Irving Kristol, *Neoconservatism* (Chicago: Ivan R. Dee/Elephant Paperbacks, 1999), 470.

"One is apt to think of moral failure" Simmons, *Climbing Parnassus*, 43.

"draws our attention away" Anthony T. Kronman, *Education's End* (New Haven: Yale University Press, 2007), 127.

"For it made the question" Ibid., 125.

"an endless unrehearsed intellectual adventure" Paul Franco, *Michael Oakeshott: An Introduction* (New Haven: Yale University Press, 2004), 122.

第二十章　宗教的承诺

"And I knew that the Spirit" Wendell Berry, *Jayber Crow* (Washington: Counterpoint, 2001), 83.

"In reality there was an opportunity" Frankl, *Man's Search for Meaning*, 93.

"For the first time in my life" Ibid., 57.

"This tree is the only friend" Ibid., 90.

"Really? You have never felt overwhelmed" Wiman, *My Bright Abyss*, 10.

"it is not only as if we were suddenly" Ibid., 82.

第二十一章　意外的转折

"My old ideas were not adequate" Ibid., 92.

"With a penetrating consciousness" Avivah Gottlieb Zornberg,

The Particulars of Rapture (New York: Schocken, 2011), 10.

"When they realize that nobody cares" Jean Vanier, *Becoming Human* (New York: Paulist Press, 2008), 9.

"Weakness carries within it" Ibid., 40.

"concrete religion" Joseph Soloveitchik, *Halakhic Man* (Philadelphia: The Jewish Publication Society of America, 1984), 58.

"Holiness is created by man" Ibid., 46.

"I just sat there" Robert Coles, *Dorothy Day: A Radical Devotion* (Reading, MA: Addison-Wesley, 1987), 16.

"Awe is itself" Heschel, *God in Search of Man*, 74.

"One attitude is alien" Ibid., 45.

"In Dostoyevsky's novel, this prostitute" Jaroslav Pelikan, *Fools for Christ* (Eugene, OR: Wipf and Stock, 2001), 76.

"For my part, I can very well describe" Søren Kierkegaard, *Fear and Trembling*, eds. C. Stephen Evans and Sylvia Walsh, trans. Sylvia Walsh (New York: Cambridge University Press, 2006), 31.

"One can only choose a side" Vanauken, A *Severe Mercy*, 99.

"Our only truly essential human task" Cynthia Bourgeault, *The Wisdom Jesus* (Boston: Shambhala, 2008), 106.

"In the Beatitudes something of the celestial grandeur" Romano Guardini, *The Lord* (Washington: Gateway Editions, 1996), 84.

"Religion is not" Soloveitchik, *Halakhic Man*, 142.

"then I have to admit" Wiman, *My Bright Abyss*, 9.

"among confession and tears" Philip Yancey, *Soul Survivor* (New York: Galilee/Doubleday, 2003), 249.

"At least five times out of ten" Ibid., 264.

"The church is both my greatest intellectual" Rohr, *Falling Upward*, 80.

第二十二章　阶梯和墙壁

"The moment I began exercising my will" Eugene H. Peterson, *The Contemplative Pastor* (Grand Rapids, MI: Eerdmans, 1993), 98.

"Liturgy ritually reenacts a tradition" Christian Smith, *Moral, Believing Animals* (Oxford: Oxford University Press, 2003), 16.

第二十三章　社区建设：阶段一

"intricate, almost unconscious network" Jane Jacobs, *The Death and Life of Great American Cities* (New York: Vintage, 2016), 32.

"Under the seeming disorder" Ibid., 50.

"The future is created" Peter Block, *Community: The Structure of Belonging* (San Francisco: Berrett–Koehler Publishers, 2008), 85.

第二十四章　社区建设：阶段二

"I come here to tell you" Vanier, *Becoming Human*, 7.

"True community is different" Ibid., 50.

the Israelites are never happier Aaron Wildavsky, *Moses as Political Leader* (Jerusalem: Shalem Press, 2005), 111.